JN258513

グローバル時代の必須教養
「都市」の世界史

WORLD HISTORY OF CITIES

ライフネット生命 会長
出口治明

PHP

はじめに——なぜ、都市の歴史を学ぶのか

約二十万年前に東アフリカのサバンナで誕生した現生人類（ホモ・サピエンス）は、最初、狩猟採集の生活を営んでいました。いわば他の肉食動物と同じように、獲物を追いかけて世界中を移動しながら生きていたのです。

ところが約一万二、三千年前に農耕を始めるようになると、人は男と女と子供を基礎とする現代の家族に似た形で、自分たちの農地の近くで生活し始めました。狩猟採集と農耕牧畜、いずれの場合にも人は大集団となって一カ所に集まって生きる都市を必要とはしませんでした。

都市が生まれてくるのは、農産物がたくさん収穫されて、余剰生産物が生じるようになり、それを私有財産とする人たちが登場してからです。

自分では働かず、富や権力を持つ人々は、獲物がいる森の近くや田園地帯で生活する必要はありません。むしろ自分の財産である余剰生産物が盗まれない場所で、生活する必要があります。一定の地域を城壁で囲い、その中で財産を管理し、生産者を近くに住まわせて生きるようになっていきます。

こうして都市が生まれてきました。それは今から五千五百年ぐらい前、メソポタミア南部の

シュメールの都市群でした。その地で世界最古の文明が誕生したのです。階級のある社会が生まれ、貧富の差が生じたことで、生きることに余裕を持つ階層が登場し、知的活動の産物である文明が誕生しました。したがって都市の歴史を知ることは、文明の歴史を知ることでもあるのです。

僕は、都市の歴史に反映された諸文明の歩みを見出したいと思いました。それも、遠い昔のシュメールの都市を通してではなく、現代もなお呼吸している、皆さんがよく知っている世界の都市の素顔の中に、脈々と息づいている歴史の影響を見つめてみたいと考えたのです。そのことが本書を執筆する大きな動機となりました。

二十世紀後半を代表する世界の三大都市は、ニューヨーク、東京、ロンドンです。ニューヨークはGDP世界一のアメリカの経済首都、東京はGDP世界二位の日本の首都、ロンドンはアメリカに匹敵する経済規模を誇るヨーロッパの金融首都です。

では、紀元一〇〇〇年の世界の三大都市はどこでしょうか。人口で見れば、コルドバ、開封（かいほう）、コンスタンティノープルです。コルドバは、後ウマイヤ朝の首都で宰相マンスールのもと北アフリカの一部とイベリア半島の大部分を征服し、極盛期を現出していました。開封は、宋の首都で「清明上河図（せいめいじょうかず）」や「東京夢華録（とうけいむかろく）」に描かれたように都市文明が爛熟（らんじゅく）し、商売を求めてユダヤ人街が存在していた時代です。コンスタンティノープルは、マケドニア朝の名君バシレイオス二世のもと、ローマ帝国の領土が再び最大となった時期に当たります。

このように代表的な都市を考察するだけでも、その時代の世界の様相が明らかになるのです。本書の構成ですが、世界で最も長い間、主人公を勤め上げたイスタンブル（第二のローマ）から始めてアジア、アメリカ、ヨーロッパと東回りに永遠の都ローマに至ろうと思います。

ヨーロッパの君主の王冠、あの形を思い出してください。あの凹凸が意味するところは、城壁と望楼なのです。なぜなら城の持主が都市の支配者であったからです。

ローマの街を歩いていると、マンホールの蓋に「ＳＰＱＲ」と記されていることに気づくことがあるかもしれません。あの文字は「Senatus Populusque Romanus」の略語です。「元老院とローマの人民」の意味で、伝承によるとＢＣ五〇九年頃にローマが王国から共和政になって以降に使用されていた国の呼び名です。

こういうことを知っていると、街歩きが楽しくもなりますし、イタリアでビジネスをするときに、交渉相手との会話の潤滑油にもなります。どこの国であれ、面白い人間だと一目置かれなければ、土台、交渉は上手くいきません。相手の住んでいる都市を知ることは、一つのキラーコンテンツになるのです。

僕はいつも「人・本・旅」と言っていますが、たくさんの人に会い、たくさんの本を読み、机上で考えるだけではなくいろいろな現場に出向いて体験を重ねる旅をすることによって、初めて人間は賢くなれると考えています。本書『グローバル時代の必須教養「都市」の世界史』

には、その要素をふんだんに詰め込んでみました。

ボーダレス化が進行している今日、僕たちは東京や京都について知っているほどではなくとも、世界の代表的な都市について、その素顔をある程度深く知っておくことが、有益になってくると思います。そのために本書が、いささかでも役立ってくれればと考えています。

本書は二〇一五年に取材をしていただき、PHPエディターズ・グループの編集者の鈴木隆さんとコピーライターの小野田隆雄さんに上手にまとめていただきました。また史実については、矢彦孝彦さんに校閲していただきました。この場をお借りして、鈴木さん、小野田さん、矢彦さんには厚く御礼を申し上げたいと思います。本当にありがとうございました。読者の皆さんの忌憚（きたん）のないご意見やご感想をお待ちしています。

（宛先）hal.deguchi.d@gmail.com

二〇一七年二月

出口治明

グローバル時代の必須教養　「都市」の世界史

目次

第2章 インドを映し出す都 デリー

長く複雑な歴史と多民族の文化が今も息づく

第3章 英雄たちの夢と挫折の都 カイロ

さまざまな民族が入れ替わり支配者として君臨した

第4章 草原に輝く青の都 サマルカンド

草原の英雄たちが多くの物語を残した
中央アジアのオアシス

第5章 三人の巨人が完成させた都 北京

安禄山、クビライ、永楽帝が波瀾万丈の歴史を綴った

第6章 まさに現代の世界の都 ニューヨーク
世界中から移民が流れ込む自由の天地

第7章 商人と議会の都 ロンドン

都市の歴史が国の知恵と富の源になった

第8章 欧州にきらめく花の都 パリ

ヒトラーの権力をもってしても破壊できなかった美しい街

第9章 二十世紀を演出した都 ベルリン

森と川のある片田舎の集落から生まれた

第10章 昔も今も永遠の都 ローマ

古代ローマから続くヨーロッパの憧れと誇り

装幀　TYPEFACE(渡邊民人)
本文デザイン　TYPEFACE(清水真理子)
表・年表製作　TYPEFACE(清水真理子・谷関笑子)
地図製作　アトリエ・プラン
本文写真提供　ユニフォトプレス

本書で紹介する都市

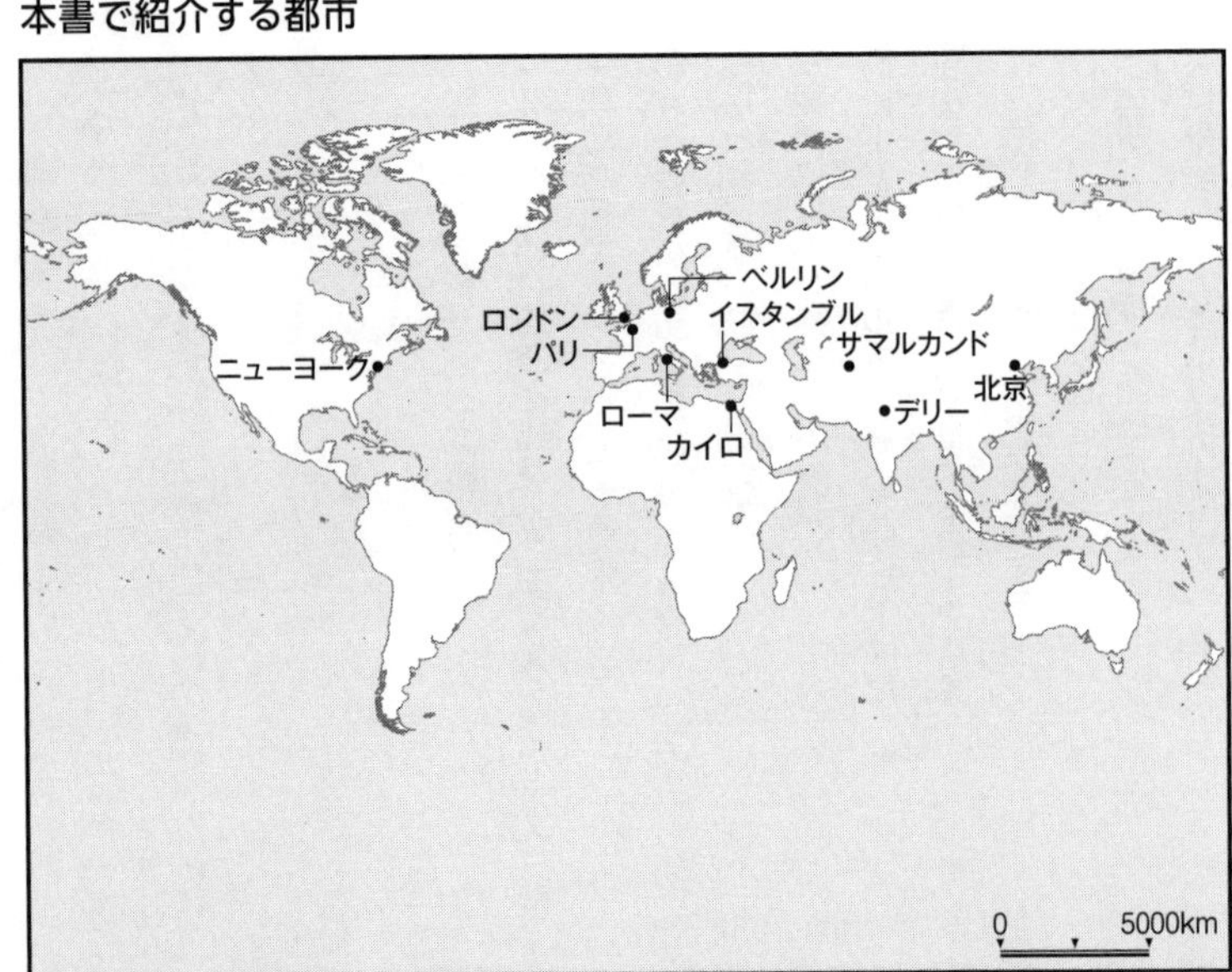

第1章

世界帝国の都 イスタンブル

古代から一千七百年、この都市はずっと世界の主人公だった

イスタンブル
キャーウトハーネ
エユップ
シシュリ
ユルドゥズ公園
オルタキョイ
ベイオウル
新市街
ボスポラス大橋
ハリッチ橋
ベシクタシュ
ドルマバフチェ宮殿
ボスポラス海峡
金角湾
ガラタ塔
アタチュルク橋
ガラタ橋
ユスキュダル
スレイマニエ・モスク
旧市街
トプカプ宮殿
グランドバザール
アヤソフィア
テオドシウスの城壁
スルタン・アフメット・モスク
(ブルー・モスク)
カドゥキョイ
マルマラ海
0
2km

最初の名前は「ビザンティオン」だった

トルコ共和国のアジア側、小アジアとも呼ばれるアナトリア半島の西端と、ヨーロッパ側バルカン半島の東端の間にボスポラス海峡があります。長さは南北に三〇キロメートル、幅は最も広い地点で三七〇〇メートル、最も狭い地点で八〇〇メートルです。海峡を北へ抜ければ黒海、南に抜ければマルマラ海からダーダネルス海峡を経て、エーゲ海から地中海に出ます。

小アジア側の地がユスキュダル、ヨーロッパ側の地がイスタンブルです。トルコ共和国の行政区分としては、海峡の東岸も西岸もイスタンブル市となっていますが、西側の南西部分には旧市街地と呼ばれる地域があり、コンスタンティヌス時代に創建されたコンスタンティノープル大宮殿の遺跡を始めとして、オスマン朝の君主であるスルタン（イスラム世界における支配者の呼称）が居住したトプカプ宮殿など歴史的に貴重な建築物や文化遺産がたくさん残っています。このために旧市街地全体が、世界文化遺産に指定されています。

そして二十一世紀の今日、ほぼ毎年、七〇〇万人以上の海外からの観光客を集めています。この観光客たちのお目当てとなる旧市街地とボスポラス海峡が、イスタンブルの歴史について語るときもその中心となります。

ＢＣ七世紀頃、ギリシャのアテネのやや西よりの地にメガラという都市国家がありました。

このメガラの人々は、主として黒海と地中海を結ぶ交易の仲介商人として活躍していました。

この頃、中国では周が衰えて多くの都市国家が競い合う春秋時代に入っていました。この中国で後のソグド人に代表される中央ユーラシアで活躍する交易商人たちが、絹などの奢侈品を集めて、モンゴル高原以西のステップ地帯経由でヨーロッパに運びました。この東から西へと続く道を、草原の道と呼びます。

後に遊牧民が大量に西進した道ですが、この草原の道のヨーロッパへの出口になる場所が黒海の北岸クリミア半島あたりです。東方から馬でやって来た商人は、ここで小休止してさらに西進してハンガリーの方角に向かう者もいましたが、この地で交易する者もいました。主として中国からの商品と中東やギリシャの交易商品（ぶどうの加工品や羊毛など）が交換されました。その交易の中心にいたのがメガラの人々でした。彼らは中国の交易商品を船荷として、黒海からボスポラス海峡、マルマラ海からダーダネルス海峡を抜けて、エーゲ海沿岸と地中海の都市国家や部族国家を訪れて、交易活動をしていました。

メガラを始めギリシャ人は漁業が得意な海洋民です。海洋交易はお手のものです。メガラの人々は黒海交易を続けていましたが、もっと黒海に近い場所に根拠地を持ちたいと考えました。なぜならメガラの東隣りにはアテネという強力なライバルがいたからです。

黒海経由の商売を独占するには、もっと有利になれる場所に植民市をつくる必要がありました。そして目をつけたのがボスポラス海峡の西岸でした。そこに絶好の港となる、後に金角湾

オスマン朝繁栄の象徴トプカプ宮殿

イスタンブルの旧市街の半島の先端、ボスポラス海峡と金角湾を望む丘の上に建つオスマン朝の宮殿。15世紀の中頃、7代目スルタン・メフメト2世が建設。以後19世紀中頃ドルマバフチェ宮殿に移るまでオスマン朝の君主が居住した。

と呼ばれる入江（いりえ）があったからです。メガラの人々はここに上陸して、小さな町をつくり、植民市としました。それはBC六六〇年頃と伝承されています。彼らは海峡が見渡せるこの町をビザンティオンと名づけました。

　メガラの人々はここを拠点として、海峡ルートの交易を独占して繁栄しました。後には黒海を渡り、クリミア半島にまで、ギリシャ人の居留地（きょりゅうち）を拡大しました。

　やがて、ビザンティオンの地にはアテネやスパルタが干渉してくるようになり、アテネが支配した時代を経てBC五世紀になると、古代オリエント全域をほぼ支配したペルシャ人の王国アカイメネス朝のダレイオス一世によって占拠されます。

ペルシャに本拠地を置くダレイオスがビザンティオンを占拠したのは、北の強大な遊牧民国家スキタイを叩く前進基地にするためでした。中央アジアからロシア大平原に本拠を置くスキタイは、当時世界初のグローバル帝国となっていたアカイメネス朝の、最強のライバルだったからです。

ダレイオスは海峡に船を並べて浮き橋をつくり、ペルシャからの大軍団をヨーロッパ側に上陸させ、その本拠地をビザンティオンに設営すると、ルーマニアから北へ、ロシアの大平原へと、スキタイの軍勢を追撃しました。

ところがスキタイは少し戦火を交えると、草原を焼いて焦土化しつつ、奥地へと逃げていきます。この焦土作戦はロシア大平原に住む民族の伝統的な戦術です。図に乗って追いかけていくと、すべてが焼かれた荒野で逆襲されて、追跡軍は敗北するパターンとなります。ナポレオンがまさにそうでした。賢いダレイオスはこの作戦にひっかからず、追撃しながらスキタイに多大な損害を与えると、ビザンティオンに取って返しました。

ビザンティオンの地は、のちに起こったペルシャ戦争でギリシャ領になりますが、アテネの衰退とともに再びアカイメネス朝に帰し、更にそのアカイメネス朝がアレクサンドロス大王によってBC三三〇年に滅ぼされた後は、またギリシャ人が支配する地域となります。やがてイタリアの地でローマが建国され、七三年にビザンティオンはローマ帝国の支配下に入ります。

「ビザンティオン」から「コンスタンティノープル」へ

ローマ皇帝コンスタンティヌス一世は三三〇年、ローマ帝国の首都をローマからビザンティオンに移し、自分の名前にちなんでコンスタンティノープルと名づけました。大帝国の都を東に移すという大事業は、次のような経緯で起こりました。

二世紀頃から地球は寒くなり始めました。そのためにユーラシア大陸の北方に広がる草原地帯では、多くの部族が南に移動し始めました。北の部族から順に南に移動してくるので、北から南へと部族移動の玉突き現象が始まり、膨大な部族の大移動が起こりました。

この大移動は南下して天山山脈にぶつかります。ここで東西に分れて、東に向かった集団は中国において、五胡十六国と呼ばれる諸国家の興亡する時代をもたらします。西に向かった集団が、いわゆる「ゲルマン民族の大移動」であると、教科書に出ていました。しかし今日では、ゲルマン民族と分類されていた集団の中で共通項が見出せないこともあって、「諸部族の大移動」と呼ぶ学者が増えています。

この「諸部族の大移動」によってローマ帝国の広大な領土は、深刻な混乱状態に陥ります。

当時のローマ帝国は、東はシリア、北は黒海からドナウ川とライン川、西はドーバー海峡からイベリア半島、南はエジプトと北アフリカ沿岸まで広がっていました。この大帝国を押し寄せる諸部族から守りきることは、至難の業でした。

この状況に対して皇帝ディオクレティアヌス（在位二八四―三〇五）は、帝国を四分割して統治し、守ろうとしました。アドリア海を挟んでローマ帝国を東西二つに分割し、その東西もさらに二分割しました。そして、それぞれに正帝と副帝を置きました。歴史上、テトラルキア（四分統治）と称されるこの政策は、ローマ帝国防衛が目的だったのです。とりわけ重要なのは、防衛の主眼が東側にあったことです。ローマ帝国の穀倉となっていたのはエジプトでした。ナイル川流域の豊かな土壌が生産する小麦を、アレクサンドリアの港からローマに運び続けていました。初代皇帝アウグストゥスが、ローマ市民に安価なパンを供給しサーカスを観せて喝采を浴びていたのも、エジプトあればこそでした。

ところがイタリア半島への諸部族の侵入が激しくなってくると、エジプトから輸送される小麦が略奪されるリスクが増えました。さらに言えば、帝国の東側と西側を比較すると、基本的に西側のほうが貧しく、東側のほうが豊かであるという現実もあったのです。

シリアからパレスチナ、エジプトそしてメソポタミアと、東側には豊かな土地と古代から発達した文明があります。対して西側は森林と荒地が多く、まだまだ未開発の地です。その広大さは大きな可能性を秘めているにせよ、現実には西側は貧しい地域でした。毎年、気温が下がり、寒くなっていく気象が続く中で諸部族からどちらを守りたいのか、東か西か、といえば明らかに東です。ローマ帝国を守るには、東方に中心を移すべきだという発想が、ディオクレティアヌスにもあったと思います。彼は東の正帝となりました。そしてその都をニコメディアに定めました。この小都市はボスポラス海峡の東側、アナトリア半島のマルマラ海に面する深い入江にあります。ここからエジプトまでは、海路でほとんど一直線です。

ディオクレティアヌスのテトラルキアは二九三年に実施されましたが、この制度はうまく機能しませんでした。帝国を四分割するということは、皇帝が四人生まれることでもあります。三〇五年にディオクレティアヌスが病気で退位すると、テトラルキアは崩れ、ローマ帝国は四人の皇帝たちの覇権争いの様相を呈してきました。そして、この混乱状態を制したのが、西の正帝であったコンスタンティヌス一世（在位三〇六―三三七）です。

彼はガリア地方（現在のフランスとライン川以西のドイツ）を支配していました。その拠点は、ドイツのトーリアにありましたが、ガリアで兵を挙げると東に向けて進軍しました。競合するライバルたちの軍勢を打ち破ると、全ローマ帝国の覇権を奪取しました。そして彼は新しく、帝国の都をビザンティオンに定めたのです。

彼はローマ帝国の西側を見捨てたので

コンスタンティヌス１世

帝国を再統一、都をビザンティオンに移し、コンスタンティノープルと改名。キリスト教を公認した。

す。ボスポラス海峡を東の外堀とし、小アジアの東方において勢力を拡大し始めたサーサーン朝ペルシャへの備えともしました。そして金角湾とエジプトのアレクサンドリア港を小麦の輸送ルートに定め、ビザンティオンをコンスタンティノープルと改名すると、大々的な都市建設を開始しました（三三〇年）。彼はコンスタンティノープルを第二のローマにしようと考えたのです。そのためにまず、ビザンティオン全体を城壁で囲み、新しく宮殿を建てました。さらにローマに残っていた元老院の貴族たちを、すべてコンスタンティノープルに呼び寄せました。

また、コンスタンティヌスはガリアから攻めてくるとき、地元の選りすぐりの戦士のほか、戦争に必要な食糧補給や作戦の円滑化のために、多くの優秀な官僚も動員してきました。そして、それらの軍人や官僚もすべてコンスタンティノープルに留まることになりました。

この結果、コンスタンティヌスの軍団が東方に去った後のガリアには、強力な軍隊も優れた役人もいなくなってしまったのです。ガリア地方にとって不運であったことは、コンスタンティヌスの東征からわずか三十年ほど後に、パリを中心に支配していたユリアヌスという皇族が、叛旗をひるがえして、東方へ、コンスタンティノープルを目指して進撃したことでした。

ユリアヌスはコンスタンティヌスの甥に当たります。彼は数奇な運命をたどってガリアの統治者になりますが、その当時、ローマ帝国内で隆盛となり始めたキリスト教の勢力を疎ましく思い、古典ギリシャ・ローマ時代の多神教を復活させたいと考えていました。そのためにキリスト教の世界では、「背教者ユリアヌス」と呼ばれます。彼はコンスタンティヌスの次の次の皇帝となりました（在位三六一―三六三）。

彼の挙兵によって、また大勢の軍人や官僚がガリアからコンスタンティノープルに去って行きました。こうして人材が失われたガリアの地に、諸部族が押し寄せてきたのです。そして現在のドイツやフランスの原形がつくられ始めました。また、貴族と有力市民がコンスタンティノープルに去ったイタリア半島も、ゲルマン諸部族の土地となり、ローマも小さな田舎町になってしまいました。

こうしてローマ帝国は、コンスタンティノープルを新しい都として、歩き始めました。この頃のコンスタンティノープルを、みごとに描いた小説があります。辻邦生の『背教者ユリアヌス』（中公文庫）です。この小説はユリアヌスの母となる女性が、夜明けの霧に包まれたボスポラス海峡を望む宮殿の露台（ろだい）で、もの想いに沈む場面から始まります。

サーサーン朝とイスラム帝国に攻められ続けたローマ帝国

コンスタンティノープルを首都としてからのローマ帝国は、「東ローマ帝国」または「ビザンツ帝国」という名称で世界史の教科書に出てきます。この呼称は、ローマを首都としたローマ帝国と区別するためと、コンスタンティノープルがギリシャに近く、後に宮廷や行政上の公用語がギリシャ語に変わったこと、そして文化のありかたが東方文化とギリシャ文化の融合したものになっていき、古代ローマ文化と一線を画するものになったことなどから使用され始めた学問上の呼称です。ローマ帝国自体は、自分たちの国を一貫して「ＳＰＱＲ（Senatus Populusque Romanus：元老院とローマの人民）」であるとしていました。

本書では、そのような理由から、コンスタンティノープルを首都とするようになった後も原則としてローマ帝国の名称で通すことにします。

さて、貧しい西を捨てて、東を統一したローマ帝国は安定した時代を迎えました。エジプトからの小麦も、安全にコンスタンティノープルに輸送されました。そして四世紀、五世紀と平和な時代が続きます。ところがここに、やや誇大妄想的な皇帝が登場しました。ユスティニアヌスです（在位五二七―五六五）。この皇帝は、キリスト教に気を使ってアテネの学問の殿堂アカデメイアを閉鎖した人物でもありました。喜んだキリスト教徒は大帝と呼びました。イスタンブルのシンボル、アヤソフィア大聖堂は彼の時代に再建されたものです。

彼は東を守って、国力が充実した帝国を支配しながら、なにかが足りないと考え始めました。

「やはりローマ帝国は地中海全域を自分の海とすべきだ。ローマは世界帝国でなければならないのだ」

彼は生き残るために捨てた西側の地を、もう一度取り戻そうとします。そして大軍勢を派遣

ローマ帝国とサーサーン朝（5世紀）

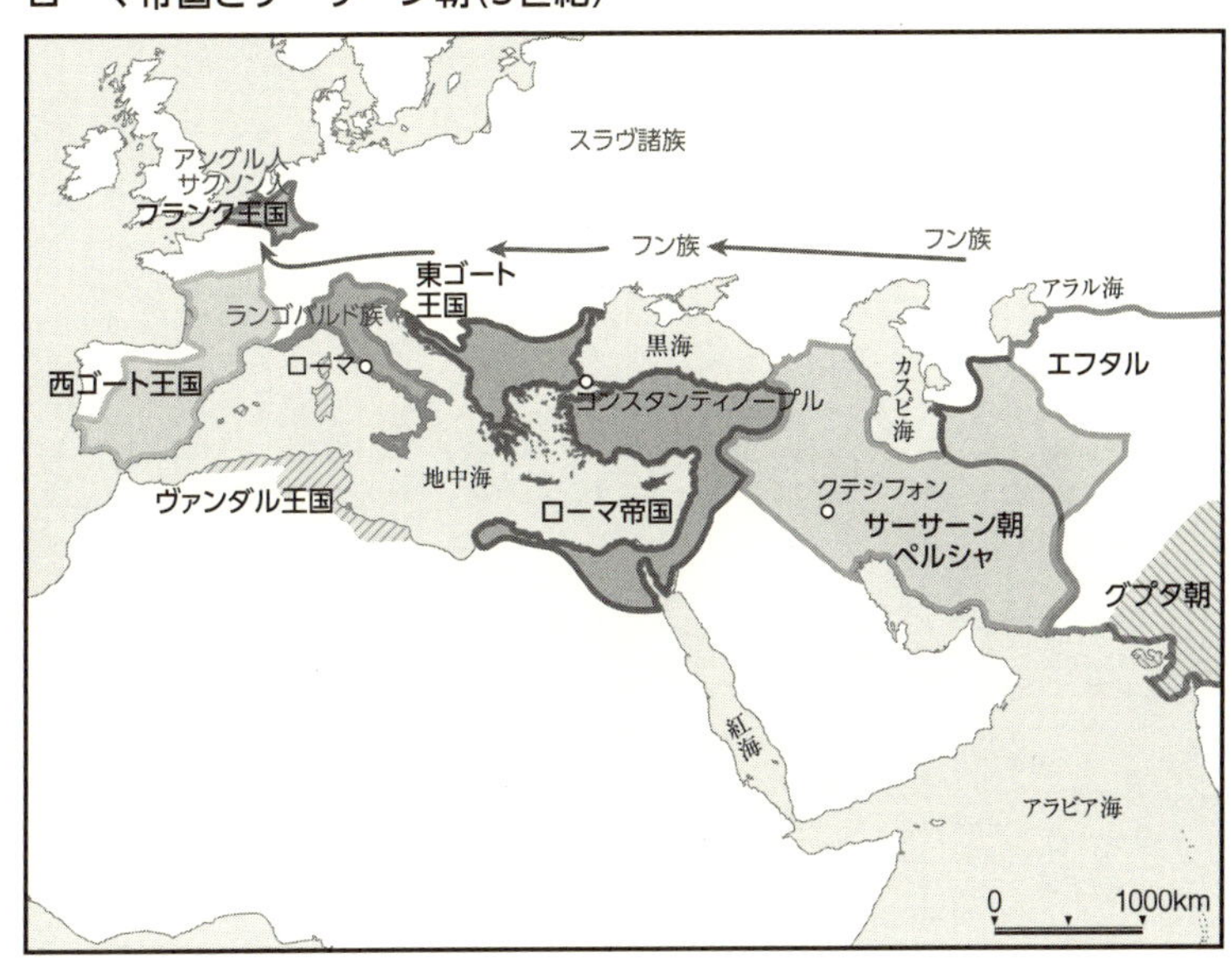

しました。しかし、すでに地中海沿岸地帯には、ヴァンダル、東ゴート、西ゴートなどの諸部族が自分たちの国をつくっていました。こうして数十年をかけた大戦争が始まります。そして国力に勝るローマ帝国は地中海沿岸地方を再び奪回しました。ただ、この戦いで、多数の兵力と膨大な財力を消失してしまい、国力は一気に衰微します。

しかも悪いことにこの時期、三世紀にメソポタミアに建国したサーサーン朝ペルシャが、全盛期を迎えようとしていました。名君といわれたホスロー一世（在位五三一―五七九）、ホスロー二世（在位五九〇―六二八）が登場し、その版図を拡大させていたのですが、西方遠征で国力が衰えているローマ帝国を見逃すはずもなく大攻勢をかけてきたのです。そんな中、五六五年にユスティニアヌスが没するとローマ帝国は混乱状態に陥り、ついに穀倉であるシリアやエジプトをサーサーン朝に奪取されてしまいます。

この危機的状況のとき、帝国のカルタゴ総督であったヘラクレイオスという男が立ち上がり、コンスタンティノープルに入城して権力を握ります。そして混乱を収拾して皇帝となります（在位六一〇―六四一）。軍略に優れたヘラクレイオスは、サーサーン朝ペルシャに対して攻勢に出ます。そして奪われたシリア、エジプトを取り返しました。しかしホスロー二世も負けてばかりはいません。この二つの超大国の実力者は、十年、二十年と横綱相撲のようにがっぷり四つに組んで戦い続けたのでした。そして両者がへとへとになったとき、アラビアの地にムハンマド（五七〇―六三二）が登場します。

ムハンマドはイスラム教の開祖ですが、もともとは普通の家庭生活を送る商人でした。その彼がひらいたイスラム教はわかりやすく単純な教えであったため、またたく間に広がりました。彼および彼の仲間たちの率いるアラブ軍は結束が固く、時を移さずアラビア半島からメソポタミアやシリアに侵入します。しかもサーサーン朝ペルシャもローマ帝国も、ヘラクレイオスとホスロー二世の長い戦闘の後で、すっかり弱体化していましたから、サーサーン朝ペルシャは六五一年にアラブ軍に滅ぼされました。

ローマ帝国は、シリアとエジプトをアラブ軍に奪取されます。さらにコンスタンティノープルも何回となく包囲されます。しかし、海軍も奮闘してなんとかしのぎ続けます。またギリシャ火と呼ばれた火炎武器も威力を発揮しました。それにコンスタンティノープルには何と言ってもテオドシウス二世（在位四〇八―四五〇）が築いた、難攻不落の大城壁があったのです。

コンスタンティノープルの繁栄と初めての陥落

八世紀初頭のイスラム帝国では、ムハンマドと彼の同志たちが死んだ後、権力を引き継いだウマイヤ朝が弱体化し始めます。このことでローマ帝国もひと息つき、体勢の立て直しが始まります。まずレオン三世（在位七一七―七四一）が偶像破壊運動（イコノクラスム）を興しました。この運動はキリストを表現した像（イコン）を破壊する運動です。

レオン三世は同じ神を奉じるキリスト教徒とイスラム教徒が戦っているのに、なぜイスラム教徒のアラブ軍が戦いに勝つのかと考えました。そしてその原因は、キリスト教徒はぜいたくに作られたキリストの彫像や絵画ばかりを拝んでいることにある、と断じました。もともとモーゼは偶像崇拝を禁じているではないか、というのです。

イスラム教も偶像を否定している。そして、イスラム教徒は偶像を拝まない。それゆえに彼らは勝ち、キリスト教徒は敗け続けるのだ。この考えに基づき、レオン三世はキリストのイコンを破壊し、教会のお金を召し上げました。

　といっても、イコノクラスムの真の目的は戦費の調達でした。レオン三世は、ローマ帝国がイスラム帝国に苦戦して戦費が底をついているのに、教会は税金も収めないで贅沢ばかりしている、それが気に入らなかったのです。いっそ彼らのお金を巻き上げてしまえ、というのが真意だったのです。もっともイコノクラスムは帝国内に大混乱を引き起こし、結局は元の木阿弥になるのですが。

　しばらく期間を置いて、次にマケドニア（ギリシャ北部）出身の強力な皇帝が登場します。バシレイオス一世（在位八六七―八八六）とバシレイオス二世（在位九六三―一〇二五）です。この時代に国力は再び強化され、エジプト奪還こそできませんでしたが、バルカン半島全域・南イタリア・カフーカス山脈の南まで制圧する大帝国を再現しました。後の世に、東のローマ帝国の黄金時代と称されるほどに繁栄したのです。前述したように、西暦一〇〇〇年の世界の三大都市はコルドバ（後ウマイヤ朝）、開封（北宋）、コンスタンティノープルでした。東方の世界が西欧を圧倒していたのです。

　ところが東方でトゥルクマン（イスラム教を信じるトルコ系遊牧民）のセルジューク朝が興り、一〇七一年、東アナトリアのマラズギルトでローマ軍と戦います。ローマ軍は敗れ、皇帝ロマノス四世は捕虜になりました。こうしてアナトリア半島には、トゥルクマンが大挙して押し寄せ、地方政権であるルーム・セルジューク朝が成立して、アナトリア半島の西端にある都市ニカイアまでトルコ人が進出してきたのです。危機意識を持った時の皇帝アレクシオス一世（在位一〇八一―一一一八）はローマ教皇や西欧諸国に傭兵の派遣を依頼しました。時に一〇八一年。この依頼に対しては、ローマ教皇庁を始めとして、どこからも返答はありませんでした。

しかし十四年後の一〇九五年、教皇ウルバヌス二世がフランスのクレルモンで東方遠征を宣言したのです。この宣言によって、第一回十字軍が編成され、一〇九六年、大軍団が東方に向かいました。幸運にもセルジューク朝は内紛中で、まとまって十字軍に対抗できなかったのです。十字軍はエルサレムを始めとしてシリアやパレスチナからイスラム勢力を駆逐（くちく）し、新たにいくつかの十字軍国家を建設しました。コンスタンティノープルに迫っていたルーム・セルジューク軍も十字軍にニカイアを奪われ、アナトリア半島の東方に追われました。

こうしてコンスタンティノープルの不安は一掃（いっそう）されました。しばらくは平安な時代が続きました。ところが第一回十字軍から百年余り後、とんでもない事件が起こります。

一二〇二年、第四回十字軍が結成されたのですが、今回の十字軍はあろうことかコンスタンティノープルを襲撃したのです。その破壊と略奪は苛烈（かれつ）をきわめ、栄華を誇ってきたコンスタンティノープルの大宮殿も十字軍の手に落ちました。そして十字軍国家であるラテン帝国が建設されました。生き残ったローマ皇帝の一族は小アジアのニカイアに逃れ、そこにニカイア帝国を樹立したのです。

このラテン帝国は五十数年で倒れ、ローマ帝国は一二六一年にコンスタンティノープルに復帰します。しかしすでに国力はすっかり衰え、もはやコンスタンティノープルの周辺を守るだけの小国になってしまいました。やがてオスマン朝に滅ぼされます。ここで、なぜ、十字軍がキリスト教を国教とするローマ帝国の首都を襲ったのかについて、お話しします。

ローマ教会とコンスタンティノープル教会の衝突

少し時計の針を戻しますが、皇帝テオドシウス一世（在位三七九―三九五）は、キリスト教を国教化し、異教の信仰と祭儀（古代のオリンピックなど）を禁止したことで、歴史上に名前を残していますが、そこには次のような事情がありました。

ローマ帝国は、広大な領土全体に道路網を敷いて、統治の円滑化を図（はか）っていました。しかし、他部族の侵入が激化し、首都を東方に移す状況下で、この道路網や統治機構のメンテナンスは崩れていきました。

一方、この時期にローマ帝国全域で、信者を増やし続けたのがキリスト教でした。国にとって支配のための地方組織が必要なように、宗教にもみずからの教団を拡大し教義を守り抜くために、ネットワークが不可欠です。ローマ帝国の支配機構が崩れるのとは反対に、キリスト教のネットワークは拡大し続けていました。

テオドシウスは、この教会のネットワークを国の統治機構として活用することを考えました。彼はミラノ司教アンブロジウスと交渉し、そのネットワークを国家機構として使う代償として、キリスト教の国教化と他宗教の禁止を実行しました。テオドシウスのキリスト教国教化は、信仰によるものではなく帝国維持が目的であったとの見方が、最近の学説では有力になっています。この国教化の結果、次のような事態がキリスト教の世界に起きました。

古くからキリスト教には五大教会がありました。ローマ、コンスタンティノープル、アンティオキア、アレクサンドリア、エルサレムです。各教会のトップは総主教ですが、ローマとアレクサンドリアのトップは伝統的に教皇と呼ばれていました。この五大教会の中でローマ教会はキリストの一番弟子ペテロの墓の上に建設されています。そのためローマ教会は大きな権威を持っていました。ところが、キリスト教が国教になると、ほぼ自動的にキリストの代理人はローマ皇帝となります。それに対してローマ教皇は、ペテロの代理人に過ぎないということになり、皇帝→教皇という序列が明確化されました。

都がコンスタンティノープルに移り、キリスト教が国教となったことで、五大教会の中での最高権威は、コンスタンティノープル教会に移ります。何しろローマ皇帝を聖別するのですから。コンスタンティノープル教会が、豊かな土地と高い文化伝統のある東側で、最高の存在になる。一方でローマ教会は、皇帝のいない草深い田舎となったローマで、貧しくて文化程度も低い他部族相手に必死に布教活動をやるしか、生きる道はなくなっていきました。

この状況下で起きた事件が、前述したレオン三世によるイコノクラスム（偶像破壊）であり、偶像崇拝の禁止でした。このことはローマ教会を困惑させました。コンスタンティノープル教会のエリアは知的レベルが高いので、布教の内容を文字で表現しても読んでもらえる確率が高い。ところが、まだまだ未開であった西側には字の読めない人が多かったのです。ですからローマ教会は布教のために、絵などを多用していました。紙芝居の応用です。これを禁じられるのは痛手でした。

五大教会の権威の問題、イコノクラスム問題など、コンスタンティノープル教会の高姿勢に対してローマ教会は強く反撥するようになっていきます。コンスタンティノープル教会の側では、皇帝に近い自分たちに対して、ローマ教会は生意気であると映ります。

こうしてローマ教会とコンスタンティノープル教会は、だんだん仲が悪くなっていきます。その間にローマ教会は、少しずつ西ヨーロッパでの布教実績を高め、ついに八世紀になるとメロヴィング朝を簒奪(さんだつ)して正統性のお墨付きを欲しがっていたフランク王国のカロリング朝を味方につけます。つまり主君をローマ皇帝からフランク王に乗り換えたのです。そして歴史上「ピピンの寄進(きしん)」と呼ばれる土地の譲渡を受けます。これによりローマ教皇はイタリア中央部に大きな領土を持つ世俗的な君主にもなったというわけです。

そしてついに一〇五四年、両教会はささいなことから衝突し、両者が共に相手を破門します。すなわち、両教会はおなじキリスト教でありながら、別の存在になっていきます。西はみずからを「カトリック教会」といい、東は「正教会」（または「ギリシャ正教会」）と自称しました。「カトリック」は普遍的の意味、「正」は正統派の意味ですから、お互いに自分を本家と主張した名称です。一般的呼称としては、ローマ教会と東方教会が妥当だと僕は思います。

こうした経緯を検証してみると、十字軍が起こった頃、建前はともかく本音としては、ローマ教会とコンスタンティノープル教会は信仰上の理由で助け合う間柄ではありませんでした。ではなぜ、ローマ教皇は十字軍を派遣したのでしょうか。次のような事情がありました。

地球は十世紀後半から暖かくなり始めました。そのため食糧が増産され、人口も増加しました。ドイツやフランスでは、子どもが増えた結果、土地が不足したり、人々が職にあぶれるようになりました。要するに、ユースバルジ（若年層の膨張）が生じたのです。

ローマ教皇ウルバヌス二世は、信者たちに土地や仕事を与えて救いたいと思い、着目したのが、十字軍の派遣でした。東には豊かな土地があり、文化もあります。「この土地に異教徒の征伐を口実にして攻め込めば、ひと旗あげられるし自分の土地を持てる可能性もあるだろう……」。教皇は貴族や騎士たちを集めると、大演説を行いました。表向きのアピールは異教徒の撲滅（ぼくめつ）です。しかし最大の甘い餌（えさ）は、豊かな東方に侵入すれば土地や財貨を得られるというアピールでした。しかもこの聖戦で戦死したら必ず天国に行けるという贖宥状（しょくゆうじょう）まで発行したのです。かくて教皇の演説は大成功し、一〇万人前後の十字軍が聖地を目指しました。そして、彼らが行った行動の大半は、イスラム教徒の殺戮（さつりく）と財宝の強奪（ごうだつ）でした。

十字軍が繰り返し派遣された最大の理由は、露骨に表現すれば富を得るためでした。だから、同じキリスト教の国でも攻めることができたのです。さらに第四回十字軍がコンスタンティノープルを急襲したのには、もうひとつ理由がありました。

イタリアの海洋国家ヴェネツィアとコンスタンティノープルは、黒海交易の利権をめぐって争っていました。十字軍の東方への移送を担（にな）っていたそのヴェネツィアが、十字軍をうまく説得してコンスタンティノープルを攻めるよう仕向けた、というのが裏の理由です。コンスタンティノープル側にも権力を巡る内輪もめがあり、内応する勢力があったといわれています。

第四回十字軍のコンスタンティノープル略奪は凄惨（せいさん）をきわめました。ヴェネツィアのサンマルコ寺院が保有する四頭の青銅の馬はその時の戦利品です。この前後のコンスタンティノープルを舞台とする『バウドリーノ』（ウンベルト・エーコ著、堤康徳訳、岩波書店）という優れた小説があります。この小説を一読すると当時のコンスタンティノープルが、ユリアヌスの頃とは、ずいぶん変化していることに気づくと思います。

オスマン朝の都としての「イスタンブル」

コンスタンティノープルの陥落

1453年、メフメト2世のオスマン朝軍がコンスタンティノープルを包囲し、陥落させた。これによりローマ帝国が滅亡し、イスタンブルが生まれた。

話を本筋に戻します。一四五三年にコンスタンティノープルを陥落させたのは、オスマン朝です。

この王朝もイスラム教を信じるトゥルクマンがつくった国家です。そこで、オスマン・トルコとも呼ばれます。彼らが東方からアナトリア半島まで新天地を求めてやってきたとき、そこには既にルーム・セルジューク朝を始めとする同族系の国々があったので、やむなく海を渡り、バルカン半島に根拠地を移しました。そして勢力を広げて、十四世紀にコンスタンティノープルの西北部の都市エディルネ（アドリアノープル）に進出して首都にしました。

さらに国力を増して、ついに一四五三年、七代スルタン・メフメト二世の時代に、イスラム教徒が「イスタンブル」と呼んでいたコンスタンティノープルを落として、荒廃した都市環境を整備し、首都にしたのでした。そしてボスポラス海峡と金角湾を望む丘の上に、新たにトプカプ宮殿を建設しました。トプカプ宮殿は以後四百年、政治と文化の中心地となります。

スレイマン一世の時代に最盛期を迎える

イスタンブルを整備したオスマン朝は、当時の最強軍団であったイェニチェリと呼ばれる鉄砲歩兵軍団の戦力を活用し、九代スルタン・セリム一世（在位一五一二―一五二〇）の時代には更に領土を広げ、世界帝国となっていきます。セリム一世はイラク、シリア、パレスチナを落とし、エジプトをも制圧しました。さらにアラビア半島を支配下に置き、それまでエジプトのマムルーク朝が占めていたイスラムの聖地マッカとマディーナの保護者の地位を獲得しました。

次いで一〇代スルタン・スレイマン一世（在位一五二〇―一五六六）は、ヨーロッパに目を向けバルカン半島全域からハンガリーまで制圧しました。特に一五二九年には一二万の兵力によってウィーンを包囲し、落城寸前まで追い込みましたが、冬将軍の到来で断念しています。

その生涯に一三回の世界遠征を果たしたスレイマン一世は、帝国の版図を最大にしましたが、イスタンブルの発展にも積極的でした。モスクはイスラム教の礼拝堂の意味ですが、実際には社会的施設も兼ね備えています。図書館・学校・病院・救貧院・隊商宿、公衆浴場などです。要するにモスクは市民の生活の場でした。スレイマン一世はいくつかのモスクをイスタンブルに建設しています。彼は建設に当たってトルコ最高の建築家と評価されているミマール・スイナンに、その仕事を命じました。代表的なモスクがスレイマニエ・モスクです。マルマラ海を手前にして、くっきりと丘の上に浮かぶ円屋根とミナレット（尖塔）があるいくつかの大モスクの写真が、イスタンブルを紹介する書物にはよく登場します。あの景観はスレイマン一世の時代に完成したのです。

スレイマン1世

13回もの世界遠征で帝国の版図を最大にし、イスタンブルの社会的・文化的発展にも尽くした。

1 スレイマン一世の柔軟な政策がイスタンブルに人を呼んだ

スレイマン一世のスレイマンとは、古代ヘブライ王国の最盛期をつくったといわれているソロモン王のトルコ語読みです。スレイマン一世は多くの業績を残しました。

たとえば宗教的な寛大さです。これはオスマン朝自体の特徴でもありました。

オスマン朝がコンスタンティノープルを攻め落としたとき、そこには東方教会の大本山があったのですが、これを追放せずに存続を認めました。もちろん納税することと反抗しないことを条件としましたが。東方教会は現在もイスタンブルを本拠としています。また十五世紀後半のヨーロッパではスペインを始めとして、異端審問が激しくなりユダヤ人排撃が激化する傾向にありましたが、オスマン朝は諸国を追われたユダヤ人を受け入れました。特にスレイマン一世は積極的であったようです。そこには人材登用の狙いもありました。

スレイマン一世はユダヤ人の優れた商才を、オスマン朝に役立てようと計算したのです。二十世紀にはナチズムに追われたユダヤ人がニューヨークに逃れ、アメリカの経済に大きく貢献しましたが、アメリカはスレイマン一世と同様の発想をしたのでした。

スレイマン一世は、地中海の西方でキリスト教国の船団を襲撃していたベルベル人の大海賊バルバロス・ハイレッディンを帰順させ、海軍提督に登用しました。オスマン朝の陸軍は強くても、海軍に弱点があったからです。かなり大胆な人材登用でしたが、この補強作戦で海軍の戦闘力も倍加されました。

スレイマン一世の業績の中には、カピチュレーションの付与（ふよ）という評価の微妙な政策もありました。

十六世紀前半のヨーロッパでは、フランス王のフランソワ一世とドイツ・スペイン王ハプスブルク家のカール五世が、全面対決していました。ハプスブルク家の本貫（ほんかん）の地はオーストリア

スレイマン１世が建設したスレイマニエ・モスク

スレイマン１世が、社会文化施設も備えた市民の生活の場としてイスタンブルに建設したモスクの最高傑作で、1557年に完成。７つの丘のひとつの頂上に建つ。

です。したがってウィーンを狙っているスレイマン一世は、フランソワ一世からみれば敵の敵なので味方、ということになります。そこで両国は同盟を結びました。時に一五三六年。

こうして両国は協力関係に入りましたが、当時の国力をみるとオスマン朝が圧倒的に上です。そこでスレイマン一世は、彼からみれば貧しい国に過ぎないフランスに、カピチュレーションと呼ばれる外交上の特権を与えました。帝国内であってもフランス人の裁判はフランス人にまかせる領事裁判権、帝国内での通商や居住の自由、そして関税もフランスに任せる通商特権などです。スレイマン一世が強国の君主として、小国に恩恵として与えた最恵国待遇でした。やがて、このことを聞き知ったイングランドやネーデルランドなども、この最恵国待遇を求めました。「貧しき我が国にもどうぞお恵みを」というわけです。

オスマン朝は大国らしく、鷹揚（おうよう）にこの要求を認めました。そして、この条約にたいへん旨み（うま）があることを知った西欧列強は、カピチュレーションの内容を世界に広げていきます。日本が幕末の頃に各国と結んだ不平等条約も、その一例でした。

2 イスタンブルのコーヒー店

カピチュレーションは後にトルコ自身をも苦しめることになるのですが、カピチュレーションのおかげで、スレイマン一世の頃から多くの国々がイスタンブルに通商の拠点をつくりました。そのことやユダヤ人の受け入れなどもあって、さまざまな民族がイスタンブルで生活するようになり、人口が急増していきます。

この頃のイスタンブルには、多くのコーヒー店がありました。それは、エチオピア原産のコーヒーが南アラビアを経て、この都市に根づいたことを示しています。

スレイマン一世がオーストリアのウィーンを包囲したとき、彼の陣営からコーヒーがウィーン側に伝わり、それがウィンナーコーヒーの元祖になった、と伝えられています。

イスタンブルを舞台にした、有名な小説が二つあります。『アルタイ』（ウー・ミン著、さとうななこ訳、東京創元社)、『わたしの名は赤〔新訳版〕』(オルハン・パムク著、宮下遼訳、ハヤカワepi文庫)です。少し時代は異なりますが、両書には、イスタンブルのコーヒー店や繁華街を背景にして繰り広げられるユダヤ人やさまざまな民族が織りなすドラマが、みごとに再現されています。

十七世紀から十八世紀へ、衰え始めるオスマン朝

十六世紀のスレイマン一世の時代を最盛期として、オスマン朝の国力は少しずつ衰え始めました。その原因は繁栄を支えてきた中央集権体制が徐々に緩(ゆる)み始めたことにありました。賄賂(わいろ)やコネなど官僚の腐敗は、中央から地方に及び、トルコの諺(ことわざ)「魚は頭から腐る」を地で行くようになっていきました。また、広大になりすぎた領土の統治を維持しきれなくなっていたこともありました。

さらに一四九二年にジェノヴァの船乗りコロン(コロンブス)が新大陸に到達すると、西欧諸国は競って新大陸へ進出を始めるとともに、新時代の覇権をかけた熾烈(しれつ)な競争を繰り広げ始めました。交易の舞台が地中海から大西洋に移ったことがオスマン朝の衰退に拍車をかけました。西欧諸国からみると、オスマン朝はあまりにも大きくて豊かで、イスタンブルは彼らに

とって羨望の的であるとともに、ひそかに征服の対象になりつつあったのかもしれません。

次に、オスマン朝が衰退していく経過を簡略にまとめてみました。

1 オスマン朝に攻勢を仕掛けるロシア

スレイマン一世がウィーン包囲に失敗した約百五十年後、オスマン朝は再度ウィーンを包囲しました（一六八三）。しかし作戦は大敗に終わります。そして敗戦の代償として、オーストリアにハンガリーとルーマニア北西部分を、ヴェネツィアにアドリア海沿岸のクロアチアとギリシャ南部のペロポネソス半島を、それぞれ割譲しました。これはオスマン朝が初めて経験した領土の割譲でした。

オスマン朝の敗北に、好機到来と考えたのがロシアです。この北方の大国はいつも、自由に海に出られる冬でも凍らない不凍港を求めていました。そのターゲットのひとつがクリミア半島がある黒海だったのです。

早速、時の皇帝ピョートル大帝（在位一六八二―一七二五）が黒海北部の内海であるアゾフ海を、強引に占領してしまいました。エカチェリーナ二世（在位一七六二―一七九六）の時代になると、二度にわたる戦争をオスマン朝に仕掛け、最終的に黒海の自由通行権を奪取、さらに黒海北岸の地とクリミア半島を割譲させました。

オスマン朝の最盛期（16世紀）

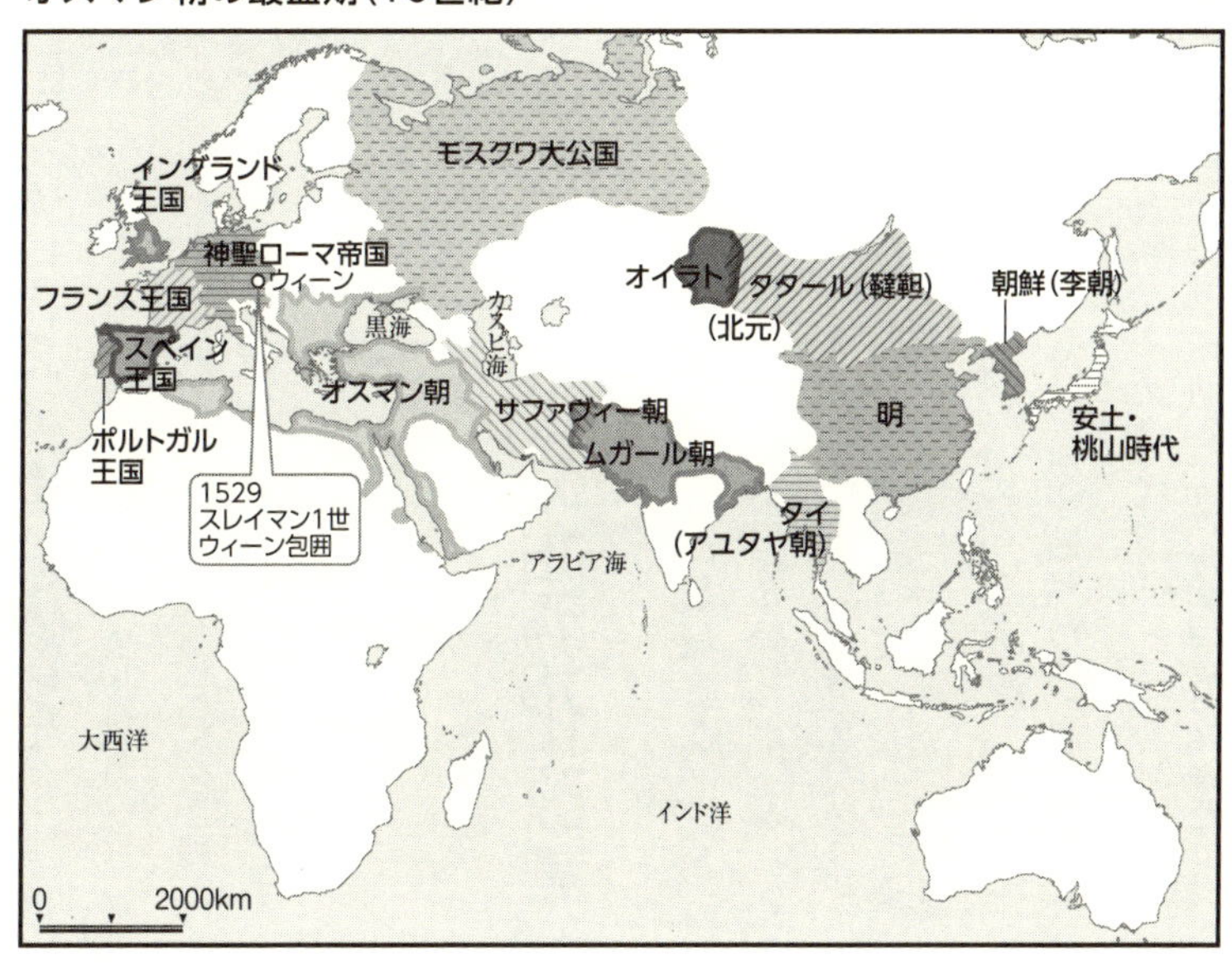

2 ナポレオンのエジプト遠征とムハンマド・アリーの登場

ヨーロッパでは一七八九年にフランス革命が成功した後に、実力者となったナポレオンがエジプトに遠征し、これを占領しました。エジプトはオスマン朝の領土であり、総督が赴任して統治していました。ナポレオンはカイロを落城させ、一時は占領するのですが、連合王国（英国）海軍の活躍やカイロ市民の頑強な抵抗にあって、占領を放棄します。ナポレオンが去った後に、オスマン朝が派遣していたアルバニア人の傭兵隊長のムハンマド・アリーという男がめきめきと頭角を現わし、エジプトを支配するようになり、ついにエジプト・トルコ戦争に発展します。

ムハンマド・アリーについては第3章のカイロで詳述しますが、この時代にオスマン朝はギリシャを失い、エジプトまで手離さざるを得なくなります。マフムト二世（在位一八〇八―一八三九）はムハンマド・アリーに翻弄されつつも戦い続けました。彼は、一方ではオスマン朝の改革にも乗り出したスルタンでした。

マフムト二世の西欧化改革が難航する

マフムト二世の国政改革の契機となったのは、先々代のスルタン・セリム三世（在位一七八九―一八〇七）が西欧式徴兵制の軍団をつくろうとしたとき、徴税役人に加担してイェニチェリ軍団が反対運動を起こし、彼を退位させたことです。

マフムト二世の国政改革は、まずイェニチェリ軍団の廃止に始まりました。オスマン朝を伝統的に支えてきたイェニチェリ軍団は、オスマン朝の長い繁栄の中で、利権を守る保守派の牙城に変質し、国家を立て直す政治改革に反対する急先鋒になっていたのです。

イスタンブル市民の支持を背景に、イェニチェリ軍団を廃止したマフムト二世は、税制改革、国民皆兵の軍隊創設、教育制度の整備など、富国強兵につながる諸政策を打ち出していきました。彼は、これらの政策を通じて、ますます強くなるオスマン朝への西欧列強の圧力を弱めようとしました。この政策は次代のスルタン・アブデュルメジト一世（在位一八三九―一八六一）にも受け継がれていきます。

なおマフムト二世の西欧化改革は、エジプトのムハンマド・アリーのエジプト改革に倣ったものでした。また日本の明治維新も、同様の目的でマフムト二世の改革からおよそ三十年後に始まります。

しかし、これらの諸改革は、西欧列強との不平等条約や経済力と軍事力を背景とする列強の強引な干渉によって、なかなか順調には進みませんでした。

この時代にアブデュルメジト一世はボスポラス海峡を望む丘の上に、ドルマバフチェ宮殿を建てました。壮麗で豪華な宮殿で、広い儀式の間には重さ七・五キロのシャンデリアが燦然と輝いています。やせ細りつつも、まだまだオスマン朝には、これぐらいの財力があったのです。

「欧州の瀕死の病人」となった老大国

老大国となったオスマン朝は、マフムト二世、アブデュルメジト一世と、必死の近代化政策を続けました。この当時のオスマン朝のことを西欧列強は、「欧州の瀕死の病人」と呼んでいました。しかし、誰もその息の根を止めようとはしませんでした。病んでいるとはいえ、まだまだ豊かなこの老大国を誰かが倒してしまったら、列強による壮絶な利権の取り合いになることは明白だったからです。

「生かさず殺さず利潤を吸い上げよう」

それがキリスト教国である列強たちの暗黙の了解だったと思われます。

この均衡状態を破ったのは、ドン・キホーテに権力を持たせたようなロシア皇帝ニコライ一世（在位一八二五―一八五五）です。

ちょっと回り道になりますが、その背景には次のようなストーリーがありました。

一四五三年にコンスタンティノープルが陥落してローマ帝国が滅亡した後に、ロシアのモスクワ大公国の君主は、ローマ皇帝の姪と結婚しました。そして彼は、「自分はローマ帝国の皇帝の系譜を継いだのであるから、モスクワは第三のローマとなり自分はツァーリ（皇帝）になったのである」と宣言しました。もちろん当時のヨーロッパでは、たかが片田舎のモスクワ大公国の君主の発言などを、真に受けるものはいませんでした。その後、十六世紀の末にモスクワは総主教座を手に入れ（これでコンスタンティノープル、アンティオキア、エルサレム、アレクサンドリアの東方の四総主教座と並んだことになります）、徐々に東方教会の守護者として振る舞い始めます。その後、ロマノフ朝が成立し、ピョートル大帝が自らを「ツァーリ」と名乗ってから（一七二一）、モスクワ大公国は、ロシア帝国として認知されるようになりました。

ニコライ一世は、強権的な専制君主だったと後世に語られていますが、東方教会の守護者としての大いなる誇りを持っていました。

フランス革命の後のことです。エルサレムの聖墳墓教会で、次のような事件がありました。

この教会はキリストの墓の上に建てられていますが、キリスト教会が分裂してからは、ローマ教会と東方教会そしてアルメニア教会が分割保有する形で運営してきました。アルメニア教会は世界でもいち早く国教化されたキリスト教会です。やがてエルサレムはオスマン朝の支配下に入りましたが、オスマン朝は聖墳墓教会の管理権を、ローマ教会の守護者を自任するフランスにゆだねていました。

ところがフランス革命の混乱期に、東方教会がその管理権を奪い取ってしまったのです。この状態に対して一八五二年、フランス第二帝政の皇帝となったナポレオン三世は、自国の名誉と人気取りをかねてオスマン朝政府（ポルトと呼ばれていました）と交渉し、教会管理権を東方教会から取り戻しました。

この状態に怒ったニコライ一世は、オスマン朝領土内の東方教会の信者を保護するという名目で、一八五三年、オスマン朝に宣戦を布告したのです。

すると、このロシアの行動に対して、フランスと連合王国はそれぞれの思惑を秘めて、ただちにオスマン朝の側に立ち、ロシアに宣戦を布告しました。こうしてクリミア戦争と呼ばれた激戦が始まりました（一八五三―一八五六）。

クリミア戦争はロシアの敗北に終わりました。ロシアは黒海沿岸の軍事施設を撤去させられ、黒海の周航権も失いました。ロシアの南下政策は大きく挫折したのです。クリミア戦争は最初の近代戦ともいわれ、赤十字の誕生など、多くの話題に事欠きません。しかし、ここでは、この戦いでは伝統あるイスタンブルの街並に、ほとんど被害が出なかったことだけをお伝えしておきます。この戦争のことは『クリミア戦争』（オーランド・ファイジズ著、染谷徹訳、白水社）がみごとに活写しています。

衰えゆくオスマン朝の都にオリエント急行が走る

オスマン朝は、クリミア戦争には西欧列強の援護もあって勝利しました。しかしスルタン主導で行われてきた近代化政策が進んでも、外国資本と癒着（ゆちゃく）した一部の支配者層が利益を得るのと引き換えに、市民は貧しくなる一方でした。それでも、近代化政策がもたらした民族独立や立憲主義の考え方によって、多くの知識人や官僚や軍人が人道的な思想や文化に目覚め始めました。彼らは立ち上がり、憲法制定と立憲政治の実現を求めて運動を起こしました。その代表が宰相ミドハト・パシャ（一八二二―一八八四）です。

彼はスルタンを説得し、保守派の圧力を排除して一八七六年、民主主義的な憲法を制定しました。さらに翌一八七七年に議会を開催しました。

しかし議会の先鋭化を恐れたスルタン・アブデュルハミト二世（在位一八七六―一九〇九）は、一八七七年に起きたブルガリア支配をめぐるロシアとのトラブルを理由として、議会を閉鎖して憲法を改変し、ミドハト・パシャを追放しました。

アブデュルハミト二世は、専制政治体制に戻してロシアと戦いましたが敗れます。その結果、オスマン朝はルーマニアとブルガリアの大半の所領を失いました。

ロシアの侵略と西欧列強の巧みな植民地化政策のために、やせ細ってゆくオスマン朝でしたが、その古くからの都イスタンブルは古代からの面影を映して美しく、ヨーロッパのブルジョアや文化人にとってオリエントの魅力にあふれていました。この都に一八八八年、ベルギーの国際寝台車会社（ワゴン・リ社）の寝台特急が、パリから六日かけて到着しました。オリエント急行第一号です。余談ですが、半世紀後には、ミステリーの名手アガサ・クリスティーがこの列車を作品の舞台に選び、一九三四年に『オリエント急行の殺人』を発表しました。

第一次世界大戦に巻き込まれて敗北したオスマン朝

イタリアでは、一八三〇年代にナポリから始まった独立運動（カルボナリ）が限界を迎えた後、共和主義と民族統一を主張する「青年イタリア」という結社が運動の中心となり、その勢いはイタリア全土に燃え広がりました。これに学んでトルコでも、本当の民族独立運動は宮廷中心では無理であると気づいた若者たちが「青年トルコ人」を結成します。そして青年将校たちの支持を集めると、ミドハト憲法の復活を掲げて蜂起しました。スルタンのアブデュルハミト二世はこれを認めざるを得ず、政権の座を譲り、立憲政治が復活しました。一九〇八年に起きたこの事件は、スルタンの命こそ奪いませんでしたが、「青年トルコ人革命」と呼ばれました。

オスマン朝の支配体制の動揺を見たイタリアは、北アフリカでオスマン領のトリポリに進出してオスマン軍を退け、自国の領土としました。さらにバルカン半島ではセルビア、ブルガリア、モンテネグロ、ギリシャが、それぞれに自国の利益を求めてバルカン同盟を結び、オスマン朝と戦争状態に入ります（バルカン戦争。一九一二）。このバルカン同盟蜂起の背後には、バルカン半島内のスラヴ人の保護を主張するロシア、この半島とアドリア海に多くの既得権を持つオーストリア、そして新興の強国ドイツ帝国も絡んでいました。

さらにバルカン半島では多様な民族が入り乱れて国家を形成しており、民族独立の嵐が吹き荒れていました。それゆえこの半島は「ヨーロッパの火薬庫」と呼ばれるようになったのです。二次にわたったバルカン戦争は一九一三年に終結します。オスマン朝は、バルカン半島の領地をほとんど失いました。そしてその翌年一九一四年に、「ヨーロッパの火薬庫」から第一次世界大戦が始まります。オスマン朝は中央同盟国側（ドイツ、オーストリア側）に立って参戦し、敗北しました。

大帝国の首都の役割を終える

連合国側はイスタンブルを占領すると、スルタンを相手に講和条約を提示しました。その内容は国土割譲、治外法権、財政干渉を含む屈辱的なものでした。しかしスルタンはこれを受諾しました。

このようなスルタン側の動きに対して、祖国解放運動の口火を切った男がいます。優れた軍司令官であり熱烈な愛国主義者であったムスタファ・ケマル（一八八一―一九三八）です。彼はアナトリア半島のアンカラに大国民議会を招集しました（一九二〇）。そして英・仏・伊・米の支援を受けるイスタンブル政府軍との戦いに突入します。ケマルは巧みな指導力を発揮してこの戦いに勝利しました（一九二三）。

連合国軍は撤退し、トルコ共和国が誕生し、ケマルは初代大統領に就任しました。彼はオスマン朝の指導者が有していたスルタンとカリフの称号と権力を否定し、イスラム法廷をも廃止しました。そして主権在民と議会制を原理とする新憲法を制定し、国家の制度を世俗化しました。平たく言えば、宗教に束縛されない自由な国家へと踏み出したのです。ケマルの業績に対して大国民議会はトルコ人の父を意味する「アタテュルク」の称号を贈りました。

トルコはケマル・アタテュルクの開いた道をあゆみ、第二次世界大戦では中立を守りました。そして今日ではEUの一員となるべく交渉を進めています。

イスタンブルは、首都の座をアンカラに譲りました。しかし、今日でもトルコ最大の経済都市として、活況を極めています。豊富な文化遺産や歴史遺産、昔も今もさまざまな外国人が異国情緒を醸（かも）し出すガラタ地区、そしてフランス、中国と並んで世界の三大料理といわれるトルコ料理を含めて、イスタンブルは訪れた人に深い思い出をつくってくれる都市です。

ボスポラス海峡を渡る連絡船は、黒海からの流れの速い潮流を横切って、日に何度も往復しています。

僕はイスタンブルを訪れるたび、夕暮れ時になるとこの連絡船に乗り込んで、何度も何度も往復したものです（昔は対岸に着いても降りることを強制されませんでした。今日ではどうなのでしょうか）。太陽が沈み始めると、イスタンブルの丘の上に、ブルー・モスクやスレイマニ

イスタンブル（コンスタンティノープル）の人口推移と世界順位

年度	順位	推定人口	備考欄
361	1	300,000	皇帝ユリアヌス。第2位の都市クテシフォン
500	1	400,000	皇帝アナスタシウス1世。第2位の都市クテシフォン
900	3	300,000	皇帝レオン6世。第1位の都市バグダード
1000	3	300,000	皇帝バシレイオス2世。第1位の都市コルドバ
1250	12	100,000	第四回十字軍に侵略されたラテン帝国時代。 第1位の都市杭州
1450	26位以下	?	オスマン朝がローマ帝国を倒す3年前。 第1位の都市北京
1500	6	200,000	オスマン朝の首都イスタンブルになって47年。 第1位の都市北京
1550	2	660,000	スレイマン1世。第1位北京、第4位カイロ、第6位パリ
1650	1	700,000	メフメト4世。(1650、1655、1700とイスタンブル1位) 第2位江戸、第3位北京
1850	5	785,000	クリミア戦争(1853-1856)の3年前。 第1位ロンドン、第2位北京、第3位パリ
1914	21	1,125,000	第一次世界大戦時。 第1位ロンドン、第2位ニューヨーク、第3位パリ
2010	(参考)	13,256,000	

出典：ターシャス・チャンドラー（Tertius Chandler）著
『Four Thousand Years of Urban Growth : An Historical Census』

エ・モスクの円屋根と尖塔が逆光の中に浮かび、やがて黒いシルエットになっていくのです。すると、ボスポラス海峡の潮音がひときわ高くなるように感じたことを記憶しています。

ボスポラス海峡には立派な橋が三つ架かっています。ひとつは日本人がつくりました。

最近のトルコは、不安定な隣国（シリアやイラクなど）との複雑な関係から頻々とテロが発生し、クーデター未遂事件も起きています。イスタンブルを訪れることに一抹の不安を感じさせますが、一日も早く地域全体が安定化し、トルコの治安が回復することを願わずにはいられません。

イスタンブルの関連年表

西暦(年)	出来事
BC660頃	ギリシャの都市国家メガラが植民、ビザンティオンと名づける
BC5世紀	アカイメネス朝のダレイオス１世、ビザンティオンを占拠
73	ローマ帝国の支配下に入る
330	ローマ帝国の首都となり、コンスタンティノープルと改名される
408	テオドシウス２世が皇帝に就き(～450)、コンスタンティノープルに大城壁を築く
1000	この頃、コンスタンティノープル、スペインのコルドバ、中国の開封と共に世界３大都市の一つとして繁栄する
1054	教皇(ローマ)と総主教(コンスタンティノープル)の相互破門
1204	第４次十字軍がコンスタンティノープルを襲撃、十字軍国家のラテン帝国を建設(～1261)
1453	オスマン朝のメフメト２世、コンスタンティノープルを陥落させ、イスタンブルの名で首都にする
1520	スレイマン１世が即位(～1566)、オスマン朝の最盛期を築く
1808	マフムト２世が即位(～1839)、国政改革に着手。イェニチェリを廃止
1853	オスマン朝、英仏と組み、クリミア戦争でロシアを撃退する(～1856)
1876	ミドハト憲法が制定される
1888	オリエント急行がイスタンブルに乗り入れる
1908	青年トルコ人革命が起こり、休止されていたミドハト憲法が復活
1912	バルカン戦争(～1913)。オスマン朝、バルカン半島の領地のほとんどを失う
1914	第一次世界大戦が勃発(～1918)。オスマン朝はドイツ・オーストリアの中央同盟国側で参戦
1920	連合国軍がイスタンブルを占拠(～1923)。ムスタファ・ケマルの主導でアンカラでトルコ大国民議会が発足
1922	大国民議会、スルタン制(帝政)を否定。オスマン朝が滅亡する
1923	トルコ共和国が発足し、ムスタファ・ケマルが初代大統領になる

●イスタンブルの世界遺産（建造物）
トプカプ宮殿／アヤソフィア／アト・メイダヌ／スルタン・アフメット・モスク／地下宮殿（バシリカ・シスタン）／スレイマニエ・モスク／ゼイレク・モスク／テオドシウスの城壁／カーリエ博物館

第2章

インドを映し出す都 デリー

長く複雑な歴史と多民族の文化が今も息づく

デリー
カシミア門
セント・ジェイムズ教会
デリー駅
マハートマー・
ガーンディー公園
ファテープリ・
モスク
シク寺院
ラホール門
レッド・フォート
ジャーマ・マスジット
ニューデリー駅
デリー門
ラージ・ガート
ガーンディー博物館
ヤムナー川
コンノート・
プレイス
ジャンタル・マンタル
（天文台）
インド門
フマーユーン廟
クトゥブ・ミナールへ
0
1km

インドという国が持っている二つの地理的条件

現代のインドで大都市の代表といえば、東のベンガル湾に面するコルカタ（カルカッタ）、南のチェンナイ（マドラス）、西のアラビア海に面するムンバイ（ボンベイ）、デカン高原南部のバンガロール、そしてインド西北部のデリー、以上の五都市だと思います。

コルカタとチェンナイとムンバイはインドが連合王国の植民地であった頃の拠点都市で、現代では大商工業都市です。特にムンバイはインド最大の商工業の中心地となっています。またバンガロールは、インドのシリコンバレーと呼ばれるＩＴ産業の中心として国際的に脚光を浴びている都市です。そして人口が最大のデリーは、中世から今日まで多少の断絶はありましたが、ずっと「政治」首都の役割を果たしてきました。そのために今日でも多くの遺跡が残り、市内に三つの世界遺産があります。

デリーに関係してきた王朝や君主の業績や行動を見ていくと、この都市はインドを映し出す姿見（すがたみ）だと感じます。そうであれば、この都市を通して、アジア第二の大国の長い歴史と未来の可能性に触れることができるのではないか……そのような思いからデリーを取り上げました。

ただ、デリーについて話を進める前に、インドについて、二つのこと（亜大陸の特徴と侵入路）を知っておいていただきたいと思います。世界地図を眺めれば納得できる、単純なことです。

まず、亜大陸と呼ばれる巨大なインド半島は、南北に長く伸びているという事実があります。北限は九州の緯度に近く、南限はほぼ赤道近くまで伸びています。人が旅をするときは、東西に移動するほうが南北移動より楽です。気候の変化が少ないからです。東西に広がるユーラシアの大草原地帯が民族移動の大動脈（草原の道）になったのも、同様な理由からでした。

加えてインドの場合、北西から東北に広がる平原地帯の南側には山脈と高原が重なり合って続き、移動を一層難しくしています。さらに言うと、東のベンガル湾、西のアラビア海とも海岸線に沿って東西のガーツ山脈が走っています。そのために古来、この亜大陸では北部の平原、中央部の高原、東部と西部の海岸線沿いという、四つの地域が独自の歴史をつくってきました。

インドを統一して支配する王朝が、なかなか登場しなかったのはこのためです。先に挙げたコルカタ、チェンナイ、ムンバイ、バンガロール、デリーという五つの都市が、チェンナイに近いバンガロールを除くとほぼ等距離で結ばれる形で東西南北に分かれているのも偶然ではないように思われます。そしてそれぞれの地域にさまざまな部族が、独自の文化を発展させてきたために、インドで話される言語は二一を数え、インド政府が発行する紙幣には一七の言語が印刷されています。

つぎに、この亜大陸に外部から侵入できる場所が、たいへん少ないことも特徴的です。その

インドの地形図

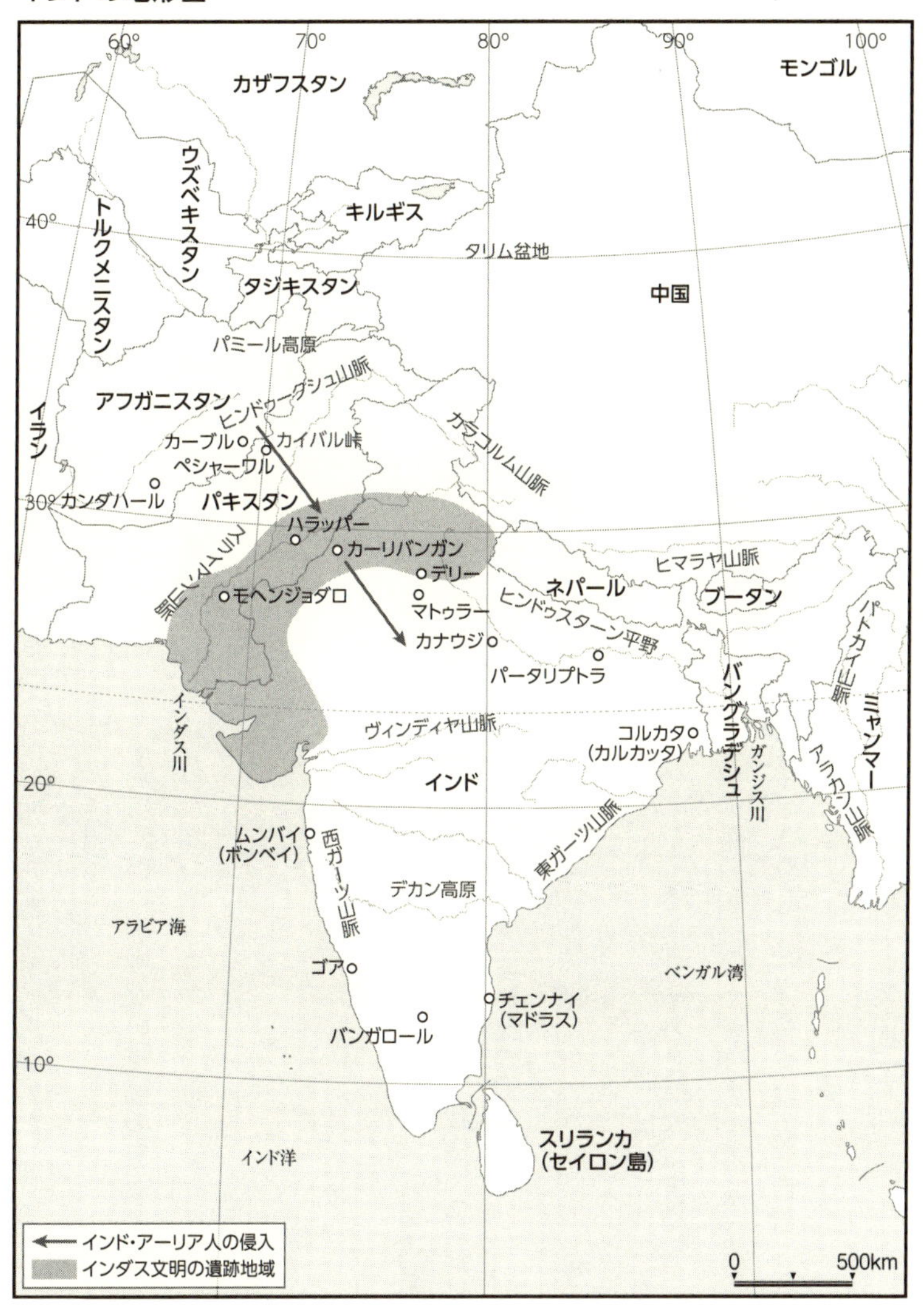

60°
70°
80°
90°
100°
40°
30°
20°
10°
カザフスタン
モンゴル
ウズベキスタン
トルクメニスタン
キルギス
タリム盆地
タジキスタン
中国
パミール高原
ヒンドゥークシュ山脈
アフガニスタン
イラン
カーブル
カイバル峠
ペシャーワル
カラコルム山脈
カンダハール
パキスタン
ハラッパー
カーリバンガン
デリー
ヒマラヤ山脈
ネパール
ブータン
モヘンジョダロ
マトゥラー
ヒンドゥスターン平野
パトカイ山脈
カナウジ
パータリプトラ
バングラデシュ
ミャンマー
インダス川
ヴィンディヤ山脈
コルカタ
(カルカッタ)
ガンジス川
アラカン山脈
インド
ムンバイ
(ボンベイ)
西ガーツ山脈
東ガーツ山脈
デカン高原
アラビア海
ゴア
ベンガル湾
チェンナイ
(マドラス)
バンガロール
スリランカ
(セイロン島)
インド洋
インド・アーリア人の侵入
インダス文明の遺跡地域
0
500km

ことを最も象徴的に示しているのが、インド半島の北側に西から東まで、おおいかぶさるように連なる「世界の屋根」と呼ばれるカラコルム山脈とヒマラヤ山脈です。

このように陸の孤島のように閉鎖されているインド半島ですが、数少ない交通の拠点となっている場所があります。西側の国境線の北部にあるカイバル峠です。この峠を越えるとインダス川上流のパンジャーブ地帯が、豊かな平原を広げています。

以上が、前もって知っておいていただきたいことです。

続いて、デリーが表舞台に登場するまでのインドの歴史を見ておきましょう。

カイバル峠を越えて、後にインドの代表的民族となるアーリア人がこの地にやってきたのはBC一五〇〇年頃でした。彼らはパンジャーブ地方に定住していましたが、BC一〇〇〇年頃から東へ進み、ガンジス川上流地帯に勢力を拡大します。この頃からバラモン教（ヒンドゥー教の母体）を中心とする文化を発展させ、アーリア人の二大叙事詩『マハーバーラタ』と『ラーマーヤナ』の原型がつくられました。

アーリア人はさらにガンジス川を東進して、今日のビハール州にまで勢力を拡大しました。このガンジス川の中流から下流に近い地域では、東南アジア系の先住民が稲作をして集落を形成していましたが、アーリア人は彼らを征服したり同化させたりして、インド北方全体を支配する民族となっていきました。

BC六世紀にはペルシャのアカイメネス朝の侵略、BC四世紀にはマケドニア王アレクサンドロス大王の来襲など、幾多の民族の襲撃がありました。その後には、仏教を興隆させたマウリヤ朝（BC三一七頃―BC一八〇頃）や、少し規模の小さいグプタ朝（三二〇―五五〇年頃）など統一王朝が出現した時代もありましたが、おおよそはアーリア人たちがガンジス川の上流と中流地域を基盤に大小の王朝を成立させて、離合集散を繰り返していました。その過程において興亡の中心地が、ガンジス川の上流地域すなわち現在のデリー周辺になっていったのです。

カナウジ・トライアングルの覇権争奪戦とイスラム軍団の侵入

デリーの東南にカナウジという都市があります。そこを首都として七世紀初め、ハルシャ・ヴァルダナという人が、王朝を開きました。彼一代約五十年間の短命な王朝でしたが玄奘（げんじょう）が訪れたことで歴史に名を残しています。八世紀に入ると、このカナウジを巡って三つの国が争奪戦を重ねます。三国時代と呼ばれました。

三国の一つめはプラティーハーラ朝（七五〇―一〇一八）です。インドの西北ラージャスターン地方に起こり、ガンジス川上流から中流地帯まで勢力下に置き、カナウジを支配しました。この王朝はラージプートの王朝でした。ラージプートはインドの社会集団であるカーストの一つでクシャトリア階層（軍事や政治を司る階層）の人々です。北インドの豪族なのですが、興味深いことに彼らは祖先が太陽や月からやってきたと、出自を語るのです。プラティーハーラ朝の人々は月の一族と自称していました。

二つめはパーラ朝（七五〇—一一七四）です。この王朝は、カナウジから東南のガンジス川中流から下流地域を支配していました。カナウジを占領下に置いた時期もあり、北インド最大の勢力にもなりました。この王朝は仏教国で、密教系仏教を発展させ、ビハール州のガンジス川下流地域にヴィクラマシーラ大学という大規模な仏教大学を設立しています。

三つめの王朝はラーシュトラクータ朝（七五三—九七三）です。この王朝はデカン高原南西部に拠点を置いて、北西インドに進出してきたヒンドゥー教の国でした。今日でも有名なエローラ石窟の遺跡は、この王朝時代に制作されたものです。

そしてこのカナウジ・トライアングルと呼ばれた三国による、カナウジを獲ったり獲られたりの攻防戦は、延べ三百年近くも続きました。その結果、三国とも国力が衰えてしまい、インド北西部に権力の空白状態が生まれました。これを好機として、ガズナ朝の軍勢がカイバル峠を越えて来襲してきます。

ガズナ朝はアフガニスタンの王朝で、カイバル峠に近いガズナの地を本拠地としていました。トゥルクマンの王朝で、初代の君主はマムルークの出身です。マムルークについては改めて後述します。ガズナ朝は一〇一八年、その頃にカナウジを支配していたプラティーハーラ朝

ガズナ朝の来襲とカナウジ・トライアングル（10世紀後半）

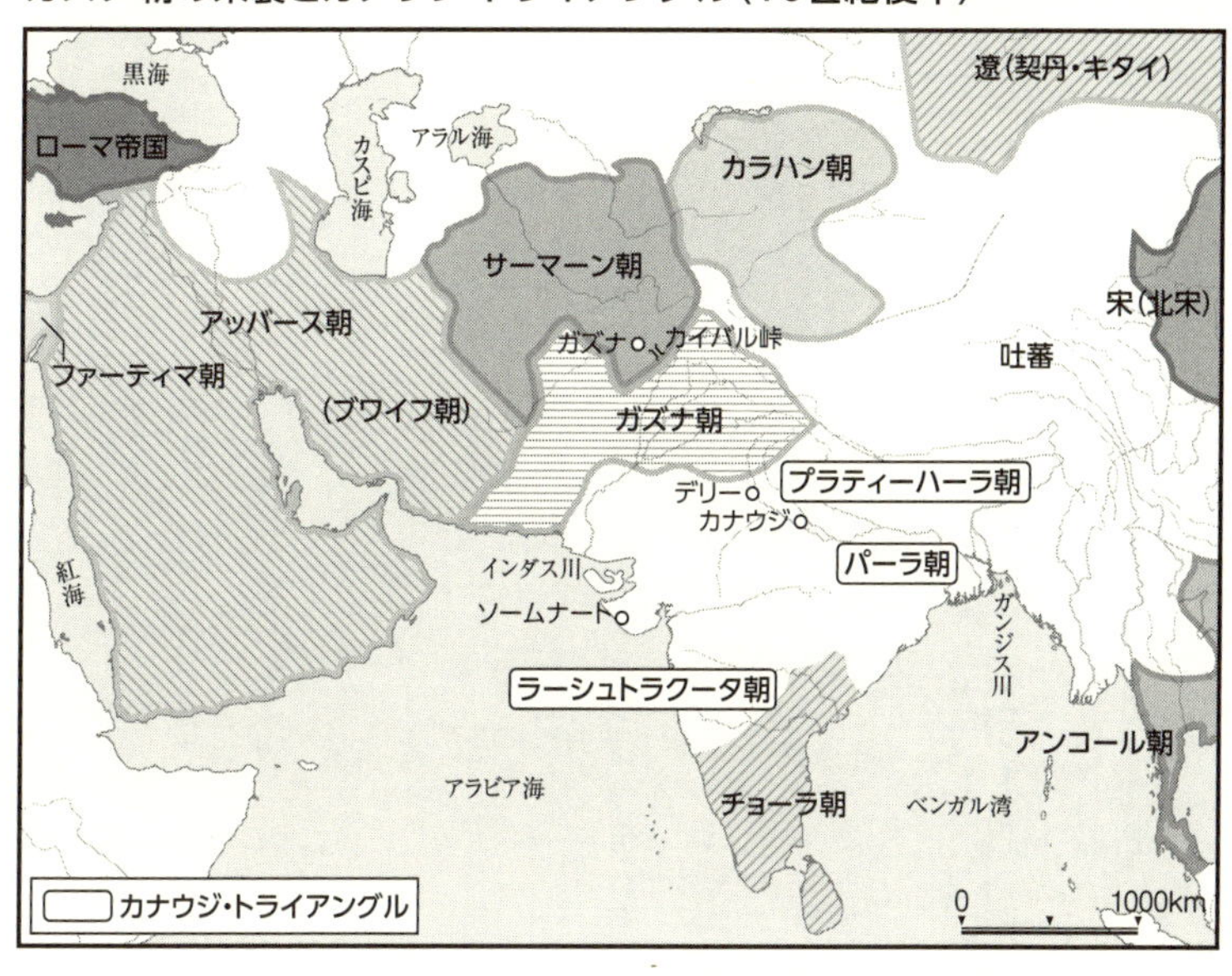

を襲い、この都市を略奪するとガズナの居城に引き揚げました。

カナウジを落としたガズナ朝の君主は、マフムード（在位九九八―一〇三〇）です。彼はインドに居城はつくりませんでしたが、数回に及び、略奪のためインド侵攻を行いました。何度めかの来襲のときに、インドの北西部、アラビア海に突き出したカチャワール半島のヒンドゥー教の聖地ソームナートを襲い、その寺院を焼き払いました。

マフムードはイスラム教徒ですから、ヒンドゥー教の偶像崇拝を認めなかったのです。二十世紀になって、ヒンドゥー至上主義を標榜（ひょうぼう）するインド人民党が、この地にヒンドゥー教寺院を再建しました。

インドにとっては疫病神のようだったマフムードですが、高い能力を持った名君で、現在のイラン中央部から中央アジアのアムダリヤ川流域までを支配しました。イスラム世界で支配者を意味する「スルタン」の称号を初めて使ったのも彼でした。また彼はペルシャの文化も大切にしました。

当時ペルシャにはフェルドゥスィーという、今日でもイラン人に敬愛されている国民的な大詩人がいました。彼は『古事記』と『平家物語』をひとつにしたような、一大叙事詩『シャー・ナーメ』(「王の書」という意味)を完成させました。フェルドゥスィーはこの大叙事詩を、君主マフムードに捧げます。ペルシャをも支配していた彼の偉大さを賞讃するためだったのでしょう。インドの歴史からみるとマフムードは、史上初めてインドを侵略したイスラム軍団の君主として記録に残りました。

都デリーが誕生してデリー諸王朝時代が始まる

カナウジをメインターゲットとするガズナ朝のインド侵略と収奪(しゅうだつ)は、マフムード死後も続きました。しかしマフムードの死後、アフガニスタン中央部のゴール地方に反乱の火の手があが

インドのイスラム王朝の変遷

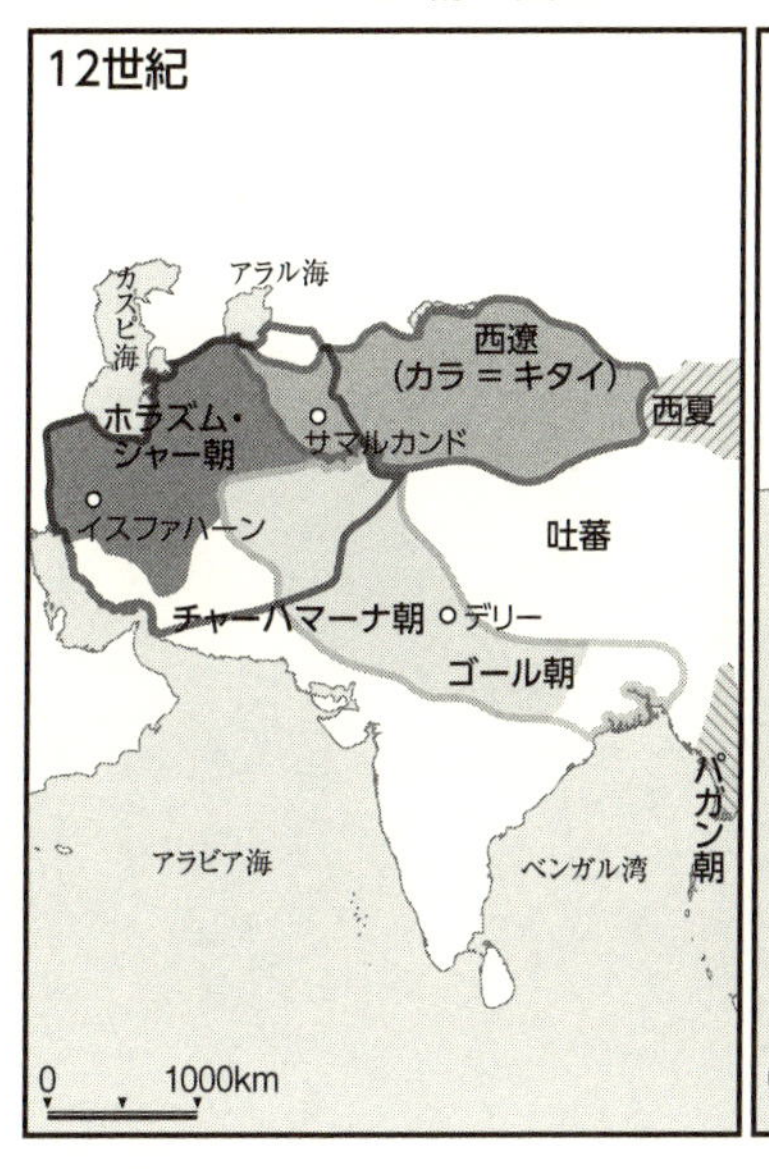

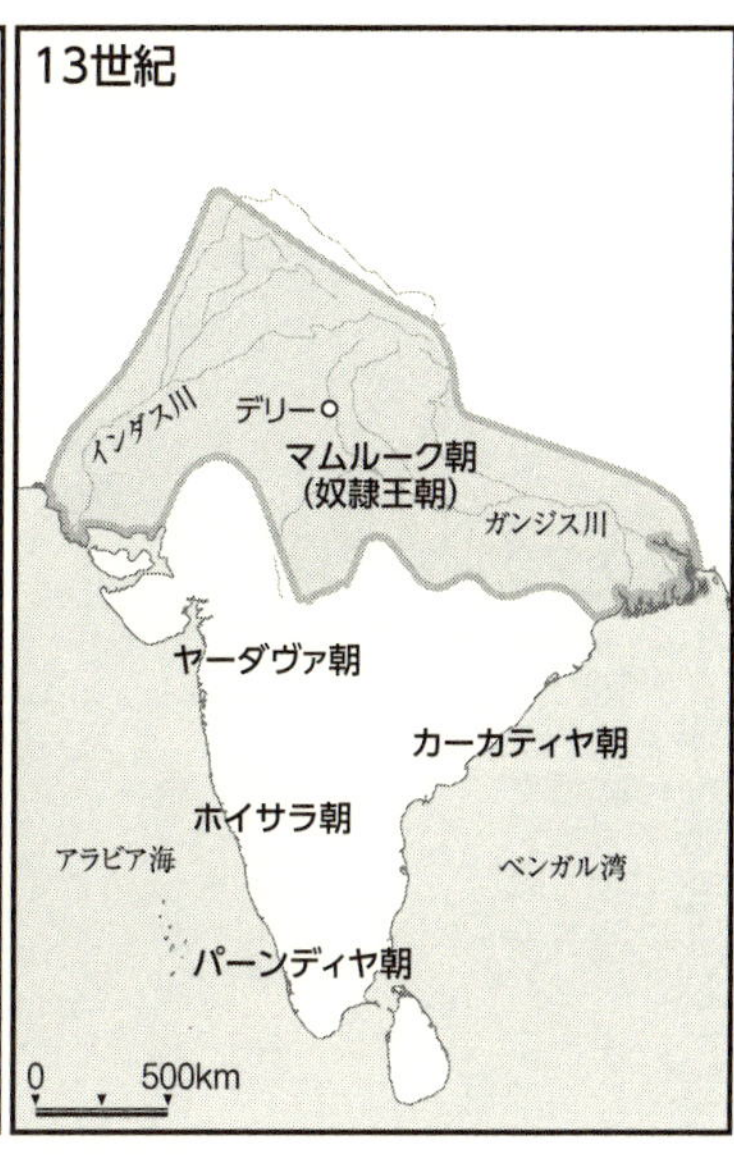

り、またイラン東部まで勢力を拡大してきたイスラム帝国のセルジューク朝にも脅かされ始めました。ガズナ朝はインド侵略よりも自国領内の安定に集中せざるを得なくなりました。

この頃にラージャスターン地方では、プラティーハーラ朝に支配されていた小さなラージプートの王朝が独立しました。チャーハマーナ朝です。この君主は、プラティーハーラ朝と同じようにガンジス川上流の地に拠点を求めましたが、ガズナ朝に襲撃され続けていたカナウジは、選びませんでした。

チャーハマーナ朝の君主が選んだ場所は、カナウジよりも北西の地、現在のデリーが存在する場所でした。カナウジは、東にガンジス川が流れるほかは、三方が平坦な田園地帯にありましたが、それに対してデリーの地は全体がやや高地となっており、東側にはガンジス川の支流ヤムナー川が貫流し、西側は岩石の凹凸がつくる丘陵地帯、南側は丘が点在する台地です。デリー三角地と呼ばれている地形です。チャーハマーナ朝は、この地の最南端に近い場所を城壁で囲み、城塞都市をつくって拠点としました。

このようにしてデリーという都市が歴史に登場してきました。時に十二世紀後半のことです。しかし、この王朝の繁栄は長く続きませんでした。

アフガニスタンでガズナ朝に叛旗（はんき）をひるがえしたゴール朝が、一一八六年にガズナ朝を打倒しました。そしてただちにガズナ朝に倣（なら）ってインド侵略を開始しました。一一九二年、ゴール朝の軍勢は、チャーハマーナ朝を主力とするラージプート軍が守るデリーの城を落としました。ガズナ朝と違ってゴール朝は、略奪した後も全軍を引き揚げはしませんでした。豊かなインド北部の土地をいずれ占領しようと考えたのか、デリーの地に留守番役として代官を残したのです。

残されたのはアイバクという武将でした。彼はロシア西部の草原地帯の生まれで、キプチャク人と呼ばれたトゥルクマンの一族です。彼もまたマムルーク出身でした。

ところがデリーの地でアイバクが留守番役を務めているうちに、本国のゴール朝では大きな政変が起きました。セルジューク朝から独立したホラズム・シャー朝というマムルークの王朝に攻められて、その混乱の中で時のスルタンが暗殺されてしまい、ゴール朝の命運も風前の灯（ともしび）となってしまったのです。

この情報を受け取ったアイバクは、思案しました。

「本国でスルタンが死んでしまった。もう誰もインドにはやって来ないだろう。一旗揚げてこの豊かな北インドをいただいてしまおう」

そう決心した彼は一二〇六年、デリーに自分の王朝を開きました。アイバクの王朝は、マムルーク朝（奴隷王朝）と呼ばれています。この王朝以降五代にわたって、デリーを首都とするイスラム系の王朝が続きます。これらの王朝をデリー諸王朝、またはデリー・スルタン朝（Delhi Sultanate）と呼んでいます。この五王朝のうち四つがトゥルクマンの王朝です。次に五王朝の変遷をデリーという都市との関係から見ていきますが、その前に、マムルークとトゥルクマンについてお話ししておきたいと思います。

トゥルクマンと知力と武力に優れたマムルーク

遊牧民の故郷の一つがモンゴル高原です。現在のモンゴルが中心となりますが、東は大興（ターシン）安嶺（アンリン）山脈、南はゴビ砂漠と陰山（インシャン）山脈、西はアルタイ山脈、北はシベリア地方の南限地帯までと、とてつもなく広大な地域です。遊牧民といえばモンゴル系の人々がまず脳裏に浮かびますが、もうひとつテュルク系、すなわちトルコ系の遊牧民も有力な存在として、歴史に名前を残しています。

六世紀半ば、突厥（とっけつ）という大遊牧国家が誕生します。突厥は五五二年にモンゴル高原で、柔然（じゅうぜん）というモンゴル系の遊牧国家を打ち破って、高原の支配者となります。突厥はTürk（テュルクまたはトルコ）の音写（おんしゃ）です。現代のトルコの祖となる人々です。現在のトルコ共和国では、突厥がモンゴル高原の覇者となった五五二年を建国記念の年としています。

突厥は二百年ほどモンゴル高原を支配していましたが、同じくテュルク系のウイグルに敗れます。ウイグルは百年ほど続きますが、キルギスに敗れます。キルギスは国家を樹立することができず、モンゴル高原では遊牧民同士での覇権争奪戦が繰り返されるようになり、群雄割拠状態となります。戦いに敗れた部族は次々と、西へ向かって移動していきました。彼らが去った後のモンゴル高原に登場してきた部族が、キタイ族ややがてチンギス・カアンを生むモンゴル族です。

さて、数万人規模の集団となって西進するテュルク系の部族は二〇ほどあった、といわれています。

彼らはモンゴル高原を越え、現在のキルギス共和国からタシュケントやサマルカンドあたりを通過し、カスピ海東岸地域に入っていきました。このルートに点在する都市は、みな東西交易で栄えていました。そしてこの中央アジアの地では、すでにイスラム教が支配的でした。まだ原始的な信仰心しか持たなかったテュルク系の遊牧民たちは、この長い旅路を経験する中で、単純明快なイスラムの教理に共鳴（きょうめい）し、信者となっていきます。

　このようにムスリム（イスラム教信者）になったテュルク系遊牧民のことを「トゥルクマン」と呼んでいます。トゥルクマンの中で最も有力だったのはオグズ族の人々でした。セルジューク朝やオスマン朝を建てたのもオグズ族です。

　トゥルクマンの集団がサマルカンド近辺にやってきた九世紀後半頃、この地はイスラム王朝のサーマーン朝が支配していました。この王朝は、大量に流入してくるトゥルクマンたちを見て、彼らの優れた戦闘能力を生かす方法を考えました。

　遊牧民は乗馬が得意です。そして騎射の技術にも秀（ひい）でています。馬に乗り全力で走りながら、両脚を馬の胴体に絡（から）め、両手でもって弓を射（い）るのです。この戦法は無敵でした。彼らが最強の騎馬軍団と呼ばれたのは、この騎射を自由自在にこなすからでした。トゥルクマンの騎馬軍団に勝るものは、鉄砲の登場まではなかったのです。もちろん刀剣の扱いも巧みで、勇気と胆力（たんりょく）にも優れていました。

　サーマーン朝は、トゥルクマンとビジネスを始めました。子どもが多いトゥルクマンの家族に謝礼金を払い、健康な男子を譲り受けて教育や武術の訓練を施（ほどこ）し、優秀な若者に育て上げます。そして彼らを、中央アジアや中近東のイスラム王朝に、知力と武力の両方が求められる支配者の近衛兵（このえへい）として売り込みました。このビジネスは大当たりしました。こうして数を増していったトゥルクマンの兵士たちを「マムルーク」と呼んだのです。

マムルークは「奴隷軍人」と邦訳されていますが、綿花を摘（つ）むだけで将来の展望をそれほど持てなかった新大陸の奴隷の場合とは異なり、マムルークは能力が優れていれば出世も可能でした。王朝の王太子の家庭教師になったり、自ら王朝を樹立する人物も輩出します。先に触れたガズナ朝の創始者もサーマーン朝のマムルーク出身でした。やがて、セルジューク朝のように、トゥルクマンの王朝が歴史の表舞台に現れるようになると、マムルークの地位は高くなっていきます。

なお、第1章に登場したオスマン朝もオグズ系のトゥルクマンの王朝です。しかし、オスマン朝の軍団イェニチェリは騎馬ではなく歩兵でした。オスマン朝が勢力を拡大したのはバルカン半島で、そこには大草原はなく遊牧民もいなかったため、トゥルクマンの基本戦力である騎馬軍団がつくれなかったのです。周囲にはキリスト教徒の農民しかいません。そこでオスマン朝はキリスト教徒の男子を徴用して、これをイスラム教に改宗させ、教育や軍事訓練を施（ほどこ）し、役人や軍人に育てる制度を考え出しました。この制度をデヴシルメといい、育成された兵士をイェニチェリといいました。オスマン朝は彼らを歩兵軍団に仕立て上げました。そして当時最新の火器であった鉄砲を持たせたのでした。

世界史上、戦争の主力となる兵器は重装歩兵からチャリオット（二輪戦車）、次に騎馬軍団、歩兵と銃、そしてタンク（戦車）へと変っていくのですが、近代以前をリードした軍団はトゥルクマンが主導したのです。

それではデリーに戻ります。

後世に業績を残したデリー諸王朝はいずれも短命だった

1 マムルーク朝（一二〇六―一二九〇）美しいミナレットをデリーに残した

マムルーク朝（奴隷王朝）を建国したアイバクは、初めてインドに誕生したイスラム王朝の首都を荘厳（そうごん）にしたいと考え、立派なモスクと美しいミナレット（尖塔）を建てました。イスラム教徒は、一日に五回、聖地マッカの方角に向かって礼拝をします。この礼拝の時刻を人々に知らせる役割の人間がいて、祈りの時刻が来ると彼は高い塔に昇り、その上から住民たちに祈る時が来たことを詠（うた）うような言葉で告げました。この高い塔をミナレットと呼びます。アイバクの建てさせた塔は七二メートル以上あり、世界で最も高く壮麗なミナレットとして、世界遺産に登録されています。「クトゥブ・ミナール」と呼ばれていますが、クトゥブというのはアイバクの名前です。おそらくゴール朝のジャームのミナレット（約六〇メートル、世界遺産）に倣ったものでしょう。

一方で、アイバクはインドの仏教の息の根を止めたことでも、名前を残しています。カナウジ・トライアングルで覇権を争ったパーラ朝は、ガンジス川下流地域に壮大な仏教の拠点、ヴィクラマシーラ大学を建設したのですが、アイバクの部下の武将が、この寺院を徹底的に破壊しました。今もその廃墟が残っています。

先にガズナ朝のマフムードが、ヒンドゥー教の聖地を破壊したことはお話ししましたが、アイバクもまた多くの仏教寺院を破壊しています。イスラム勢力が仏教寺院を攻撃したのは、偶像崇拝の対象である仏像の存在が理由でしたが、それ以上に、仏教の信者に都市部の富豪やインテリ層が多く、どこの寺院もみな裕福だったからです。大多数の貧しい民衆が信仰していたのは、バラモン教から発展し、民族宗教のようになり始めたヒンドゥー教でした。

イスラム勢力は、平たく言えば、財宝収奪を大きな目的として仏教寺院を襲い、ついでにぜいたくな生活をしていた僧侶たちをも追放・殺害したのでしょう。

こうして寺院が破壊されて僧侶も追放されてしまうと、一般大衆に信者が少なかったインド仏教は、ほとんど消滅してしまいました。インドから仏教を駆逐することは、イスラム教のインドにおける立場を強くすることでもありました。

さて、アイバクは王朝を開いて四年ほどで亡くなります。息子が後を継ぎますが、アイバ

アイバクが建設したクトゥブ・ミナール

ミナレットは礼拝の時を告げる塔で、クトゥブはアイバクの名。クワットル・イスラム・モスクに建てられたこのミナレットは世界で最も高く壮麗で、デリーの世界遺産。

クの娘と結婚していたイルトゥトゥミシュが王位を簒奪して、第三代のスルタンとなります（在位一二一一―一二三六）。

王位簒奪の理由は不明ですが、イルトゥトゥミシュの時代は多難でした。彼が即位するほんの数年前、アイバクが王朝を開いた一二〇六年は、モンゴル高原でチンギス・カアンが即位し、大帝国への第一歩を築いた年でもあったからです。チンギス・カアンは建国後、ただちに西へ向かって勢力拡大を開始しました。

同じ頃、中央アジアのカスピ海の東にはホラズム・シャー朝が勃興し、日の出の勢いで領土を広げていました。この王朝もセルジューク朝のマムルークが開いた国家です。シャーとはペルシャ語で「王」の意味です。西のホラズム・シャー朝はペルシャを征服し、アフガニスタンをも支配下に収めました。一方、東のチンギス・カアンも驚くべきスピードで、中央アジアを侵略しながら西進していきます。

そしてついに両者は激突します。十三世紀初めのことでした。東と西に昇り始めた二つの太陽の対決といわれたこの戦いは、ホラズム・シャー朝の作戦の失敗もあって、チンギス・カアンが圧勝しました。こうしてホラズム・シャー朝は滅びていきます。ところが両者の激突の最中に、ホラズム・シャー朝の王子が、イルトゥトゥミシュを頼ってデリーまで逃亡してきたのです。うっかり匿ったら、モンゴル帝国を敵とすることになります。イルトゥトゥミシュは、なんとか理由をつけて、王子に帰ってもらいました。

そんな時代にあってもイルトゥトゥミシュは大過なくインドを治めましたが、世継ぎとなる男の子が暗愚なので困り果てました。一方、ラズィーヤという女の子は賢くて勇気もあり、自ら武装して戦場にも出かけるほどでした。そこでイルトゥトゥミシュは、賢者や学者にも相談して、ラズィーヤに位を譲ることにして亡くなります。しかし一二〇〇年代前半の話です。この時代に女性のスルタンを戴くというのは、やはりよほどの抵抗があったのでしょう。大臣クラスの男たちが相談して、結局、四代めとして王朝を後継したのは不出来な男子の方でした。

気丈だったラズィーヤはこのことに承服せず、その男子を実力によって退位させ、世界初の女性スルタンになりました（一二三六）。けれども時代の壁はいかんともしがたく、結局は離反する部下が続出し、四年後に戦いの中でその生涯を閉じました。

次章でお話しするシャジャルに先立つことほぼ十年。十三世紀のイスラムの女性は逞しかったのです。

2 ハルジー朝（一二九〇—一三二〇）世界最大のダイヤモンドを入手した

この王朝はマムルーク朝の衰えに乗じ、これを倒して建国しました。やはりトゥルクマンのハルジー族の王朝です。この王朝では第二代スルタンであるアラー・ウッディーンという英雄が、何度も国境を越えて乱入してきたモンゴル帝国の強力軍団を破りました。

彼はトゥルクマンすなわちトルコ人です。トルコ対モンゴルの激突で、当時無敵だったモンゴル軍に勝つという偉大な功績をあげました。彼は天才的な戦略家であったアレクサンドロス大王に自らをたとえ、第二のアレクサンドロスと自称しました。また、徴税制度の改革を始めとして内政においても優れた業績を残しました。

しかし彼の伝承の中でいちばん世俗的な興味をそそるのは、世界最大のダイヤモンドを手に入れたことです。この宝石はアーリア人がインドに定着した頃から存在していたと伝えられ、かの民族叙事詩『マハーバーラタ』にも登場します。その名前は「コ・イ・ヌール」、光の山という意味です。この宝石は彼が入手してから、ずっと代々インドの君主に受け継がれ、最後の持主はインド皇帝を兼ねた大英帝国のヴィクトリア女王でした。今はロンドン塔に展示されています。大きさは一〇五カラット（二一・六グラム）あるそうです。

ハルジー朝はアラー・ウッディーンの死後、権力をめぐる混乱が続いて滅亡します。

3 トゥグルク朝（一三二〇―一四一三）首都をデリーからデカン高原へ移す

この王朝は、ハルジー朝時代のモンゴル軍撃退に功のあったトゥルクマンの武将が、ハルジー朝末期の混乱に乗じて建国しました。二代スルタン、ムハンマド・ブン・トゥグルクは優れた武将でした。彼の時代に王朝の版図（はんと）は拡大して、東インドからデカン高原までほぼ全インドを領土としました。大旅行家、イブン・バットゥータが六年にわたって彼に仕えたことは有名です。そしてムハンマドは、首都をデリーからデカン高原のダウラターバードに移してしまいました。ムハンマドは全インドを支配するために、北に寄り過ぎているデリーよりデカン高原のほうを選んだのです。

ダウラターバードは、エローラ石窟群やアジャンターの石窟に近い場所です。

そこは片田舎の高原地帯で、岩山の上に広がる土地でした。東京から山間の高原地帯に引っ越したようなものですから、都会に慣れ親しんできた王族、貴族や官僚たちには、まったくの不評でした。喫茶店も酒場もなくて、あるのはきれいな星空ばかり、というわけです。結局わずか七年でまたデリーに戻ってきてしまいます。

しかし、それでも彼の暴挙に近い遷都によって、それまでまともな道さえなかった北インドと南インドの間に、太いルートが開かれました。遷都するには、さまざまな物資を運搬しなければなりませんから、堅固な道路が必要だったのです。後に彼の開削（かいさく）したルートが、ムガール朝の全インド制覇に大きなインフラとして機能します。

トゥグルク朝は、この遷都プロジェクトに財力を注いだり、東部や南部への軍事占領を遂行し続けたことで国力が傾きました。そこにつけ込んで怒濤（どとう）のようにカイバル峠を越えて侵入してきたのが、ティムールの軍団でした（一三九八）。ティムール朝は、中央アジア、アフガニスタン、イラン、イラクを支配した天才的な軍略家ティムール（一三三六―一四〇五）の建国したトルコ・モンゴル系のイスラム王朝です。

ティムールはデリー地方を徹底的に略奪しましたが、軍団を駐留（ちゅうりゅう）させることはせず、最後には大軍を東の大国、明に向けました。しかしその途上で病没します。彼の死で一息ついたトゥグルク朝でしたが、すっかり疲弊してしまいました。

4 サイイド朝（一四一四―一四五一）　デリー三角地帯の小さな王国で終わった

ティムールに侵略されて弱りきったトゥグルク朝を、枯木（こぼく）を倒すように滅ぼした武将がいました。ティムール朝に仕えていたヒズル・ハーンという男です。

彼は自分を「サイイド」と名乗って、トゥグルク朝のデリー城を乗っ取りました。サイイドは、現代のアラブにも多くある名前ですが、本来の意味は「預言者ムハンマドの血を引く者」です。

ヒズル・ハーンの場合、どうやらトゥルクマンだったらしいので、権威づけのために自称したのだと思います。名前は大きかったのですが、その支配圏はほとんどデリー三角地帯だけで終わったようです。そして、この弱小政権はアフガン人によって倒されます。

5 ローディー朝（一四五一―一五二六）　アーグラを第二の首都として建設した

弱小政権であったサイイド朝は、隣接するアフガニスタンの人々の部族連合勢力によって倒されました。その中心はバフルール・ローディーという人物で、彼がスルタンとなり建国しました。古来、アフガン人はスイス人と同じ山国の民で、腕っ節（うでっぷし）が強く喧嘩上手で有名でした。

バフルール・ローディーの子シカンダル・ローディーの時代に、中央集権的支配体制を目指し、優れた政治改革が行われました。ひとつは尺度法の制定です。長さと容積と重さの単位を国内で均一にしました。市場での取引に税金をかけることも禁止しました。日本でいえば織田信長の楽市楽座と同じ政策です。さらに彼は地租台帳をつくりました。税収の安定化と国民の実態を把握するためでした。

シカンダルは、デリーの城が手狭になったのと避暑の目的をも兼ねて、やや東南の地アーグラに新都を建設します。この都は次のムガール朝の時代に、重要な都市に成長していきます。

ところでシカンダルという呼称ですが、これはペルシャ語のイスカンダルに由来していま す。イスカンダルとは、アレクサンドロス大王のことです。彼がシカンダルと呼ばれたのは、武勇と英知に富む優秀な軍人であったからでしょう。

一時は隆盛を誇ったローディー朝も、シカンダルの死後、ティムール朝の血を引くバーブルによって倒されました。ここにデリー諸王朝(一二〇六―一五二六)の三百年が終わりました。

ムガール朝の誕生からアクバルのアーグラ遷都まで

1 バーブルという男

ローディー朝を倒したバーブル(一四八三―一五三〇)は、ティムールの直系五代の御曹子(おんぞうし)です。

彼はティムール朝がジョチ・ウルス系のウズベク族に倒された後、アフガニスタンに逃れ、カーブルの地を拠点にします。そしてティムール朝の首都サマルカンド奪回を目指して何度もウズベク族と戦いますが勝利を収めることができず、ついに中央アジアを断念して新天地をインドに求めました。そしてインドに侵入し、一五二六年のパーニーパットの戦いでローディー朝を破ります。

バーブルはインドに建国した自分の王朝（ムガール朝〈一五二六—一八五八〉）をティムール朝の復活と考えていたようです。そこでこの王朝を、第二ティムール朝と呼ぶ歴史学者もいます。いずれにせよバーブル本人にしてみれば、あくまでもティムール朝の再建であり、この意識は代々の皇帝にも受け継がれていきました。

一方でインドに住む人々は、バーブルの軍団をモンゴル族の血を引く人々と考えていました。何度もチンギス・カアン一族の軍勢に侵略された経験があるからです。それで彼らを「ムガール」と呼んだのです。ヒンドゥー語で「モンゴル」の意味です。

ここでパーニーパットの戦いについて触れておきます。デリー郊外のパーニーパットの地は、後述するように都合三回、大きな戦いのあった場所です。バーブルの戦いが最初でした。この戦いの兵力を比較すると、バーブル軍は一万〜二万、ローディー朝は五万とも一〇万ともいわれています。寡兵のバーブルが勝利を収めた理由は、鉄砲でした。

パーニーパットの戦いの十二年前、一五一四年にオスマン朝の歩兵と鉄砲の軍隊が、チャル

第１次パーニーパットの戦い

ティムールの血を引くバーブルが、デリー諸王朝最後のローディー朝を倒した戦い。バーブルは、オスマン朝の鉄砲隊が騎馬軍団を破ったことに学び、自軍も鉄砲を主力兵器として勝利を収め、第２ティムール朝ともいわれるムガール朝を興した。

ディラーンの戦いでイランのサファヴィー朝の無敵を誇った騎馬軍団を撃破しました。このとき、オスマン軍が鉄砲の威力をまざまざと見せつけたのです。バーブルはこの戦いに学び、鉄砲を自分たちの主力兵器としたのでした。余談ですが、日本で織田信長の鉄砲隊が武田勝頼の騎馬軍団を破った長篠の戦いは、一五七五年のことです（ただし、この戦いは鉄砲よりも兵力差で勝負がついたようです）。

このようにして自分の政権をデリーの地に打ち立てたバーブルでしたが、建国四年で亡くなりました。彼は『バーブル・ナーマ』と呼ばれる自叙伝を残しています。「バーブルの書」という意味です。十五〜十六世紀の中央アジアやインドの実像が細かく描かれた貴重な文献です。為政者が自ら書いた本としては、カエサルの『ガリア戦記』に並ぶ傑作だと思います。『バーブル・ナーマ』はインドに築かれたイスラムの大帝国の創立者の著作ですが、そのインドを初めて侵略したのはイスラムのガズナ朝でした。奇しくも、その君主マフムードの時代に『シャー・ナーメ』（「王の書」）が書かれました。こちらはペルシャの大詩人が書いて、マフムードに捧げたものでしたが。

2 軍人はトルコ人、官僚はペルシャ人、人民はインド人

ユーラシアの中央部でトゥルクマンが打ち立てた諸政権は、セルジューク朝を始めとして、

大体は、将軍や配下の軍人はトゥルクマンすなわちトルコ人で、その国を実務的に運営する官僚はペルシャ人の役回りでした。

ペルシャの地は古来、アカイメネス朝の頃から大帝国がつくられてきました。そのために官僚の経験が豊富な家系も数多く存在しました。アラブのアッバース朝などもペルシャ人の官僚を重用しました。アラブやトルコの軍人集団とペルシャ人の官僚集団の提携が成立したのです。この構図はマムルーク朝がインドに生まれたときにも継続され、ムガール朝において、より洗練されました。今でもこの伝統は形を変えて残っています。インドで標準語とされているのはヒンドゥー語とウルドゥー語ですが、ウルドゥー語はヒンドゥー語とペルシャ語のミックスの結果、生まれたものです。

とはいえ、インドにおいてはトルコ人もペルシャ人も侵略者ですから、圧倒的な少数派です。大部分はヒンドゥー語を話すインド人（アーリア人）です。このことは支配者にとって、いつもやっかいな問題でした。

3 ムガール朝を覆したシェール・シャーの卓越した政治

ムガール朝は、バーブルの死後、長子のフマーユーンが承継します（一五三〇）。しかし十年後、シェール・シャーに政権を奪われます。シェール・シャーはアフガン人でローディー朝の支配者層の一族でしたが、バーブルの時代には東北部のビハール州で領主をしていました。彼はフマーユーンをデリーから追うと、またたくまに北部インド全域からアフガニスタンを支配しました。この王朝はスール朝と呼ばれています。

シェール・シャーの業績は、今日まで影響を残す偉大なものでした。

まずグランド・トランク（王の道）と呼ばれる大幹線道路を完成させます。東はベンガル湾地域から出発し、アーグラ、デリーを抜けて西進、さらにカイバル峠を越えてアフガニスタンのカーブルに至るインド北部の要地を貫通する長距離道路です。

また彼は、現在もインドの行政区分として機能している州（サルカール）を設け、州を単位とすることによって地方行政を安定・円滑化させました。銀貨もつくりました。現在のインドの通貨であるルピーです。さらにローディー朝の名君シカンダルの行った税制改革をより体系的に完成させ、検地制度や駅伝制も改良しました。

シェール・シャー（在位一五三九―一五四五）はインド史上、最高の君主のひとりとして尊敬されるほどの名君でしたが、わずか六年の在位で戦場において事故死しました。漢や唐の繁栄を準備した始皇帝や文帝（隋）の役割を果たしたといえそうです。

4　第二代皇帝フマーユーンの不運

帝位を追われたフマーユーンは、アフガニスタンからペルシャに逃れました。ペルシャにはシーア派の中でも過激な十二イマーム派を国教とするイスラム帝国サファヴィー朝が、君臨していました。シーア派はイスラム教の反主流派で、ムガール朝は主流派のスンナ派です。現代でも有名な二つの宗派ですが、経典は同じクルアーンなので、もともと激しい対立は起きていません。対立が起きて戦争状態になるのは、他国が介入して両者をけしかけた場合がほとんどです。

そういうわけで、フマーユーンは宗派の違う異国に温かく迎えられました。今でもイランに行くと、サファヴィー朝の君主とフマーユーンがお酒を飲んだり遊んだりしているところを描いた絵を見ることができます。

シェール・シャーが亡くなった後、彼の子どもがさほど人望もなさそうだったのを見て、フマーユーンはサファヴィー朝から兵隊と軍資金を借りて、スール朝に再挑戦しました。そして勝利を収めムガール朝を復活させました。しかし彼はどこかアンラッキーな男であったようで、それから一年も経たないうちに、書庫の棚から本を取ろうとして掛けた梯子(はしご)を踏(ふ)みはずし、命を落としてしまいました。デリーに葬られたフマーユーンの廟は、美しいイスラム建築の傑作として世界遺産に登録されています。彼の死後、その子アクバルが十三歳で後を継ぎ、第三代皇帝(在位一五五六―一六〇五)となりました。

5　三代皇帝アクバルは首都をデリーからアーグラに移す

アクバルは少年の時に皇帝を継承しましたが、インド北部には亡きシェール・シャーの残党がいまだ余命を保ち、反抗の旗を掲げていました。そして少年皇帝アクバルを軽視し、攻撃をかけてきました。第二次パーニーパットの戦いです（一五五六）。

しかし、すでに軍人としても抜群の才能を見せていた少年アクバルは、シェール・シャーの残党に完勝します。この第二次パーニーパットの戦いで、ローディー朝やシェール・シャーのスール朝を形成していたアフガニスタン人の軍団は潰滅します。そしてムガール朝はアクバルの治世から、最盛期への第一歩を踏み出します。

その長い治世の間にアクバルは優れた業績をいくつも残しています。その骨格はシェール・シャーの大改革を完成させることでしたが、それに加えてヒンドゥー教に対する融和政策を積極的に行いました。非ムスリムに課せられていた人頭税（ジズヤ）を廃止し、ヒンドゥー教徒の豪族たち（たとえばラージプート族）を政府の要職に積極的に登用しました。

彼の開明的な政策は西北インドに平和な時代をもたらしましたが、彼は首都をデリーからアーグラに移しました。正確に言えば、彼は皇帝に就任した後、首都をアーグラ、ファテープル・シークリー、ラホール、そしてアーグラと何度か変更しています。この地名を眺めていると、それらがすべてスール朝のシェール・シャーが完成させたグランド・トランク（王の道）

に沿っていることがわかります。ファテープル・シークリーはアーグラの約四〇キロ西方に、ラホールはデリーのはるか西北でインダス川上流域にあります。すべて戦略上の重要地点です。

彼は最終的にはアーグラに落ち着くのですが、その理由を推測してみると、理想的な大国の首都を探していたのではないかと思われます。優れた君主は国をきちんと支配するために中央集権体制を整えようとします。そのためには中心となる首都が重要となります。人民が暮しやすく、交通の要衝の地でもあることが求められます。

この要衝の地が北西インドでは、デリーとアーグラだったのです。ローディー朝のシカンダルはアーグラへの遷都を試みています。在位四年で死去したムガール朝の創始者バーブルも、アーグラを首都に、と考えていたようです。しかし、バーブルの子どものフマーユーンとスール朝のシェール・シャーは首都デリーにこだわりました。そして、バーブルの孫のアクバルはデリーを避けました。それは、その地が父フマーユーンが苦労し、そして事故死した場所だったからかな、などと考えてしまいます。

なおファテープル・シークリーはアクバルが建設した都市です。十四年ほどしか使用されませんでしたが、壁がない五層の建

アクバル

ムガール朝を最盛期へ導いた第３代皇帝。一時期、都としたファテープル・シークリーは世界遺産。

築物や豪華なモスクなど、赤砂岩の建築物が多数残存し、世界遺産となっています。

シャー・ジャハーン、デリーに遷都する

三代皇帝アクバル、その子どもで四代皇帝シャー・ジャハーンギール（在位一六〇五―一六二七）の時代、ムガール朝は、アーグラを首都としていました。この間にデリーはさびれてしまいます。しかし五代皇帝シャー・ジャハーン（在位一六二八―一六五八）は、一六四八年、デリーへ遷都します。

彼はアーグラのヤムナー河畔に、亡くなった最愛の妻ムムターズ・マハルの墓廟タージ・マハルを残しました。この白亜（はくあ）の大理石の建物はあまりにも有名ですが、実は彼はもうひとつそっくりの形をした自分自身の墓廟を、ヤムナー川の対岸に建立する予定でした。しかしそれは彼の三男で次の皇帝となるアウラングゼーブに阻止されました。彼の柩（ひつぎ）は今でも、妻の墓であるタージ・マハルの片隅に、ひっそりと安置されています。

このことから類推すると、彼はデリーを正都とし、アーグラを副都のような位置づけにしたかったのかもしれません。

ムガール朝の第2代皇帝の霊廟であるフマーユーン廟

ムガール朝時代の霊廟の中では最も古いもので、王妃ハージー・ベークムが亡き夫フマーユーンのために築いたもの。デリーの世界遺産。

シャー・ジャハーンが建設したタージ・マハル

都をアーグラからデリーへ移したシャー・ジャハーンが愛妃ムムターズ・マハルのため、アーグラのヤムナー河畔に建てた総大理石の墓廟。インド・イスラム文化の代表建築で世界遺産。

シャー・ジャハーンがつくった街「オールドデリー」

ここで時代をさかのぼり、デリー諸王朝時代以降のデリーのたたずまいについて、少しお話ししておきます。

デリーが誕生したのは、デリー三角地と呼ばれた広々とした台地の南端であったことは、先述したとおりです。一定の面積を城壁で囲んで形成する都市を城塞都市と呼びますが、デリー諸王朝の君主たちはそれぞれが、自分の実力に見合う、自分の城塞都市を建設しました。原則として前の支配者の城郭は使わなかったのです。土地が広いインドならではのことなのかもしれません。その結果、今日ではデリー南部の広大な土地のあちこちに、各王朝の遺跡が散在しています。高く美しいクトゥブ・ミナールの塔も、その風景の中で、ぽつんと太陽の光を吸っています。

シャー・ジャハーンの建設したデリーも、城塞都市の形態をとっています。しかし時代が進み、ムガール朝のピーク時の都市造りですから、豪華なものであったのでしょう。その片鱗(へんりん)は今も残っています。

建設地はデリー地区の最北端、ヤムナー川の西岸近くです。その地を六・四キロにわたって

シャー・ジャハーンが建てた城塞レッド・フォート

赤砂岩を使用してつくられた城門や城壁から「レッド・フォート」の名がついた。デリーの世界遺産。

囲み、その内部の東端に、南北九三〇メートル、東西五〇〇メートルの城壁に囲まれた王城を建設しました。王城はインド特産の赤砂岩によってつくられ、レッド・フォート（赤い城）と呼ばれています。その壮大なたたずまいは、世界遺産の名に恥じません。またお城の正門から城壁の西門に向かって続く大通りは、「チャンドニチョーク」（銀色に輝く市場）と呼ばれ、現在も雑踏をきわめており、観光スポットになっています。

シャー・ジャハーンのつくったデリーは、「シャー・ジャハーハナバート」（シャー・ジャハーンの街）の異名も持ちます。今日では、オールドデリーと呼ばれています。

オールドデリーのある北部とデリー諸

王朝の都があった南部、この二カ所間にはかなりの距離があります。その中間地帯に後にインドを植民地とした大英帝国が、新しい都市を建設します。それがニューデリーと呼ばれることになるのですが、このことは後でお話しします。

なお、スール朝とムガール朝初期のデリーの古城（城塞）は、ニューデリーの東側に現存しています。

アウラングゼーブの偏狭さがインドを衰退させていく

アウラングゼーブはシャー・ジャハーンの三男でしたが、兄二人を倒し、父を幽閉して第六代皇帝（在位一六五八―一七〇七）に即位しました。

熱狂的なイスラム教徒であった彼にとってはクルアーンの教えがすべてであり、その教え通りにインドを統治することが正義であると彼は信じていました。したがってムガール朝に空前の繁栄と平和をもたらした、曾祖父アクバルから父シャー・ジャハーンまでの、ヒンドゥー教徒に対する寛容な宗教政策は許しがたいものでした。

彼は皇帝になると、デカン高原のヒンドゥー教徒の国々に遠征し、攻撃を仕掛けました。やがてジズヤも復活させます。さらに攻撃を容易にするためにデカン高原に第二の首都まで設営しました。その都市の名前はアウランガーバードです。

この狂熱的な戦いで、ムガール朝はインド南部までをも制圧し、ムガール史上最大の領土を獲得しました。しかし戦争に次ぐ戦争により、アクバルから三代で築きあげてきた豊かな国庫は窮乏化し、内政も乱れ始めました。しかも彼がデカン高原でやったことといえば、軍事力でヒンドゥー教徒を押え込んだに過ぎず、ゲリラ的な抵抗が継続していました。結局、アウラングゼーブはデリーに戻れず、デカン高原の軍営で没しました。

アウラングゼーブ亡き後のムガール朝は、デカン高原のヒンドゥー教徒の蜂起、それまでおとなしくしていたラージプート諸侯の反乱、新興宗教シク教徒たちのイスラム教に対する闘争など、たいへんな困難に見舞われました。デカン高原に第二の首都を置くどころではなく、デリーを守るのに精一杯になり、ついにムガール朝の幹部たちは、「デリーで国を立て直そう」とばかり、新しい皇帝とともに首都をデリーに固定しました（一七〇七）。

しかし、そううまくは行きませんでした。

一七三九年、「ペルシャのナポレオン」と後世呼ばれた軍事の天才ナーディル・シャーがデリーを襲撃したのです。ナーディル・シャーはサファヴィー朝に最後のとどめを刺した男です。トゥルクマン系アフシャール族の王朝であるアフシャール朝を建国しましたが、部下に暗殺されました（在位一七三六―一七四七）。

彼の略奪は苛烈でした。数万人を殺害したばかりではなく、世界で最も豪華であるといわれたシャー・ジャハーンの孔雀の玉座を奪い去りました。その椅子の背飾りは大きく広げた孔雀の羽の形をしていて、そこには無数の宝石が星空のようにちりばめられていました（孔雀の玉座は今でもテヘランに陳列されています）。

この後デリーは、別の侵略者に占領されます。侵略したのはナーディル・シャーの部下だった、アフガニスタンの軍人アフマド・シャー・ドゥッラーニーです。彼はナーディルが暗殺されたのを好機として、アフガニスタンのカンダハールで独立し、ドゥッラーニー朝を建国しました。彼はアフガニスタンを統一すると、ただちにデリーへ進攻し、「赤い城」を落としたのでした。時に一七五九年のことです。ムガール朝は抗戦しましたが、劣勢は覆いがたく、その命運は風前の灯になりました。

このとき立ち上がったのが、デカン高原のマラーター同盟でした。

マラーター同盟が奮闘するも連合王国の手に落ちる

中世の頃、デカン高原にマラーター族という有力なクシャトリアが自立しました。十七世紀に入るとシヴァージーという英雄が登場し、マラーター王国を建てます（在位一六七四―一六八〇）。

このシヴァージーと彼の父が、アウラングゼーブとデカン高原で激しい闘争を繰り返し、彼の子の代まで戦い続けます。やがてマラーター王国は衰えますが、有力な幕僚たちが同盟組織をつくってデカン高原を取り仕切り、ムガール朝と戦い続けました。この同盟組織がマラーター同盟です。

しかし宿敵のアウラングゼーブが没して衰えたムガール朝にドゥッラーニー朝が侵入してデリーを落城させたという知らせを聞いたマラーター同盟は、このアフガニスタンからの侵入勢力に危機感をおぼえました。彼らの野望がデカン高原にまで及ぶことを恐れたのです。マラーター同盟は、ここはムガール朝を助けてドゥッラーニー朝を倒そうと考えました。

かくて両軍は、一七六一年、デリー郊外パーニーパットで戦います。後世に第三次パーニーパットの戦いと呼ばれる戦争です。戦いはドゥッラーニー朝の圧勝に終わりました。

余談ですが、パーニーパットは不思議な因縁を持つ土地で、バーブル軍がアフガン人のローディー朝を破ったのも（一五二六）、アクバルがアフガン系のスール朝の残党を破ったのも（一五五六）、そして今回、アフガニスタンのドゥッラーニー朝にヒンドゥー教のマラーター同盟が敗北したのも、同じパーニーパットだったのです。

マラーター同盟の敗北によって、ついにムガール朝も滅び去るかと思われました。しかし一七七二年にドゥッラーニーが死亡すると、ドゥッラーニー朝の軍団はデリーを捨てて故地アフガニスタンに引き揚げ、首都もカンダハールからカーブルに移してしまいました。遷都の原因は、一族の内紛にあったようです。

こうしてデリーは再びムガール朝の手に戻りましたが、新たにデリーの城主となって、ここを取り仕切ったのは、マラーター同盟の有力な一族シンディア家でした。ムガール朝の皇帝は存在していたものの、すでに権力はなく名前だけのシンボルになっていました。

ところが、シンディア家のデリー入城に「待った」をかけてきた国があります。連合王国でした。この国は巧みにインドの豪族に取り入りながら、南インドはチェンナイ、西インドはムンバイ、北インドはコルカタを拠点にして、インド全体に連合王国の権益を広めつつありました。そしてデリーは、ずっと狙っていた内陸部の要衝でした。

「ムガール朝の保護は連合王国がやりますから、まかせてください」

「冗談言うな。他国者(よそもの)にまかせられるか」

平たく言えばこんなやりとりがあった後、連合王国とマラーター同盟は一七七五年から交戦状態に入ります。数回にわたり衝突がありましたが、連合王国はマラーター同盟諸侯を巧妙に分裂に持ち込んで、勝利を収めました（一八一七）。

この結果、デリーおよびアーグラとその周辺の豊かな土地、それにデカン高原の西北部の土地が、連合王国の植民地となりました。

16～18世紀のムガール朝

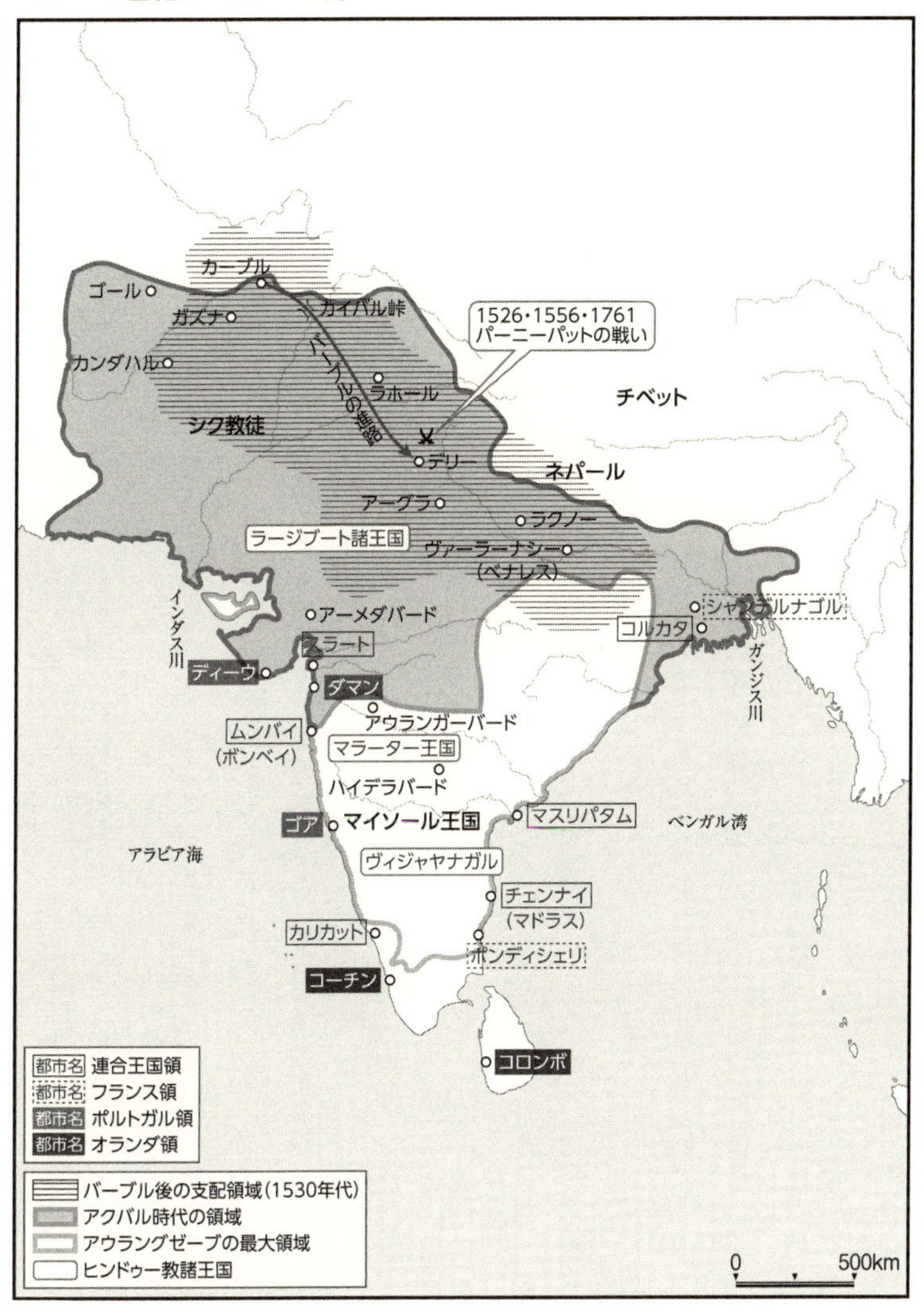

ムガール朝の滅亡とデリーの衰退

連合王国のインド支配権は東インド会社が握っていました。この会社は一六〇〇年にエリザベス一世より特許状をもらって設立され、軍事・外交権をも有していました。インド国内での連合王国軍の主力は東インド会社のインド人傭兵で、指導層にのみ連合王国の軍人が就いていました。インド人傭兵はシパーヒーまたはセポイと呼ばれていましたが、彼らと白人将校の間には、厳しい身分的・人種的差別が存在しました。

一八五七年のことです。北インドの軍隊でシパーヒーたちの使用するライフルの弾薬包に、彼らが宗教上の禁忌とする牛と豚の油脂が塗られていたことをきっかけに、シパーヒーたちの日頃の不満が爆発しました。またたく間に大集団となった彼らはデリーに侵入し、当時老齢となっていたムガール皇帝を擁して大反乱を起こしました。

この反乱には連合王国の植民地支配の影響で地位や権利を奪われたり土地を奪われたりした、広範な層のインド人が参加しました。今日のインドでは第一次インド独立戦争（インド大反乱）と呼ばれています。こうして事態は反英を旗印とした民族解放戦争の様相を帯びてきました。しかし反乱軍の首脳陣に分裂が生まれ、最終的には鎮圧されました。皇帝が反英のシンボルに担ぎ出されたムガール朝は、ここに正式に滅亡し、三三〇年余りの歴史を閉じたのです

（一八五八）。

連合王国のほうも、この事件を契機に東インド会社によるインド支配をやめ、国王の直接支配に切り替えました。こうしてこの国は名実ともに大英帝国となったのです。

デリーは、形だけであったにしろ存続していたムガール朝を失って、急速にさびれていきました。当時、大英帝国がインドの首都と定めていたのはコルカタだったのです。やがて大英帝国はインドに鉄道を敷設しましたが、これはデリーにとって幸運でした。全インドに鉄道を敷設してみると、やはりインド全体の交通の要衝に首都を置くべきではないか、ということになったのです。コルカタの位置はあまりにも東側に片寄っています。そういう経緯を経て、大英帝国はインドの首都をデリーに定めました（一九一一）。

大英帝国インドの首都「ニューデリー」が生まれた

首都に返り咲いたデリー（オールドデリー）にやってきた大英帝国の人々は、ここにはとても住めないと思いました。

ムガール朝はイスラム教の国でした。昔からイスラムの人々は迷路のような街を形成します。それは他国者の侵入を防ぐ目的からでした。シャー・ジャハーンの設計したオールドデリーもその例にもれず、「赤い城」の正門付近をはずれると、道は曲りくねり、しかもごたごたしています。

そのため、エドウィン・ラッチェンスという英国人によって、新たな都市ニューデリーが設計されました。その場所が、シャー・ジャハーンのつくった北部のオールドデリーとデリー諸王朝の城塞都市の遺跡が散在する南部の、ほぼ中間であることは先にお話ししたとおりです。

ニューデリーにはロンドンのように多くの公園があり、広場から放射状にまっすぐな道路が走っています。立法府や行政府を始めとする諸官庁や外国大使館も存在します。第二次世界大戦後にインドが独立した後も、ニューデリーは政治の中心として機能しています。

デリーを訪れると、北部のオールドデリーの地は、上野や浅草のような感じがし、南部のデリー諸王朝のさまざまな遺跡の周辺を歩くと、飛鳥（あすか）地方のようなたたずまいを感じるかもしれません。そしてその二つのデリーの間に、霞ケ関や大手町のようなニューデリーが、インドの今日から明日を暗示するように広がっています。

三つの世界遺産、大輪の熱帯の花々が咲き乱れる公園、道路の牛たち。歩いているといつのまにか過去にタイムスリップしそうになる、デリーは不思議な魅力に満ちた都市です。

なぜ、インドの正式の国名は「バーラト」なのか？

インドを形作ったのはアーリア人です。彼らはカスピ海の北方からやってきて、東へ行ってインド人、西に行ってイラン人になったといわれています。東にやってきたアーリア人の主力を成したのがバラタ族です。現在でもインドの正式の国名は、ヒンドゥー語で「バーラト」といいます。インドの二大叙事詩のひとつ『マハーバーラタ』は、バラタ族の物語です。

では、アーリアとは何かといいますと、現在のアフガニスタンからイランに至る地域をギリシャ語でアリアーナと呼び、そこに住む人々をアーリア人と呼んだからです。そのためもあってカイバル峠を越えてアフガニスタンからインドに侵入してくる人々は、すべてアーリア人と呼ばれるようになりました。そのアリアーナが「イラン」となります。ヒトラーは自分たちをアーリア民族であると誇示しましたが、そういう民族が存在したわけではありません。

バーラトは一九四七年、連合王国の支配から脱して独立しました。いまやアジア第二の大国となったこの国の首都として、デリーには世界の注目が集まっています。

なお、現在のデリーは、東京＝横浜、ジャカルタに次ぐ人口世界第三位の大都市圏です。

デリーの関連年表

西暦(年)	出来事
BC1500頃	インドにアーリア人が入る。BC1000年頃、ガンジス川流域(後のデリー周辺を含む)に勢力を拡大
8〜10世紀	三国時代(カナウジ・トライアングル)
1018	ガズナ朝のマフムード、カナウジを落とす
12世紀後半	チャーハマーナ朝がデリーを建設し、拠点とする
1192	ゴール朝、デリーを落とす
1206	アイバク、デリーを都としてマムルーク朝(奴隷王朝)を建国。デリー諸王朝の始まり
13世紀初頭	チンギス・カアン、中央アジアへ侵攻、ホラズム・シャー朝を破る。モンゴルの脅威がインドへも押し寄せる
1290	ハルジー朝建国。2代目アラー・ウッディーン、モンゴル軍をしばしば撃退
1320	トゥグルク朝建国。都を一時ダウラターバードに移すもまたデリーに戻す
1398	ティムールによりデリーが占領される
1414	サイイド朝建国
1451	デリー諸王朝最後のローディー朝(アフガン系)建国。アーグラに新都建設
1526	バーブルがローディー朝を倒し(第1次パーニーパットの戦い)、デリーを首都にムガール朝を建国
1556	ムガール朝3代目アクバル、アフガン系の残党を倒し(第2次パーニーパットの戦い)、都をアーグラへ移す
1648	ムガール朝5代目シャー・ジャハーン、再び都をデリーに戻す
1707	デカン高原に第二の首都を築いたアウラングゼーブ没後、デリーに首都を固定
1739	ペルシャのナーディル・シャー、デリーを略奪。孔雀の玉座などを奪う
1759	アフガニスタンのドゥッラーニー朝がデリーへ侵攻、第3次パーニーパットの戦い(1761)でデカン高原のマラーター同盟軍を破り、そののち自国へ戻る
1775	マラーター同盟一族と、デリーを狙う連合王国が交戦状態に入る
1817	連合王国、マラーター同盟諸侯を倒してデリーとその周辺を植民地とする
1857	連合王国に抗し、インド人傭兵たちによるインド大反乱が起こる
1858	反乱が鎮圧され、反乱軍の象徴として担ぎ出された皇帝が退位。ムガール朝滅亡。デリーが衰退する
1868	大英帝国、インドに鉄道を敷設。交通の要衝として再びデリーが注目される
1911	大英帝国、インドの首都をデリーに定め、ニューデリーを建設
1947	インドが独立する

●デリーの世界遺産(建造物)
クトゥブ・ミナールと建築物群／フマーユーン廟／レッド・フォート

第3章

英雄たちの夢と挫折の都

カイロ

さまざまな民族が入れ替わり支配者として君臨した

カイロ
ラムセス駅
新市街中心部
ゲジーラ島
エジプト考古学博物館
アズハル大学
カイロタワー
タハリール広場
アズハル・モスク
アブディーン宮殿
アズハル公園
ナイル川
イスラム地区
シタデル
マニアル宮殿
ムハンマド・アリー・モスク
カイロ大学
カイロ動物園
ローダ島
ギーザ広場
オールド・カイロ
フスタート
聖ジョージ教会
0
1km

ナイル川の豊かな恵みは他民族に狙われた

エジプトはBC二十七世紀頃から約五百年栄えた古王国を皮切りに、断続して中王国、新王国と栄えた後、BC十二世紀に衰え始め、最終的にはBC五二五年にアカイメネス朝ペルシャ支配下の一州となりました。

さらにBC三三二年マケドニア王国のアレクサンドロス大王によって征服され、大王の死後、プトレマイオス朝が成立しました。そのプトレマイオス朝もBC三〇年にローマ帝国に滅ぼされ、ローマ帝国の属州となりました。

エジプトはこのように、二〇〇〇年もの長きにわたるエジプト人の支配の後は、他民族の支配下に置かれる歴史を経てきました。他民族に狙われた理由は、古代から小麦の大収穫地帯だったことが示すように、ナイル川がつくった広大なデルタ地帯の豊かな恵みにありました。ギリシャの歴史家ヘロドトスの言うとおり、まさに「エジプトはナイルのたまもの」であり、ローマの穀倉(こくそう)であったのです。

ところで現在のカイロは、エジプトがローマ帝国の属領であった頃までは、小規模の集落が点在するだけの湿地帯に過ぎませんでした。

この湿地帯に最初の都市をつくったのは、イスラム帝国のアラブ人です。それからカイロには入れ替わり立ち替わり、諸民族が覇権を求めて来襲しました。カイロを語ることは、これらの諸民族の英雄たちの歴史を語ることになるのです。

カイロ誕生前のフスタートという都市

イスラム帝国は六四一年にエジプトを占領しました。二代目カリフ、ウマルの時代のことです。彼らは現在のカイロの場所に、フスタートという都市をつくりました。フスタートはミスル（軍営都市）として建設されましたが、ミスルにはイスラム帝国の占領地統治政策が秘められています。

イスラム帝国のアラブ人たちは、現実的な占領地統治を行いました。民族的には人口がさほど多くないアラブ人は、戦いで兵力を失うことを極力避けていました。他国を占領すると、その土地の人々に「税金を払って従うか否か」を問います。このとき、それまでの支配者よりも少しだけ税率を下げるのです。そういう条件を示した後で、改めて「この税率で税金を払ってイスラム教に改宗してくれればベストだが、改宗しなくても反抗しなければ今まで通りの生活を保証する。どうだ?」と問うのです。こう問われたらたいがいの人は思います。

「税金が安くなるのだから、まあいいか」

このような具合で、人々はイスラム帝国の支配下に入ります。イスラム帝国は、こうして領土を拡大していったのです。

今でもときおり、アラブ人は征服した他民族に対して「クルアーンか死か」と迫った、といわれていますが、それはまったくの虚説です。

そして、もうひとつの優れた統治政策がミスルの建設でした。一般的に大軍が他国を侵略すると、攻め込んだ兵士が略奪や暴力に走ることが少なくありません。そこでアラブ人は、軍人たちが都市住民と無益なトラブルを起こさないように、軍人たちを一カ所にまとめて住まわせる都市を占領地に建設したのです。

このようにしてつくられた都市をミスルと呼びました。アラビア半島からメソポタミア地方にかけて数多くのミスルが建設され、今日まで残っています。ユーフラテス川下流のバスラや中流のクーファなどの都市がそれです。

イスラム帝国はムハンマドの仲間だった正統カリフ時代、それに続くウマイヤ朝やアッバース朝などの時代はフスタートを拠点としてエジプトを支配してきました。しかし十世紀に北アフリカのチュニジアを本拠地として勃興してきたファーティマ朝（九〇九―一一七一）から攻撃を受け、九六九年、エジプトのイフシード朝が倒されました。

シチリア生まれのヨーロッパ人がカイロを建設した

イスラム教は、スンナ派と呼ばれる多数派とシーア派と呼ばれる少数派に大別されます。そうなった経緯は複雑なので説明は省略しますが、ファーティマ朝はシーア派初の王朝で、フスタートに拠(よ)ったそれまでのイスラム王朝はスンナ派でした。

ファーティマ朝がフスタートを攻略したときの将軍は、ジャウハルというヨーロッパ人です。彼はシチリア生まれのキリスト教徒でしたが、ファーティマ朝がシチリアを征服したときその傘下(さんか)に加わり、イスラム教に改宗して将軍にまで出世しました。

彼はフスタートを陥落させましたが、そこに軍隊を入れずに、その北東に別の政治都市をつくりました。この都市が現在のカイロです。ジャウハルはこの町を、「アル＝カーヒラ（勝利の町）」と名づけました。カイロという名前の由来です。ちなみにフスタートには「大きなテント」という意味があるそうです。ジャウハルはカイロにイスラム教の大寺院アズハル・モスクをつくり、諸官庁を整備し、政治都市に必要な機能を整えました。ファーティマ朝はチュニジアからカイロに首都を移します（九七三）。これがカイロのスタートになります。それから十二世紀まで、カイロはエジプトの政治の中心地、フスタートは商業の中心地となり、隣接し

アッバース朝とファーティマ朝（10世紀）

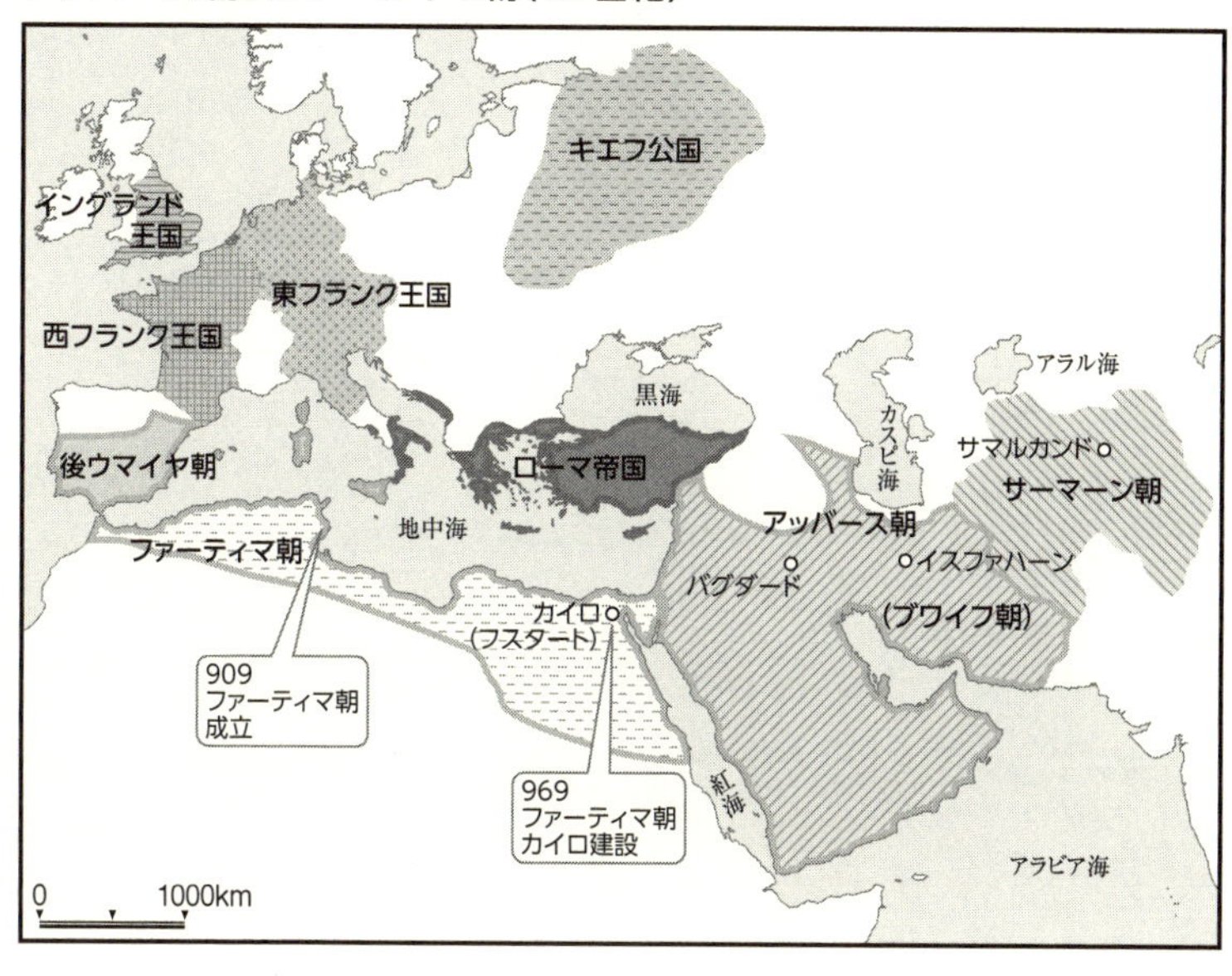

て繁栄の時代を送ります。

ファーティマ朝は、ナイルの恵みを充分に享受して豊かな王朝となり、その勢力はシリアにまで及びました。また、ファーティマ朝の人々は、自分たちこそイスラム教の正統派であると自負しており、その君主も自ら「カリフ」を自称しました。カリフとは「預言者の代理人」の意味です。本来、カリフはムハンマドから続いているスンナ派のウマイヤ朝やアッバース朝の君主だけに許された称号でした。さらにファーティマ朝は、自分たちこそイスラム教学の本道を極める者であると主張するために、宗教と学問の発展にも努力しました。アズハル・モスクの中に、アル＝アズハルという大学をつくりました。

アル＝アズハルは今日もカイロに偉容を誇っています。世界最古の大学としてイスラム教の学問の中心地となっています。この大学は大学の理想ともいうべき三つのことを、開学当初から守ってきました。すなわち入学随時、出欠席随意、修学年限なしの三信条です。「学びたいことを納得いくまで学びなさい」。それしか求められませんでした。十世紀のことですが、文化的な側面でいかにイスラム世界が進んでいたかがわかります。それに引き換え、当時のヨーロッパは、まだまだ野蛮な世界でした。

このファーティマ朝にハーキムというカリフが登場します（在位九九六—一〇二一）。非常に有能でしたが複雑な性格の人で、さまざまな業績やエピソードを残しています。

ひとつには学問や文化を大切にしました。彼は自費を投じて、「ダール・アル＝イルム」（知恵の館）を建設しました。この施設は、次のような伝統を引き継いでいます。

BC三八七年頃、哲学者プラトンはアテネにアカデメイアという学園を創設しました。そこは現在の日本でいえば東京大学のような学問の殿堂となりましたが、五二九年に至りローマ皇帝のユスティニアヌスが国教であるキリスト教の歓心をかうべくこれを閉鎖してしまいました。するとアカデメイアの学者たちは、ギリシャやローマの貴重な文献を持ってサーサーン朝ペルシャに亡命し、ジュンディーシャープールにあった学園に再就職しました。サーサーン朝ペルシャが滅びると、アッバース朝のカリフがバグダードに「バイト・アルヒクマ」（知恵

アズハル・モスク

カイロの旧市街にあるイスラム教のモスク。10世紀の創建。ここに世界最古の大学として知られるアル＝アズハルが建設された。

ハーキム

ファーティマ朝第６代のカリフ。カイロに「知恵の館」を創設するなど、ファーティマ朝の最盛期を築いた。

の館）をつくり、ジュンディーシャープールの学問を受け継ぎました。この時代にギリシャやローマの大量の文献がアラビア語に翻訳されたのです。そしてアッバース朝が衰えてくると、ファーティマ朝のハーキムが、カイロの地に新しい知恵の館「ダール・アル＝イルム」を創設したのでした。

「ダール・アル＝イルム」がつくられてからイスラム帝国の文化の中心地は、バグダードからカイロへと移ります。このカイロの「知恵の館」に多くの学者が集まりましたが、その中にイブン・ハイサムという、今日でも「光学の祖」といわれる大学者がいました。レンズや鏡をつかった光の屈折（くっせつ）や反射の諸原理について、多くの業績を残しています。

ハーキムは厳格なイスラム教徒でもありました。イスラムの戒律（かいりつ）を破る者に対しては、過酷なまでの罰則を科したと伝えられています。また異教徒に対しても決して妥協せず、エルサレムのキリスト教の聖地、聖墳墓教会を破壊してしまいました。この行為が後の十字軍結成の原因のひとつとされました。

またハーキムは、夜になると秘書を一人だけ連れて町を彷徨（ほうこう）しました。「民情を視察する」のが目的であったといわれています。

彼はある夜、城を出たきりそのまま姿を消してしまったそうです。やがてナイル川から衣服だけが見つかりました。暗殺説が有力なのですが、カリフの衣装を捨てて隠者（いんじゃ）になったのだという説も根強く残りました。このように神秘的な性格を持っていたハーキムは、すでに生存中から神格化されていました。そして彼の死後には、彼を崇めるドゥルーズ派と呼ばれるシーア派の分派が生まれています。

フスタートが焼かれ、クルド人の王朝が樹立される

フスタートを商業の中心、カイロを政治の中心として、ファーティマ朝は繁栄を続けていましたが、十二世紀に入ると十字軍国家との攻防で苦戦するようになりました。

この頃、シリアやパレスチナには、いくつかの十字軍国家が存在していました。そしてたびたび、豊かなファーティマ朝領内へ略奪の軍勢を送り込みました。ファーティマ朝は苦戦しつつも、これを退けてきました。

しかし一一六八年、ついに十字軍国家の大軍がフスタートとカイロに迫る事態が発生しました。ファーティマ朝は、この事態を乗り切るために大きな決断をしました。それは商業の中心地フスタートを焼き払い、四方を城壁で固めた政治都市カイロに立てこもる戦術をとることです。焦土作戦です。

ファーティマ朝が思いきった焦土作戦を実行した後に、強い助っ人がシリアから到着しました。その当時、シリアと北イラクで勢力を拡大していたスンナ派の王朝、ザンギー朝の大軍団

です。率いるのは総督シール・クーフです。彼はクルド人です。彼の軍団がカイロに到着してから数日後に、もうひとりの男が手勢を引き連れてやってきました。やはりクルド人でシール・クーフの甥、サラーフ・アッディーン（サラディン、一一三八―一一九三）です。彼の優れた資質をシール・クーフは認めていたので、カイロ遠征に参加するよう命じたのでした。

十字軍国家の軍勢は、シール・クーフの率いる大軍団を見て戦わずして退却しました。

ザンギー朝はスンナ派、ファーティマ朝はシーア派です。しかしシリアやエジプトを侵略するキリスト教の十字軍国家は、共通の敵ですから、シール・クーフはファーティマ朝へ援軍としてやってきたのです。彼はこの弱体化した王朝を鍛え直そうと考えていました。早い話が自分でこの王朝を取り仕切ってしまおう、と考えていたのです。

シール・クーフの意図を知ってか知らずか、ファーティマ朝の人々は彼を救世主として迎え、喜んで城門を開きました。ところが彼は入城した後、突然病没してしまいました。このとき甥のサラディンは機敏に立ち廻り、ザンギー朝の大軍団の力を背景に、ファーティマ朝の宰相となって実権を握りました。その後、多少の権力闘争はありましたが、ファーティマ朝のカリフが病没すると、この王朝を廃して、みずからの王朝であるスンナ派のアイユーブ朝を樹立し、カイロを首都としました（一一七一）。

さらにサラディンは優れた軍略家の本領を発揮して、シリアのザンギー朝のスルタン（イスラム世界における支配者の呼称）が没すると、ザンギー朝をも乗っ取ってしまいます。こうしてアイユーブ朝の勢力圏をエジプトからシリアにまで拡大した後、サラディンは十字軍に対して徹底的に攻撃を加えます。そしてついに十字軍国家エルサレム王国を滅ぼし、この地を奪回しました（一一八七）。サラディンはその後、イングランドのリチャード獅子心王を中心とする第三回十字軍をも撃退し、その翌年に亡くなりました。

サラディンはカイロにシタデル（宮殿）を残しています。この宮殿は十九世紀半ばにアブディーン宮殿がつくられるまで七百年近く、カイロの政治の中心でした。また焼き払われたフスタートの地帯は、八百年以上経過した今も、当時のままで放置されています。

十字軍の侵略からカイロを守ったトルコ系の美女

アイユーブ朝は第七代スルタン・サーリフ（在位一二四〇―一二四九）の時代に入りました。サーリフは近衛軍団として、マムルークの親衛隊を有していました。このマムルークの兵舎は、ナイル川の大きな中洲にありました。そのためこの兵舎にいるマムルークたちは、バフリー・マムルークまたはバフリーヤと呼ばれていました。バフルとは海の意味で、大河ナイルを当時はこう呼んでいたようです。サーリフがマムルークたちを市街地から離れたナイル川の中洲に住まわせたのは、彼ら兵士の集団が市民とトラブルを起こさないためでした。

サーリフは、愛する妻シャジャル・アッ＝ドゥッルの助力とバフリー・マムルークの武力に支えられ、エジプトを立派に統治していました。

ちょうどこの頃、フランスにルイ九世という熱心なローマ教会信者の君主が登場します（在位一二二六―一二七〇）。彼はエルサレムが奪回されたのは、カイロを拠点とするアイユーブ朝の仕業であると考え、第六回十字軍を率いてマルセイユを出航し、ナイル川河口から上陸すると南進してカイロに向かいました（一二四九）。

これに対してバフリーヤの軍勢は、迎撃するためにただちに北進し、ナイル下流の地マンスーラでルイ九世の軍団と対峙しました。ところがこのとき、スルタンのサーリフが病死してしまったのです。

親衛隊のバフリーヤは、この事実を全軍には通知せず、ただ妻のシャジャルだけに伝えました。シャジャルとバフリーヤは、サーリフが健在であるかのように偽装して十字軍との戦いに突入し、アイユーブ朝の大勝利に終わりました。しかもフランス王ルイ九世を捕虜にしてしまったのです。バフリーヤたちは、狂喜してシャジャルの気丈さと機知を称えましたが、厄介なことが起こります。

サーリフの先妻の子であるトゥーランシャーという人物がバグダードに出向いていたのですが、戦勝気分にあふれるカイロにダマスカスを経て帰ってきたのです。当然彼には、サーリフの後を継いでアイユーブ朝のスルタンになる資格があります。シャジャルには子どもがいません。トゥーランシャーのスルタン継承を認めざるを得ません。

しかし、このトゥーランシャーはあまり賢い人間ではなかったようで、まず継母のシャジャルが優れた才覚を持っているのが気に入らない。冷たく当たる。それに対し、彼女は親衛隊のバフリーヤには圧倒的な人気があります。しかもトルコ系の美女で、彼女の名前はアラビア語で「真珠の木」という意味です。美しいシャジャルはバフリーヤのあらくれ男たちのあこがれの的でもあったのでしょう。そのバフリーヤたちは、なんの戦果もあげずスルタンになって、美しい継母をいじめるトゥーランシャーが気に入りません。

一方、トゥーランシャーも自分を軽視するバフリーヤが気に入らない。そして短慮にも、スルタンの権限でバフリーヤを弾圧しようしたのです。ことここに至り、ついにバフリーヤたちとシャジャルは、トゥーランシャーを殺害しました。この事件は一二五〇年に起こりましたが、このクーデターによってアイユーブ朝の血筋は絶えました。残存するわずかな勢力がシリアに逃れ、しばらく小王国を継続しましたが。

マムルーク朝初代スルタンは美貌のシャジャル

バフリー・マムルークたちはシャジャル・アッ＝ドゥッルをスルタンとする、新しい王朝を樹立しました。後世に「エジプトのマムルーク朝」と呼ばれる王朝は、このようにして誕生したのです。

女性をスルタンとする画期的な王朝でした。イスラム世界における女性スルタンはインドのマムルーク朝のラズィーヤに続いてのことです。しかし、女性がスルタンになることに反対する勢力も少なからず存在しました。その筆頭がイスラム教の宗家、バグダードのアッバース朝のカリフでした。時代の流れが読めない彼は、彼女を排斥(はいせき)したい勢力からも訴えられて、シャジャルに次のように伝えます。

「こちらからスルタンになる男を送るから、おまえはその男と結婚せよ。女がスルタンになるなんてとんでもない」

しかしシャジャルは、バグダードから送られて来る見知らぬ男と結婚するのは嫌でした。そこで一計を案じました。軍の最高指揮官であったアイバクというマムルークに、スルタンの地位を譲るから私と結婚してくれと申し出たのです。その代わり、いまの奥さんとは別れて欲しいと。彼は美しい未亡人の申し出を受け、妻子と別れてシャジャルと結婚し、スルタンになりました。

シャジャルは女官見習いの奴隷出身で、その美貌と知性でサーリフを射止めたと伝えられています。彼女はサーリフがスルタン時代に築いてきた財産を、アイバクには渡さずに自分で守りました。形の上で彼にスルタンの地位と権限は譲るけれど、この王朝の主人はあくまでも自分なのだと考えていたことの表れでしょう。

こうしてマムルーク朝は初代の女性スルタンの次に、アイバクが二代目のスルタンとして登極しました。シャジャルのスルタン時代は一二五〇年の一時期だけで終わりました。

ところでほとんどの人間は、その地位が高くなり権力を握ると、どうしても我意を通したくなる、早い話が自分の権威を誇示したくなる弱点を持っているようです。

一軍人であったアイバクも、スルタンの座に就いた後、いろいろと彼なりに考え始めました。ひとつはこの王朝の武力の要（かなめ）であるバフリー・マムルーク軍団が、必ずしもアイバクに協力的ではないことが不愉快でした。彼らはシャジャルは認めるけれど、タナボタ式にスルタンになったアイバクは認めませんでした。

アイバクは身の危険を感じて、護衛のために新しいマムルークの親衛隊をつくりました。そして、その親衛隊長となったクトゥズという男を使って、バフリーヤの有力者を陥れ、その軍団をシリアに追放しました（一二五四）。

このとき追放された軍団の中にバイバルスという男がいました。副官クラスですが、ひときわ武勇に優れ、ルイ九世との戦闘では際立った働きをした男です。

後にバイバルスはカイロに戻ってくるのですが、それまでの歳月、シリア砂漠の辺境で辛酸（しんさん）をなめる日々を送ったことが記録に残っています。

アイバクは、首尾よくバフリー・マムルーク軍団を追放して自分の親衛隊を確保すると、今度は新しい妻が欲しくなりました。相手は北イラクの将軍の娘だったと伝えられています。もちろんシャジャルには内緒です。

一方のシャジャルは、アイバクの行動を見て見ぬふりをしていたのですが、成り上がり者が図に乗り過ぎて、ついに若い妻を持とうとしたとき、いとも冷静に彼を殺害します。アイバクは入浴中に暗殺されました。時に一二五七年、彼のスルタン時代は七年で終わりました。

しかし、親衛隊長のクトゥズも抜かりのない男でした。彼はいち早く暗殺に関与した女官たちとシャジャルを拘束（こうそく）したのです。シャジャルの処刑はアイバクの先妻にまかせました。シャジャルは惨殺され、その死体は全裸のまま放置されたと伝えられています。

モンゴル襲来を防ぐためにバイバルスを呼び戻す

アイバクもシャジャルも世を去り、アイバクの先妻の子どもがマムルーク朝のスルタンに就いたその折りも折り、シリアの地にモンゴル軍が侵入してきました。

モンゴル軍とはチンギス・カアンの末子トルイの三男、フレグの軍団です。フレグは一二五八年にバグダードを落城させ、アッバース朝のカリフを殺害しました。このとき、ムハンマド以来の伝統を継いできたイスラム教スンナ派の宗家が滅亡しました。フレグはさらに西進してシリアに侵入すると、豊かなエジプトの地に狙いをつけました。これに対して一二五九年、マムルーク朝はスルタンをまだ若いアイバクの先妻の子どもから、実力者クトゥズに切り替えました。クトゥズにモンゴル軍との戦いをゆだねたのです。彼はこの強敵と戦うために、一計を案じました。

彼はアイバクがシリア砂漠に追放した、バフリー・マムルーク軍団の強者(つわもの)、バイバルスと手を打ちました。

「おまえの復権を許す。力を貸せ」

こうしてクトゥズとバイバルスが手を組み、エジプト軍は猛将キト・ブカの率いるモンゴル軍と、パレスチナのアイン・ジャールートで激突しました。戦いはエジプト軍が快勝します。このアイン・ジャールートの戦いは、不敗だったモンゴル軍が初めて敗けた戦いとして、歴史に名前を残しています。時に一二六〇年のことでした。

さてクトゥズとバイバルスはカイロへと凱旋(がいせん)の途(と)につきましたが、その途中でバイバルスはクトゥズの一命を奪いました。バイバルスはシャジャル殺しの主犯を許してはいませんでした。このときから、バイバルスの時代が始まります。

今もカイロに伝説が残る人気者バイバルス

バイバルスはマムルーク朝の五代スルタン（在位一二六〇—一二七七）として活躍し、王朝発展の基礎を築きました。

まず対外的には三十八回に及ぶ遠征を行いました。二十一回は十字軍国家を攻撃するため、九回はフレグ・ウルスのモンゴル軍を撃退するためでした。さらに彼はフレグ・ウルスを牽制（けんせい）するために、ジョチ・ウルスと同盟を結びました。

この外交戦略にはどういう意図があったのでしょうか。ジョチ・ウルスというモンゴル国家は、チンギス・カアンの長男ジョチの次男バトゥが建国した国です。キプチャク草原から南へ、カスピ海と黒海の間に横たわるカフーカス山脈あたりまでを勢力圏にしていました。一方でフレグ・ウルスの北限もカフーカス山脈の南まで伸びており、両者は同じ血族関係ながら、いつもカフーカス山脈周辺の領地をめぐって、争っていました。キプチャク草原出身のバイバルスは、このあたりの情勢を読んでジョチ・ウルスと手を組み、エジプトを狙うフレグ・ウルスを南北から挟んでしまったわけです。

次にバイバルスは、マムルーク朝をイスラムのリーダーとする計画を実行しました。

まず彼は、イスラムの聖地マッカのカアバ神殿を覆（おお）うキスワ（絹布（けんぷ））を、毎年カイロから贈

マムルーク朝とモンゴルの各ウルス（13世紀）

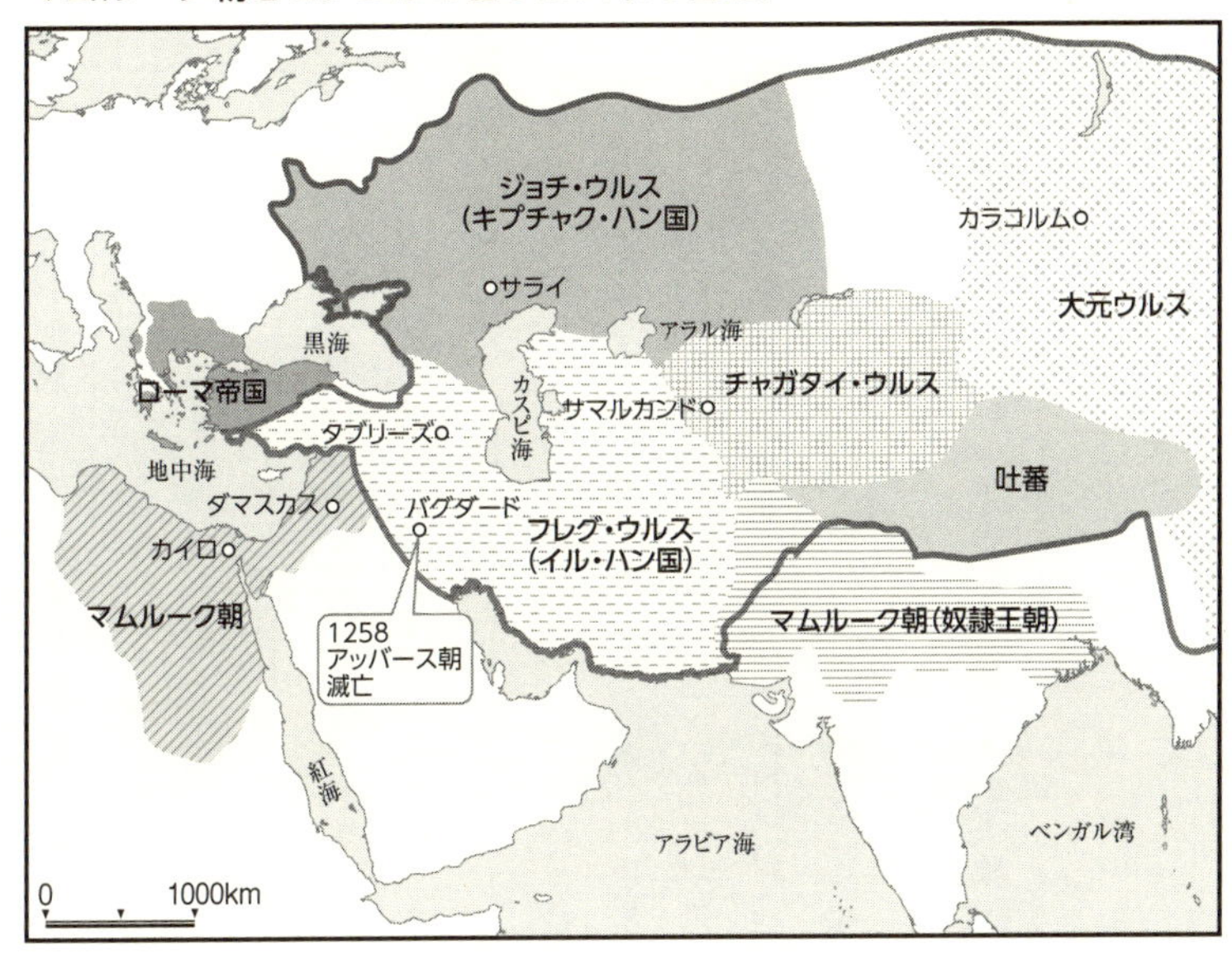

り始めます。こうして、キスワを贈り続ける者が、イスラムの聖地マッカやマディーナの守護者なのだという慣習をつくりだしました。

また彼は、フレグに殺されたアッバース朝のカリフの一族につながる男を保護し、彼をカリフとしました。マムルーク朝が伝統的なイスラム教の宗家を守っていることを世に知らしめたわけです。もちろんこの男の出自（しゅつじ）など怪しいものであったでしょう。さらにバイバルスはこのカリフを大衆の前には決して出さず、カリフの言葉はすべてバイバルスから人々に伝えられるように計りました。

カリフはいるけれど町の人は見たことがない。そのありがたい言葉はバイバルスが伝える。結局、民衆の喝采を浴びるのはバイバルスだけです。たくみな人心操作です。

バイバルスはカイロからダマスカスまで、一定の距離間隔で駅舎を備え、人馬を配置しました。この駅伝制度はバリードと呼ばれ、ペルシャの世界帝国アカイメネス朝が整備したものです。バイバルスは、長い歴史の間に破壊されてしまったシリア―エジプト間のバリードを復活させました。ダマスカスという都市は古来、陸路からエジプトに侵攻する拠点です。バイバルスは、この都市をカイロ防衛の最前線として重視しました。この考え方は、先にお話しした英雄サラディンも同様でした。彼はダマスカスのサラディン廟で永眠しています。

バリードを強化することで、十字軍国家への攻撃も強化されました。バイバルスは一二七一年に、十字軍国家の防衛の拠点となっていたダマスカス北西、地中海に面するクラック・デ・シュヴァリェ城を陥落させました。この美しい城は現在、世界遺産となっています。その後一二七七年、バイバルスはダマスカスの地で亡くなりました。そして奇しくもサラディン廟の近くに埋葬されました。

今日のエジプトで最も人気のある歴史上の人物バイバルスとサラディンが、共にダマスカスに眠っているのです。

三度スルタンになった男が最盛期をつくる

マムルーク朝の中心勢力であるバフリー・マムルークの人々は強い結束力を持っていましたが、お互いにすさまじい競争意識も持っていました。そのため、たとえスルタンになった一族でも、よほど優秀な後継者に恵まれない限り、血族による継承は不可能でした。バイバルスの子どもはふたりともスルタンになりましたが、それぞれ一年未満で追放されています。

その後バイバルスの同僚であったカラーウーンがスルタンになり（一二七九）、彼の後を息子のアシュラフ・ハリールが継ぎましたが、三年後に殺されました。このアシュラフ・ハリールというスルタンは、最後まで残っていた十字軍国家アッカー（アッコン）を滅ぼしたことで名前を残しています（一二九一）。

アシュラフ・ハリールの後を、彼の子どもであるナースィル・ムハンマドが継ぎました。ナースィルはまず少年の時にスルタンとなりますが、部下にその座を奪われます（在位一二九三―一二九四）。しかし生きのびてスルタンに返り咲きます（在位一二九九―一三〇九）。このときも排斥されますが生きのびて、またスルタンに選ばれます（在位一三一〇―一三四一）。よほどの強運と、隠された人望を持っていたのでしょう。そして彼の時代にマムルーク朝は全盛期を迎えます。

全盛期を迎えた大きな原因は、海の道の独占にありました。

中国やインドからの交易ルートには、草原の道と海の道の二つがあります。草原の道は中央ユーラシアを馬上で西進して黒海に至るルートです。海の道は、二つあります。

ひとつはアラビア半島北側のルートで、ホルムズ海峡からペルシャ湾を通過してクウェートに上陸し、バグダードに至ります。もうひとつはアラビア半島の南側、イエメンから紅海(こうかい)を北上してエジプトのスエズに上陸する道です。

しかしペルシャ湾ルートのほうは、その頃、治安が乱れて機能していませんでした。それまでこの海峡を取り仕切っていたアッバース朝が滅亡し、その後を継いだフレグ・ウルスも国内が乱れていたからです。そこでナースィル・ムハンマドは紅海入口のイエメンを制圧するとともに、インド西海岸を支配していたムスリム王朝のグジャラート王国と手を結んで、インド洋から紅海に至る海の道を支配したのです。そうして、アジア交易の独占に成功しました。

アジア交易の目玉商品の中には中国の特産品の絹やお茶や陶磁器のほかに、もうひとつインドの砂糖もありました。イスラム教徒は原則的にはお酒を飲みません。その代わり早い時期から砂糖の甘美(かんび)なおいしさを知っていました。マムルーク朝では、砂糖は贈答品や部下への報奨品としても活用されていました。

エジプトに陸揚げされた東方の交易品は、アレクサンドリアの港からヨーロッパへ運ばれました。この船便ルートを握って利益を上げていたのがヴェネツィアです。ヴェネツィアは十字軍でもずいぶんお金儲けをしました。しかし、マムルーク朝がエジプトで権力を確立すると、いち早くアレクサンドリアに領事館を開設しています。宗教よりも政治よりもお金儲けが、ヴェネツィアは得意だったのです。

マムルーク朝の全盛期は、海の道を握ったヴェネツィア・マムルーク朝連合が東西貿易をほぼ独占していた時代、ともいえます。その繁栄の中心にあった都市がカイロでした。スルタンの一族や高級官僚や富豪たちは、立派な家やモスクを建設しました。その名残りは、今でもカイロの市街地の風景をつくっています。このことについては後述します。

このカイロの街に、西アフリカのマリ王国からマンサ・ムーサという君主の一行が聖地マッカへ巡礼に行くために、はるばるサハラ砂漠を越えてやってきました（一三二四）。ヒトコブラクダに大量の金（きん）を積んできてカイロで大散財をしたものですから、金の価格が大暴落したという記録が残っています。この事件が有名になって、サブサハラ（サハラの南）には黄金の国があるという噂が広まりました。それから九十年ほど後に、「航海王子」という異名を取ったポルトガルの王子エンリケが、海路からこの王国を目指しました。

このエンリケ航海王子の開拓した大西洋の航路が、アフリカ喜望峰（きぼうほう）回りでインド洋に至る海路へと発展し、やがてマムルーク朝の命運を左右する要因となっていきます。

「バフリー・マムルーク朝」から「ブルジー・マムルーク朝」へ

マムルーク朝は、先述したとおりナイル川の中洲出身のマムルークたちが支配していましたが、それ以外のマムルークたちも存在しました。彼らはカイロ市内の城砦（ブルジ）に設けられた兵舎で軍事訓練を受けていたので、ブルジー・マムルークと呼ばれました。歳月の経過とともに彼らの中からも有力な軍人が登場するようになり、少しずつマムルーク朝の中枢部にも加わるようになりました。

女性のスルタンであるシャジャルに始まったバフリー・マムルーク朝は、ナースィル・ムハンマドの後、血筋がほぼ絶えますが、おおよそ百四十年続きました。そして一三八二年に、ブルジー・マムルーク出身のバルククーク（在位一三八二—一三八九、一三九〇—一三九九）。がスルタンになりました

バフリー・マムルークの人たちの多くはキプチャク族の出身でしたが、バルククークはチェルケス人でした。彼らは黒海とカスピ海にはさまれるカフーカス山脈の北側に広がる高原地帯に住んでいました。彼らもトルコ系の遊牧民です。バルククークからブルジー・マムルーク朝の時代が始まります。しかしその頃から、マムルーク朝は衰退していくのです。ひとつの大きな原

因はペスト（黒死病）でした。エジプトに伝染してきたのは十五世紀初頭です。ペストのために、豊かさでは定評のあったエジプトの農村地帯は廃墟と化し、カイロなど都市部には飢餓が蔓延しました。さらにマムルーク朝は、ドル箱であった海の道を失いました。

あの航海王子エンリケの、サブサハラの黄金を求める探検に始まったポルトガルの海洋航路開拓が実を結び、喜望峰を回る新しい海の道が実現したためです。この新海洋航路とマムルーク朝が支配していたインド洋・紅海・地中海ルートの海の道は、交易の主導権をめぐり激しく競い合い、ついに武力衝突が起きてしまったのです。一五〇九年、インドの西海岸で戦われたディーウ沖海戦がそれで、ポルトガル海軍総督アルメイダの優れた戦術のために、マムルーク朝・グジャラート連合軍が敗れ去ります。

この完敗により、インド洋はポルトガルの支配下に入ります。こうしてドル箱であった交易ルートを失ったマムルーク朝は、一気に衰亡に向かっていきました。ディーウ沖海戦からわずか八年後、オスマン朝のスルタン・セリム一世がカイロに入城（一五一七）し、ついにマムルーク朝は二世紀半ほどの歴史を閉じて滅びました。エジプトはオスマン朝の植民地になります。これ以降ナポレオンが侵入してくるまで三百年近く、エジプトはオスマン朝の穀倉として小麦をイスタンブルに送り続けます。かつての（東）ローマ帝国時代と同じように。カイロはイスラム圏を代表する都市であるという権威を、イスタンブルに譲りました。

ナポレオンのエジプト遠征とムハンマド・アリー朝の誕生

エジプトがオスマン朝の植民地となった後、カイロにはイスタンブルから支配者として総督が就任してきました。マムルーク軍団はそのまま貴族となって、オスマン朝の支配下に入ります。カイロの街では富裕な商人たちが活躍していました。オスマン朝もイスラム教の王朝です。税を納め、すなおに統治に従っていれば、市民に対しては寛容でした。

このエジプトにナポレオンが遠征してきました。ヨーロッパ全域を支配することを考えていたナポレオンは、最も強力な敵、連合王国（イギリス）を叩く目的を持ってエジプト征服を考えたのです。エジプトを前線基地として連合王国の生命線ともいえる植民地インドを攻略するという戦略です。スエズにフランス艦隊を集結させ、紅海からインドに向かえば喜望峰を回るより圧倒的に早い。ナポレオンはそういう発想でエジプトを我が物にしようと考え、侵略してきたのでした。

ナポレオンの軍勢はオスマン朝支配下のマムルーク軍団と、ピラミッドを望むカイロ近郊で激突しました。このときナポレオンは全軍に向かって、ピラミッドを指さしながら大声で言いました。

「兵士諸君、あの遺跡の頂上から四千年の歴史が君たちを見下ろしているぞ！」

この言葉で勇気百倍になったのか、フランス軍はオスマン朝のマムルーク中心の軍団を叩きつぶして完勝しました。こうしてフランス軍はカイロに入城し、ナポレオンの戦略は成功したかと思われました。時に一七九八年の七月。ところが同年の八月、カイロ河口のアブキール湾でフランスの主力艦隊が、ネルソン提督の指揮する連合王国の艦隊に、ほぼ全滅に近い惨敗を喫（きっ）したのです。

これにより、フランス軍は食糧や軍事物資の補給ルートを断たれたのです。この事態にあわてたナポレオンは、一七九九年になるとひそかに数隻の小舟でエジプトを脱出し、パリに帰ってしまいました。

残されたフランス軍は、マムルーク軍団とオスマン朝の派遣軍そして連合王国軍と戦いを続けますが、結局一八〇一年に降伏しました。この後エジプトの支配権はオスマン朝に戻り、連合王国の軍隊も撤退しました。ところが英仏軍がいなくなると、オスマン軍とマムルーク軍、そしてカイロの市民やウラマーと呼ばれるイスラム教徒の知識人階級が三つ巴（どもえ）となって、エジプトの支配権

ムハンマド・アリー

ムハンマド・アリー朝の創立者。英仏軍撃退後、エジプトの総督に任命された。

をめぐって争い始めました。

このとき事態を収拾したのが、ムハンマド・アリーという男でした。彼はオスマン朝から、大切な穀倉の治安を守るように指令を受けて派遣されていた将軍でした。もともとはマケドニア生まれのアルバニア人で、アルバニア人の傭兵隊長でした。アルバニア人はバルカン半島の先住民の子孫といわれています。

彼は対立する陣営それぞれとたくみに話し合い、特に対仏反乱の指導的立場にいたカイロの商人や知識人たちの強力な支持を得て総督になりました。オスマン朝も、これを追認します。こうして、ここにムハンマド・アリー朝が始まりました（一八〇五）。もちろんオスマン朝の支配下にあることに変わりはありません。

ムハンマド・アリー（在位一八〇五―一八四九）は時代を見る眼を持っていました。彼はエジプトのマムルーク軍団がフランス軍に敗北した理由は、国家が近代化していないからだと気づきました。君主の親衛隊のようなマムルーク軍団と国民皆兵のフランス軍では、兵士の心意気や鉄砲を始めとする武器の質・量に、圧倒的な差がありました。

ムハンマド・アリーは、日本よりも半世紀余り早く「明治維新」を、すなわち開国による富国強兵・殖産（しょくさん）興業政策を断行したのです。

片や宗主国のオスマン朝にはすでに往年の勢いはなく、独立を求めて帝国内の諸地域で続発する反乱を抑え込む軍事力にも欠けるようになっていました。そこで、反乱鎮圧をムハンマド・アリーに依頼したのです。この当時のスルタンがマフムト二世で、彼がムハンマド・アリーとの確執を続けながら、オスマン朝の改革に動いたことは、第1章でお話ししたとおりです。

アラビア半島のサウード家の独立運動（第一次サウード王国、一七四四〜一八一八）、アフリカのスーダンの独立運動、そしてギリシャの独立運動などを、エジプト軍は積極的に鎮圧しオスマン朝を助けました。その真意は、その代償としてオスマン朝にエジプトの独立を認めさせることでした。しかしオスマン朝は言を左右にして認めません。ついに両国は武力衝突します。

一八三九年、エジプト海軍がイスタンブルに迫りました。このとき、連合王国を中心とする西欧列強は、エジプトの強大化を恐れて戦いに介入し、オスマン朝を助けました。ムハンマド・アリーは敗北します（一八四〇）。

この敗戦によってエジプトは大幅な兵力削減を強いられ、貿易の国家独占を改めて国内市場を西欧列強へ開放することを要求されました。またオスマン朝から獲得していたシリアからの撤退も決まりました。ムハンマド・アリーの開国・富国強兵策は挫折しました。その代わりに西欧列強はムハンマド・アリー一族によるエジプト総督職の世襲を認めました。

このときからナーセルの登場まで、ムハンマド・アリーの一族がカイロに君臨することになります。この敗戦は連合王国のエジプトに対する影響力を、一段と強化する大きな契機となりました。

スエズ運河の株を連合王国が入手する

ムハンマド・アリーの死後、フランス人レセップスがスエズ運河を開きます。スエズ運河は一八五九年に着工し、一八六九年に完成しました。

古来、インド洋・紅海・地中海という海の道は交易にも戦略的にも大きな価値がありました。紅海と地中海の間をそのまま船で行けたらと、多くの人が考えました。地中海のポートサイドから紅海側のスエズまで、わずか一六二キロです。アフリカの喜望峰経由との距離の差は歴然としています。スエズ運河の開削は画期的な事業でした。

スエズ運河株式会社の大株主は、エジプトのムハンマド・アリー朝とフランス政府でした。運河が開通すれば、その関税によって莫大な収入がエジプトにも入る予定でした。ところが晴れて運河が開通したとき、西欧からの激しい資本流入によってふくれあがった負債のために、エジプトの国家予算は首が回らなくなっていました。ムハンマド・アリーから五代目となるエジプト総督イスマーイル・パシャ（在位一八六三—一八七九）は、ついに財政難に耐えきれず、スエズ運河の持株を売りに出しました。総資本の五〇パーセントに近い額です。これをすぐに買い取ったのが連合王国でした。

ユダヤ人家系の総理大臣ディズレーリが、ユダヤ人の大財閥ロスチャイルド家に融資を依頼して買収したのです（一八七五）。このあたり、金のなる木を見極める連合王国の眼力には目を見張るものがあります。こうしてスエズ運河の権益は、エジプトの手を離れました。

連合王国はエジプトを事実上の保護国にしてしまう

スエズ運河の権利をほぼ手中にしてからの連合王国のエジプト支配は、ますます露骨なものになっていきました。このような連合王国の横暴と、西欧列強と結んだ特権階級の経済支配に対して、多くのエジプト市民や軍人、そして農民が立ち上がり始めます。彼らはムハンマド・アリー時代の近代化政策の中で教育を受け、西欧的な自我や市民意識の洗礼を受けていました。彼らは国民党を結成し、民主的議会の開設と憲法の制定を要求しました。

そして一八八一年、アフマド・ウラービー大佐（一八四一―一九一一）が、「エジプト人のエジプト」をスローガンとして武装蜂起したとき、運動はピークを迎えます。反乱軍は大波となってカイロ市街を埋めつくし、アブディーン宮殿を取り囲みました。ここに至ってエジプト政府はウラービーを陸軍大臣とする内閣と新憲法の成立を認めました（一八八二年二月）。しかしこの反乱の成功に、連合王国が正面から武力介入してきました。この年の九月に陸軍を派遣して反乱軍を潰滅させ、ウラービーをセイロン島へ流刑にしたのです。事実上エジプトは連合王国の保護国となりました。

連合王国はインドにおいて、「ウラービー革命」に先立つ一八五七年、第2章末尾近くで述べたように、「インド大反乱」と後に呼ばれる一大民族蜂起にあっています。連合王国にとってウラービーの反乱は、インドの場合と同様に一歩も譲れない戦いでした。この二つの反乱を叩きつぶしたことで、連合王国にとっての宝島インドを完全に確保し、新たに戦略の要衝エジプトをも支配することができました。連合王国は名実ともに大英帝国の時代に入っていくのです。

ついに「エジプト人」がカイロの支配者となる

エジプトは大英帝国の保護下で第一次世界大戦を戦います。エジプトの宗主国のオスマン朝はドイツ側で戦い、敗戦国となります。敗戦後のオスマン朝では、ケマル・アタテュルクが西欧の占領策を拒否して、オスマン朝の帝政廃止に踏み切ります。宗主国の消滅によってエジプトも独立しました（一九二二）。しかし大英帝国の保護国であるという状態は変わりません。

さらにエジプトは第二次世界大戦も大英帝国の傘下で戦います。大英帝国は勝利を収めましたが、その国力は弱まり、エジプトの独立運動の高まりを阻止する力はもはや残っていませんでした。一九五二年一月二十六日、カイロ市民は「暗黒の土曜日」と呼ばれる反英と独立を要求する大暴動を起こし、ついで七月二十三日、ナーセル率いる自由将校団がクーデターを成功させて、ファールーク国王を追放しました。エジプトはついに連合王国のくびきを脱して完全な独立を獲得しました。エジプト革命が成功したのです。

カイロという都市の歴史からみると、はるか昔の六四一年にアラブ人がフスタートの街を建設した後、シチリア生まれのヨーロッパ人、クルド人、トルコ人（マムルーク）、フランス人、アルバニア人などの英雄が大活躍し、さまざまな民族がエジプトの支配を続けてきました。紀元前のエジプト新王国以来の長い時間を超えて、ようやく二十世紀にエジプト人が、この国とカイロのリーダーに復権したのです。

ナーセルのエジプト統治から二十一世紀に至るまで

ナーセルは民族主義者でしたが、もともとは西寄りでも東寄りでもありませんでした。彼はエジプトの近代化を西欧に学びたいと考えました。そのために米英仏に財政や軍事力の

エジプト革命で有名となったタハリール広場

カイロの新市街西部にある広場。ムハンマド・アリー朝の時代の都市計画によって建設。2011年、アラブの春と呼ばれる民主化デモの中心地となった。

援助を依頼しようと考えていたのですが、国王を追放したナーセルに対して欧米三国は偏狭(へんきょう)な立場で臨み、むしろナーセルを締め付ける外交を展開したのです。

ナーセルは一九五六年六月、国民投票により大統領に就任すると、翌七月、対抗策としてスエズ運河の国有化を宣言しました。スエズ運河会社の大株主である連合王国はこれに激怒し、フランスと組んで軍隊を動員してスエズ運河を占領してしまいました。

これに対して、ソ連が抗議します。英仏軍が撤退しないのならば原爆の使用も辞せず、と言うのです。アメリカも撤退を勧告します。結局、英仏軍はしぶしぶ撤退に応じ、ナーセルは一躍救国の英雄となりました。

ナーセルはその後、中国の周恩来、インドのネルー、インドネシアのスカルノなどとともに、東西両陣営に対抗する非同盟勢力（第三勢力）として、平和十原則を提唱するなど世界に積極的に発言する存在になっていきます。また、中東の和平にも努力し一九五八年にはシリアと合併しアラブ連合共和国をつくりますが、三年で解体します。そしてイスラエルを発火点とする中東紛争の解決に心を砕きながら、一九七〇年に死去しました。

ナーセルの死後、大統領になったサダトは、それまでの対イスラエル強硬戦略を平和路線に切り換え、イスラエルのベギン首相と画期的なエジプト・イスラエル平和条約を結びました（一八七九）。しかしこの条約締結は、両国内の強硬な民族主義者の反撥を呼び、ベギン首相は辞任し、サダト大統領は暗殺されました（一九八一）。

その後継者となった大統領ムバーラクは、実に三十年に及ぶ独裁政権を続けましたが、二〇一一年、カイロ市の中心にあるタハリール広場に大群衆が集結して抗議集会を開き、これをきっかけとしてムバーラク政権は倒されました。「アラブの春」の一環として二〇一一年エジプト革命と呼ばれたこの政変後のエジプトの政情は、残念ながら今日に至っても不安定なままです。

古い街の隣に新しい街をつくってきたカイロ

現代のカイロの市域はナイル川の東岸及び二つの中洲で構成され、三大ピラミッドのある西岸はギーザ市となっています。カイロは東西に一〇キロ、南北に一五キロの大都市です。ナイル川沿いの南には最も古い市街地、オールド・カイロがあります。カイロ発祥の地であり、フスタートの焼跡の廃墟もここにあります。エジプトを中心として発展したキリスト教のコプト派の教会や、ユダヤ教のシナゴーグ（会堂）も存在します。

一八九六年にフスタートにあるシナゴーグのゲニザ（文書館）から、全体で三二万ページに及ぶ書類が発見されました。それは九世紀に遡るユダヤ人の交易の記録などで、地中海交易や当時の民俗を知る貴重な資料として、その価値を認める世界の主要な図書館が、競うように入手して管理しています。

オールド・カイロから東北に位置する市域がイスラム地区（旧市街）です。この地区はファーティマ朝が開発し、以後ムハンマド・アリーの時代まで、イスラム世界の中心として栄えました。「一〇〇〇のミナレット」と呼ばれるように、数多くのモスクが立ち並んでいます。このイスラム地区は全体が世界遺産です。迷路のような街並と十四世紀頃からの大規模なスーク（市場）が、いまや観光名所となっています。アズハル・モスクや大学、サラディンが建てたシタデルの宮殿、ムハンマド・アリー・モスク、「死者の街」といわれ、古い墓に人が住んでいる街区など、多くの歴史的建造物が集中している地域です。

このイスラム地区の北西側に隣接して、新市街があります。現代のカイロの中心部です。ナイル川東岸に近いタハリール広場の周辺は政府庁舎が立ち並び、二〇一一年にムバーラク大統領の退陣を求める大騒動の舞台となりました（二〇一一年エジプト革命）。なお、タハリールは英語の liberation（解放）に相当するアラビア語です。また現在は大統領府となっているアブディーン宮殿が、タハリール広場の東方にあります。そして新市街の北端に、カイロの中央駅であるラムセス駅があります。この新市街の最大の観光スポットは、タハリール広場の西にあるエジプト考古学博物館かもしれません。古代エジプトの世界が堪能（たんのう）できるでしょう。

エジプト考古館の西、ナイル川の中洲であるゲジーラ島は高級住宅街と博物館地区で、豊かな緑地帯やカイロタワーがあります。

古い街を壊して新しい街をつくるのではなく、古い街の隣に新しい街をつくってきたカイロという都市は、時の流れに中断されることなく、歴史の遺産を見られる都市かもしれません。

とびきり甘いスイーツと新鮮で多彩なジュース、そしてコシャリという、米・マカロニ・スパゲッティ・豆類などを混ぜてソースをかけるという不思議な国民的メニューに驚いたり楽しんだりしながら、誰もがカイロを安心して自由に歩ける日が一日も早く戻ってくることを期待しています。

カイロの関連年表

西暦(年)	出来事
641	イスラム帝国が後のカイロの地に軍営都市フスタートを建設
969	ファーティマ朝の将軍ジャウハルがカイロを建設
973	ファーティマ朝、チュニジアから首都をカイロへ移す。この頃、世界最古の大学、アル＝アズハルがアズハル・モスク内に建設される
996	ハーキムの時代(〜1021)。ダール・アル＝イルム(知恵の館)を建設
1168	十字軍の侵入。商業の中心地フスタートを焦土化し、以降、カイロは政治・商業都市となる
1169	ザンギー朝のシール・クーフがカイロ入城、十字軍退却。1171、サラーフ・アッディーン(サラディン)がアイユーブ朝を建国
1249	ルイ９世、十字軍を率いて侵攻。マンスーラの戦いでアイユーブ朝が勝利、ルイ９世を捕虜に
1250	アイユーブ朝が絶え、マムルーク朝誕生。シャジャルが女性スルタンとなるが、のち夫のアイバクが２代目スルタンに
1257	シャジャル、アイバクを殺害
1259	クトゥズがスルタンになる
1260	アイン・ジャールートの戦いでモンゴル軍を破り、バイバルスがスルタンに
1291	スルタンのアシュラフ・ハリール、最後の十字軍国家アッカー（アッコン)を征服
1293	ナースィル・ムハンマド、10代スルタンに。続いて13代、15代と３度スルタンになり、マムルーク朝の最盛期を築く
15世紀初頭	ペストが流行、マムルーク朝衰退
1509	インドのディーウ沖海戦でグジャラート軍と組んだマムルーク朝、ポルトガル海軍に敗れる
1517	オスマン朝のセリム１世、カイロ入城。エジプトを支配下に置く
1798	ナポレオン、マムルーク軍団を破り、カイロに入城するが、アブキール湾で連合王国に惨敗
1801	エジプトに残ったフランス軍が降伏
1805	オスマン朝の支配下で、ムハンマド・アリー朝が興る
1840	ムハンマド・アリー、オスマン朝と連合王国に敗北。連合王国のエジプトへの影響力強まる
1859	スエズ運河建設着工(1869完成)
1875	連合王国、スエズ運河株を取得
1882	ウラービー革命(1881〜)による内閣成立に連合王国が武力介入、エジプトを保護国化
1922	ケマル・アタテュルクによりオスマン朝の帝政廃止。エジプト、大英帝国の保護下で独立
1952	エジプト革命。ナーセルらにより王政が倒され、翌年エジプト共和国誕生
1956	大統領に就任したナーセル、スエズ運河の国有化を宣言
2011	エジプト革命(アラブの春)が起こり、ムバーラク大統領退陣

●カイロの世界遺産（建造物）

アズハル大学／シタデル／ムハンマド・アリー・モスク／イブン・トゥールーン・モスク／ハーン・ハリーリ／アル・フセイン・モスク／スルタン・ハサン・モスク／ズウェーラ門／アムル・イブン・アル＝アース・モスク／ベン・エズラ・シナゴーグ／エル・ムアッラカ教会／聖セルジウス教会（アブ・サルガ）／聖ジョージ教会（マリ・ギルギス）

第4章

草原に輝く青の都 サマルカンド

草原の英雄たちが多くの物語を残した中央アジアのオアシス

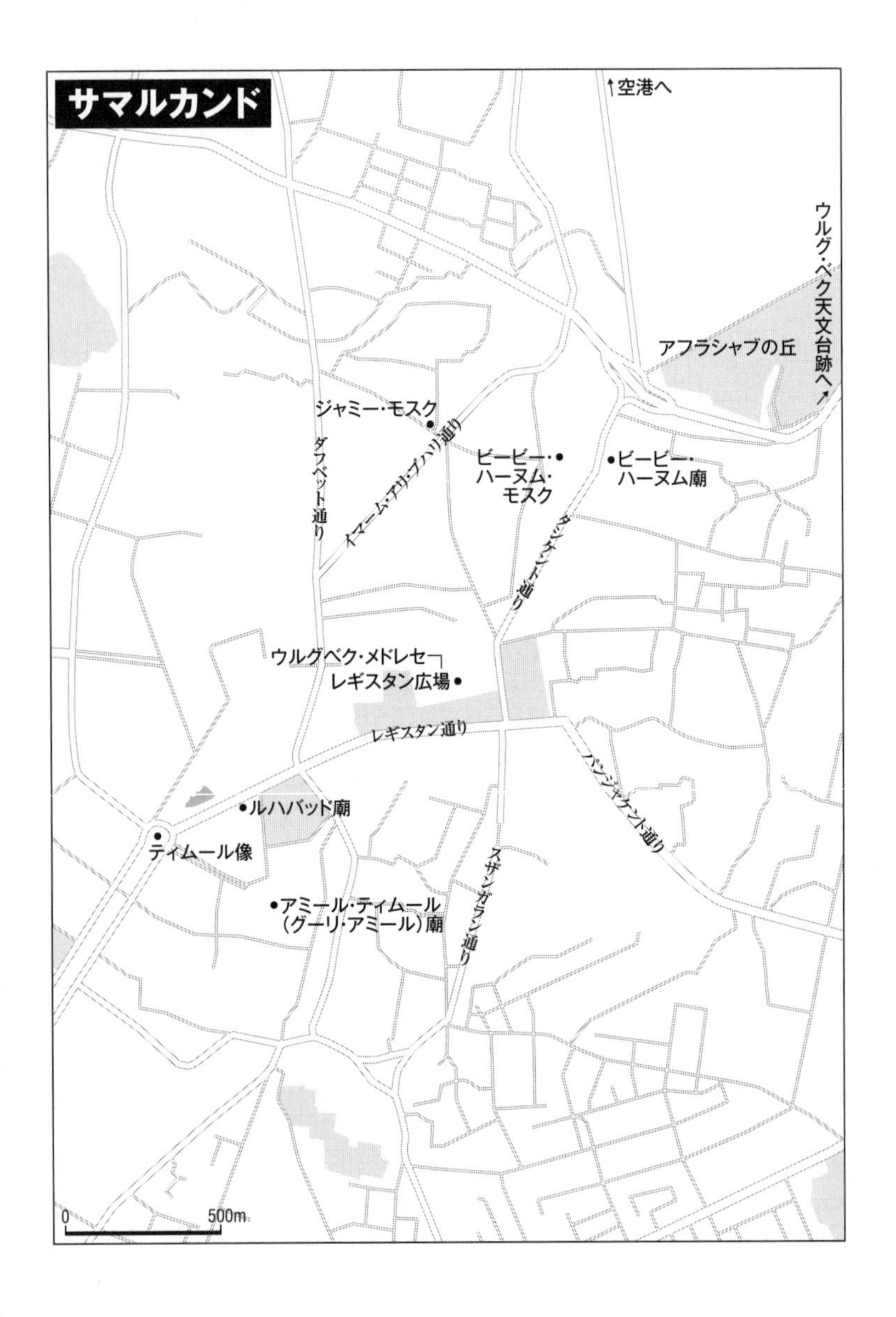
サマルカンド
↑空港へ
ウルグ・ベク天文台跡へ↗
アフラシャブの丘
ジャミー・モスク
ダフベット通り
イマーム・アリ・ブハリ通り
ビービー・ハーヌム・モスク
ビービー・ハーヌム廟
タシケント通り
ウルグベク・メドレセ
レギスタン広場
レギスタン通り
パンジャケント通り
ルハバッド廟
ティムール像
スザンガラン通り
アミール・ティムール（グーリ・アミール）廟
0
500m

オアシス地帯にサマルカンドの前身「マラカンダ」が生まれた

現在のイランの北側の国境線を越えると、トルクメニスタンの砂漠地帯に出ます。砂漠を少し北上するとアムダリヤ川（オクサス川）が流れています。この川から北に向けて広い乾いた草原が続きます。草原の北側には、もうひとつの川が流れています。シルダリヤ川です。

この二つの河川に挟まれた草原地帯（マー・ワラー・アンナフル、トランスオクシアナ）には、昔からいくつかのオアシス群がありました。そこでは小麦や果実が豊かに実り、紀元前十世紀の頃から多くのオアシス都市が育っていきました。それらはブハラ、ヒヴァ、そしてサマルカンドなどの前身です。これらのオアシス都市では、農耕も盛んでしたが、それに加えて交易の中心地としても栄えていました。

草原の道を通じて、中国から絹やお茶や陶磁器を交易品として運んできた人々が、中央アジアに至ったとき、そこの乾いた草原に点在するオアシス都市が、彼らを迎えたのでした。そしてこれらのオアシス都市は、中国へ向かって旅立つ交易商人たちの根拠地でもありました。

なお東西の交易路と言えば、天山北路（てんざんほくろ）（天山山脈の北側のルート）や南路（なんろ）に代表されるシルクロードがわが国では有名ですが、東西交易の大半は往来が容易な海の道や草原の道を通じて行われており、シルクロードは商品ではなく、むしろ人（玄奘など）や情報が行き交う道であったようです。

この交易をほとんど一手に引き受けていた民族が、ソグド人でした。アカイメネス朝以来中央ユーラシアの交易の歴史の主役となってきたイラン系の人々で、中国とペルシャを結んで活躍しました。

ペルシャ（イラン）に住む人々は、このようなソグド人たちの活躍の場となっている、アムダリヤ、シルダリヤの両河川に挟まれたオアシス地帯を「マー・ワラー・アンナフル」と呼んでいました。それはアラビア語で「川の向こう側の土地」の意味です。その表現には自分たちの住む地域とは異なった世界を意識する心情が、含まれていたと思います。少しの異和感と少しのあこがれが入り混じった表現だったのでしょう。

やがてペルシャに誕生した、エジプトからインダス河畔までを支配した人類初の世界帝国アカイメネス朝（BC五五〇―BC三三〇）も、このソグド人のオアシス都市群を支配下に置きました。マー・ワラー・アンナフルは豊かな土地であり、東方への開かれた窓であり、外敵に対しては閉じる扉の役割をも果たしていました。

「川の向こう側」の存在は、ギリシャにも知れ渡っていました。彼らは「トランスオクシアナ」と呼びました。アムダリヤ川はギリシャ語でオクサス川、トランスは「～を越えて」の意味です。

またイラン系の神話ではこの地帯を、トゥーラーンと呼びました。イラン系の人々は自分た

サマルカンド周辺の国と都市

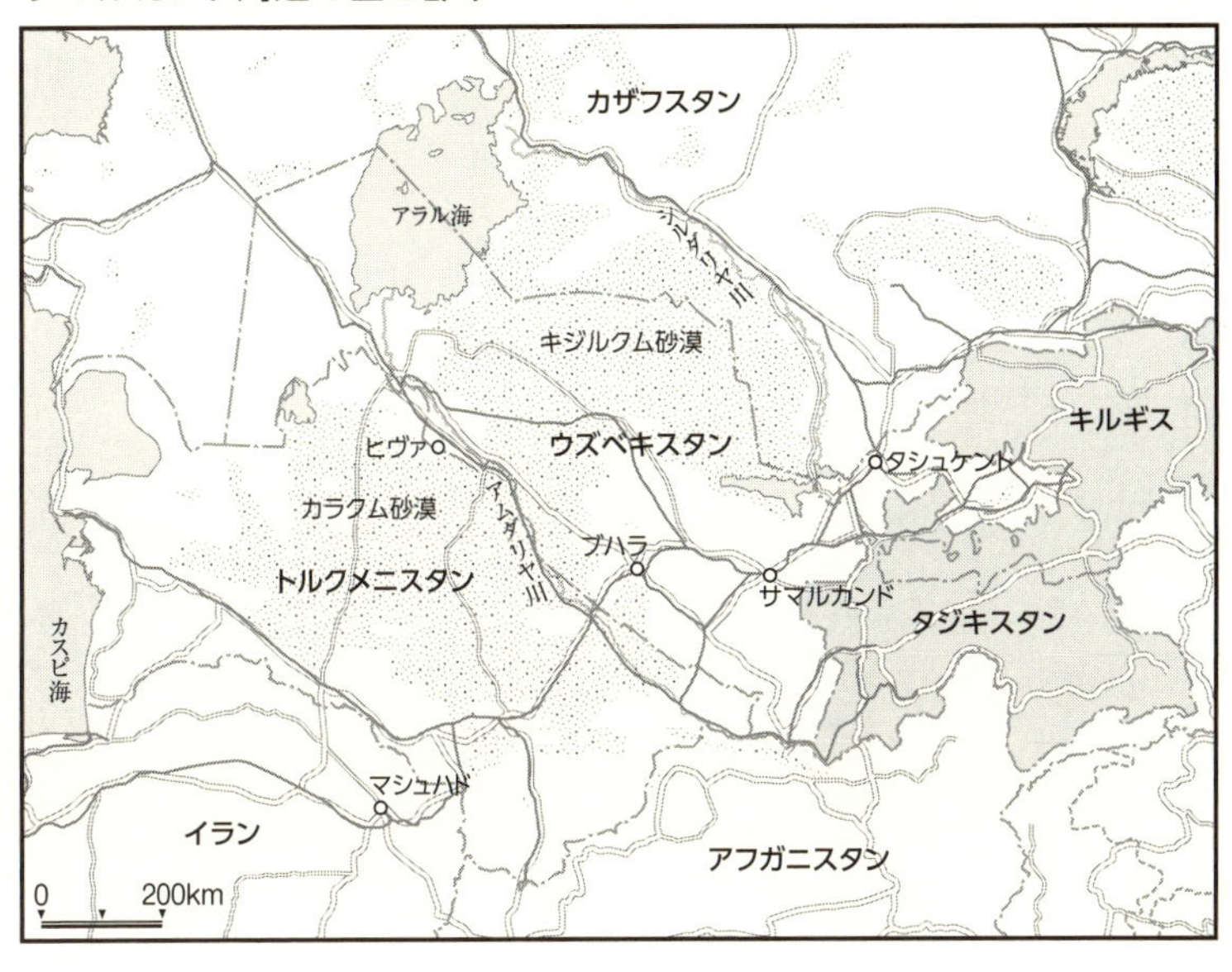

ちをアーリアと呼んでいましたが、トゥーラーンは「アーリアではない」という意味です。「イラン対トゥーラーン」というように使われました。ソグド人やもっと東北のトルコ系遊牧民を意識した表現かもしれません。

マー・ワラー・アンナフルもトゥーラーンもトランスオクシアナも、すべてアムダリヤ川とシルダリヤ川の間に広がる草原とオアシス地帯の呼称です。そして、この地を本拠地にしていたソグド人たちは、マラカンダという名前のオアシス都市国家をつくりました。この都市がサマルカンドの前身です。現在ではウズベキスタン共和国の古都になっています。

前置きが長くなってしまいました

が、以上がサマルカンドが登場してくるまでの話です。なお二つのことをつけ加えさせてください。

アムダリヤ川、シルダリヤ川といいましたが、ダリヤとはペルシャ語で海もしくは大河の意味です。従って表現が重複しているのですが、言い慣わされているので、そのまま使いました。二つの川は共に北へ流れて、アラル海という湖に注いでいます。この湖はかつては世界第四位の大きな湖でしたが、現在では水が涸れて、すっかりやせ細っています。

次にシルクロードという名称ですが、日本人に人気の高いこの名称は、十九世紀の終わりにドイツ人の地理学者リヒトホーフェンが、中国の地理を研究する過程で名づけたものです。Seidenstraßen の英訳です。

砂嵐のようにさまざまな民族が来襲してきた

マー・ワラー・アンナフルを統治していたアカイメネス朝は、マケドニア王国のアレクサンドロス大王に滅ぼされました。

アレクサンドロスの軍勢はアムダリヤ川を越えて、都市国家マラカンダを包囲し降伏を求めます。戦争よりも交易のほうが得意なソグド人たちですが、頑強に抵抗を続けました。しかし敗れて、城を明け渡します。アレクサンドロスは、さほどマラカンダを破壊せず住人たちも殺しませんでした。

アレクサンドロス大王がBC三二三年に没した後、マラカンダを始めとするソグド人の都市を支配した王朝や遊牧民としては、次のような名前が記録に残っています。

ギリシャ系のバクトリア朝、次いで匈奴（きょうど）に追われてモンゴル高原からやってきた大月氏（だいげっし）と呼ばれたイラン系遊牧民、ついでアフガニスタンから西北インドまでを征服した大月氏系のクシャーナ朝、その後にサーサーン朝、続いて白匈奴と呼ばれたエフタル族、さらに突厥（とっけつ）（トルコ系遊牧民）が来襲しました。このあたりで時代は六世紀の後半に入ります。

この後のソグド人都市国家の情報は、中国の史書に残されています。

十一世紀初頭の『新唐書』は、この地方に「昭武（しょうぶ）」を姓とする九つの部族が、それぞれの国家を持っていると伝えています。この「昭武九姓（きゅうせい）」と呼ばれた九つの国名の中で、康国がサマルカンド、安国がブハラ、石国がタシュケントを指していることが判明しています。大帝国となっていた唐が、マー・ワラー・アンナフルまでを西域として支配下に置き、中国風の名前をつけていたのです。そしてやがて、時代はイスラムの全盛期へと移っていきました。

チンギス・カアンはサマルカンドのすべてを焼いた

七世紀前半にアラビア半島を征服したムハンマドのイスラム帝国は、彼の死後も拡大を続けました。そして七一二年に、ウマイヤ朝の将軍クタイバ・ブン・ムスリムが中央アジアを征服し、サマルカンドをも傘下に収めました。しかし時をおかず、ウマイヤ朝はイスラム帝国の後継者をめぐる紛争によって、アッバース朝に倒されました。サマルカンドの支配者もアッバース朝に変わります。

七五一年、唐の軍勢とアッバース朝のイスラム軍が衝突しました。原因は唐が石国と名づけて支配下に置いていたタシュケントが、イスラム側についた、というような問題でした。戦いはタシュケントの東北、タラス河畔で行われました。当時、アッバース朝のアブー・ムスリムという大将軍が、この地方の総督の地位に就いていました。彼はアッバース朝成立の立役者の一人でもあった、きわめて優れた軍人でした。彼は出陣しませんでしたが、彼の選りすぐった部下たちが、タラス河付近で唐軍に大勝しました。タシュケントやサマルカンドに漢字の名前をつけて我が領土だと言っていた唐ですが、この敗戦以後、マー・ワラー・アンナフルの地は、ほぼ確定的にイスラムの領土になって、二度と中国には戻りませんでした。

また、この戦いが今日まで名を残す理由は、この交戦中に唐の製紙職人がイスラム軍の捕虜

アッバース朝と唐(8世紀)

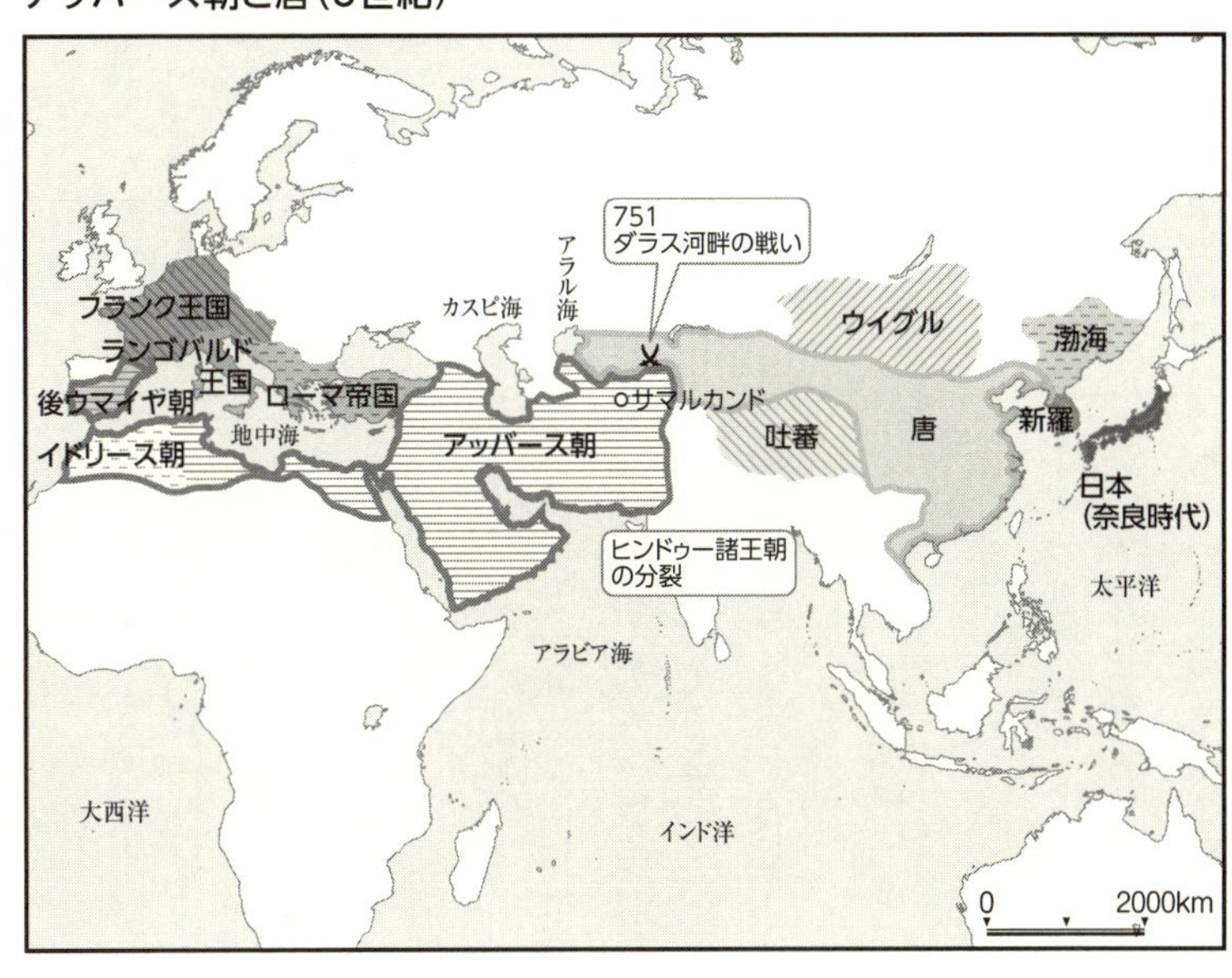

となり、製紙技術が西洋に入るきっかけになったと伝承されているからです。しかし中国の文明は、この地域に古くから浸透していたと考えられるので、一職人が敵国人に製紙技術を伝えたというドラマチックなことが本当にあったかどうかはともかく、それ以前からの日常の交流の中で紙がイスラム世界に伝わったのだと思います。同じくパスタ(麵)も、この戦いによって西洋に伝わっていったといわれています。しかし、それも同様にこの当時の東西文化の交流の産物であった気がします。

ところで、イスラム帝国を支配するアラブ人は、知識欲が旺盛でした。要するに知りたがり屋だったのです。

「楽しみは馬の背の上、本の中、そして女の腕の中」。女性にはやや失礼と思われるこのことわざが残っているほど、知識欲にあふれていました。そういう彼らが製紙技術を習得したのですから、たまりません。ギリシャ語やラテン語で書かれていたため、今までは余り読みこなせなかったギリシャやローマの文献を、彼らは待ってましたとばかりにアラビア語に翻訳し始めました。世界史に残る二大翻訳運動の始まりです。

そのひとつは中国における大乗仏教典のサンスクリット語から漢語への翻訳、もうひとつがイスラム帝国におけるギリシャ語、ラテン語からアラビア語への翻訳でした。翻訳文を書き写す紙を製造する最初の工場は、サマルカンドに建てられました（七五九）。あのあたりには紙の原料となる樹木はありませんでしたが、当時の紙の原料はほとんどすべてがボロ布だったのです。ですからサマルカンドでもつくることができたのです。一時、「紙の都」と呼ばれることもあったほどでした。現代のサマルカンドにも、昔の製法で紙をすく設備が復活されて残されています。

飛ぶ鳥を落とす勢いだったアッバース朝が衰えてきたとき、アッバース朝のカリフは、イラン系の大豪族であるナスル・サーマーニーにマー・ワラー・アンナフルの支配権を与えました。こうして新しくサーマーン朝が誕生し（八七五）、ナスルの弟イスマーイール・サーマーニーのとき、東部イランや北方に広がる草原地帯を征服して版図（はんと）を拡大し、ブハラを首都として、文化や学術の発展にも努めました。第2章でお話しした、トゥルクマン（イスラム教を信

イスマーイール・サーマーニー廟

イスマーイール・サーマーニーが、父や子孫のために造った廟で、中央アジアでもっとも古いイスラム建築として知られる。

じるトルコ系遊牧民）とマムルークビジネスを展開し大成功した君主は、このイスマーイール・サーマーニーです。

また今日では、サーマーン朝時代にその領国内にあったタジキスタン共和国が、一九九一年にソ連から独立したとき、自分たちの祖国のアイデンティティーを、イスマーイール・サーマーニーに求めました。通貨の呼称もサーマーニーに由来する「ソモニ」としています。

サーマーン朝は、皮肉にも自分たちが育てたマムルークが開いたカラハン朝によって滅ぼされます（九九九）。

カラハン朝の支配者は、現在の新疆ウイグル地区で勢力を確立したマムルーク集団でした。このときからマー・ワラー・アンナフルはアラブ・イスラム世界からトルコ・イスラム世界に変質していきます。

このカラハン朝を滅ぼしたのも、マムルークの王朝でした。ホラズム・シャー朝です。ホラズムとはアムダリヤ川下流地域の名称です。この地域もアカイメネス朝時代から豊かな土地でした。この地域を十一世紀の終わり頃から支配していたホラズム・シャー朝は、七代スルタンのアラーウッディーン・ムハンマドのときに最大の領土を形成します。彼はまずマー・ワラー・アンナフルに侵入し、カラハン朝を滅ぼしました。そしてサマルカンドを王朝の首都にしました（一二一〇）。

アラーウッディーンは、サマルカンドをベースキャンプにして、さらに西へ東へと勢力を拡大しました。ついにその版図は西はカスピ海から東はキルギス地方、南はアラビア海までの大きさになりました。止まる所を知らないアラーウッディーンの進撃でしたが、ちょうど同じ頃にチンギス・カアンの軍勢が、西に向かって恐るべき速度で侵略を続けていました。そしてついにアラーウッディーンの軍勢とチンギス・カアン軍は、中央ユーラシアのほぼ真中で直接対決します。その結果、ホラズム・シャー朝が敗北した話は、第2章で触れました。ただ、ここでは敗北の内容について付け加えておきたいと思います。

この戦いでホラズム・シャー軍は、中央ユーラシアの大草原での正面対決を避けて兵を引きました。兵力は互角であったと思われるので、引く作戦に出た理由はいくつか考えられますが、最も有力なのは、原野に火をつけて焼き野原にしながら逃げまわり、敵を本拠地まで誘い込んで叩く戦術に出たという説です。この戦術は、第1章でお話ししましたが、中央ユーラシアからロシアの平原地帯に住む民族がよく採る戦法です。ナポレオンもヒトラーも、この作戦で敗北しました。ホラズム・シャー軍もこの作戦を立てたのです。しかし、ホラズム・シャー軍はあまりにも速いモンゴル軍の進撃に追い散らされて、サマルカンドに立て籠って戦うことを余儀なくされてしまったのではないか、と考えられます。

その結果、どうなったか。当時すでにモンゴル軍は強い破壊力と殺傷力のある火器を使用していました。後に文永・弘安の役に際して、「てっぽう」と鎌倉武士が恐れた火器の前身です。この火器を使ってモンゴル軍はサマルカンドを容赦なく攻撃しました。

当時のサマルカンドには舗装された道路があり、水道もあったそうです。アレクサンドロス大王も、その街区の美しさには感嘆したと伝えられています。けれどもこの戦いでモンゴル軍の猛攻を受けたサマルカンドは、城壁も市街地も宮殿もすべて失いました（一二二〇年）。

今のサマルカンドを訪れると、その東北の地にアフラシャブの丘と呼ばれる場所があります。そこには何もありません。乾いた大地が起伏をつくって続いているだけです。地元でラクダ草と呼ばれる雑草がわずかに茂っているだけの、この荒涼たる台地がサマルカンドの廃墟です。最近の発掘によって、ソグド人たちが栄華を誇っていた時代の、美しい壁画が出土しています。

廃墟となった城塞とチャガタイ・ウルスによる支配

中央ユーラシアを全面的に支配下に置いたモンゴル帝国は、チンギス・カアンの死後、いくつかの国に分かれました。その国々はチンギス・カアンの四人の息子たちによって建国されたものです。くわしくは、左表〈チンギス・カアンと孫の代までの系図〉をご覧ください。サマルカンドは、次男のチャガタイ・ウルスの支配下に入りました。なおモンゴルの統治政策では、モンゴル高原の本拠地から一番遠い領地を長男が取り仕切り、後は順次、遠い領地を弟たちが支配し、本拠地は父と末っ子が治める形を採り、末っ子が後継者になるのが一般的でした。ところが別表でみるとおり、チンギス・カアンを継いだのは、四男のトルイではなく、三男のウゲデイでした。

どういう理由からかウゲデイが跡目を継ぎ、兄や弟もこれを黙認しました。ウゲデイの次の第三代は長男のグユクが継ぎますが、グユクの即位には反対が多く大きなトラブルが起こります。そして結局、第四代には、ウゲデイ一門ではなく、四男のトルイの長男モンケが就きました。苛烈なモンケはウゲデイ・ウルスを事実上滅ぼし、これを不服とするウゲデイの一族は帝国内の小さな反乱分子として残ります。

このようなモンゴル帝国内のトラブルのあいだも、サマルカンドはずっとチャガタイ・ウル

モンゴル帝室の系図

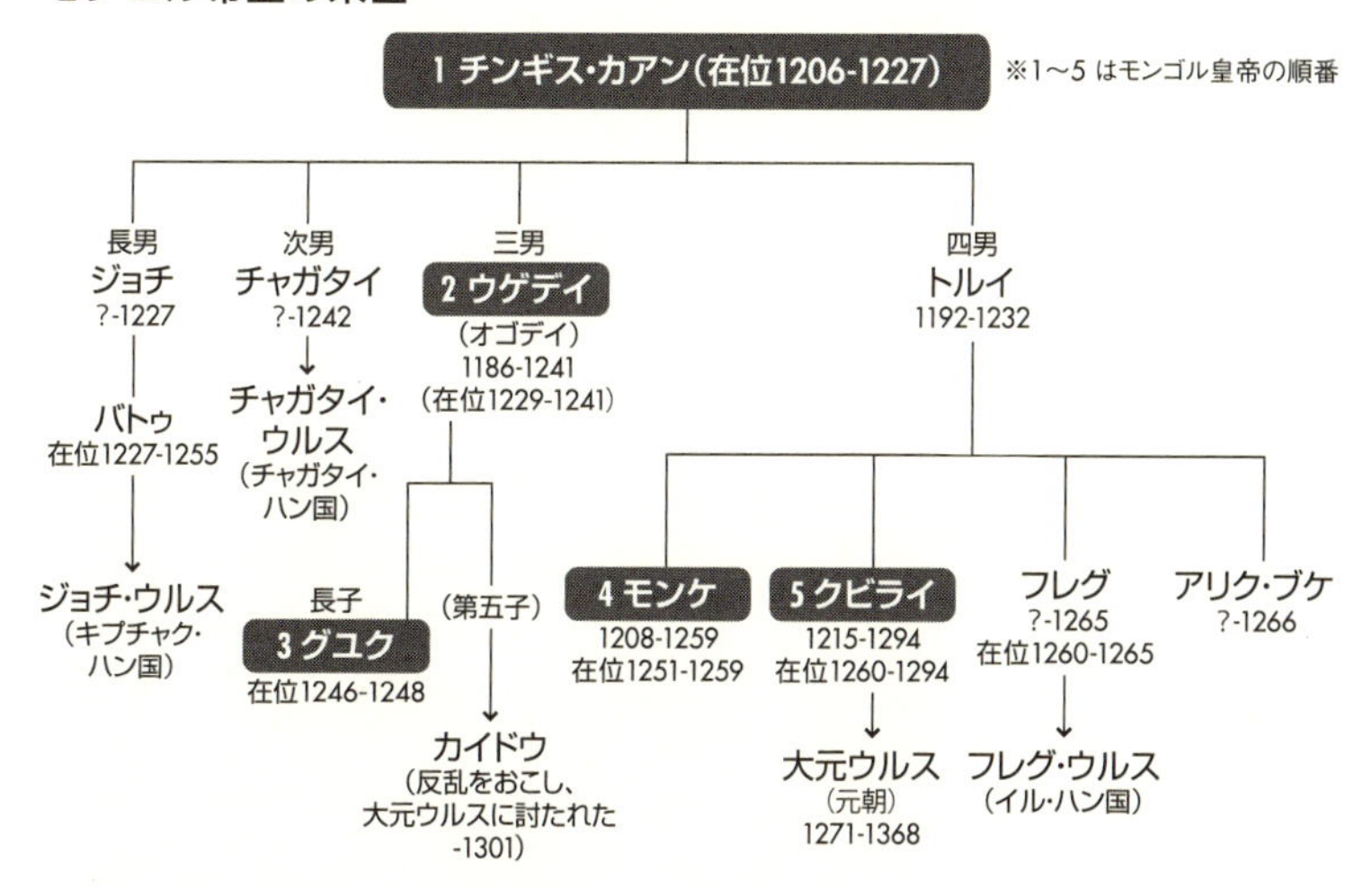

・ジョチ・ウルスの版図はロシアのキプチャク草原が中心。
・チャガタイ・ウルスは中央アジアのマー・ワラー・アンナフルとその東部平原。
・フレグ・ウルスはアナトリア半島とイラク、イラン中心。　・ウルスとは国を意味する。

スの支配下の都市でした。そしてチンギス・カアンによって廃墟となった城塞は、復興されることなく風雪にさらされていました。

一三三三年前後、モロッコ生まれのアラブ人イブン・バットゥータという大旅行家が、サマルカンドを訪れています。彼はそのことを『諸都市の新奇さと旅の驚異に関する観察者たちへの贈り物』という大著の中で記しています（『大旅行記』全八巻、イブン・ジュザイイ編、家島彦一訳注、平凡社東洋文庫）。この中で彼は、美しい都と伝え聞いていたサマルカンドの地が、無残な荒地になっていたことを悲しんでいます。

サマルカンドを新しく復活させた天才軍略家ティムール

モンゴル高原から遠く離れて中央アジアの地に建国したチャガタイ・ウルスは、時が経つにつれ、イスラム化とトルコ化が進んでいきました。それにつれて、モンゴル人の血を引く貴族であるアミール（総督）たちの内部抗争も激しくなり、ついに東西二つに分れて対立するようになりました。

東側は天山山脈北側のキルギスの草原地帯、西側はマー・ワラー・アンナフルが中心でサマルカンドが含まれていました。このチャガタイ・ウルスの分裂を統一した男がティムール（一三三六―一四〇五）です。

彼はサマルカンドの約八〇キロ南方のシャフリサブス出身のモンゴル系貴族でした。彼は軍略の才能に恵まれ、一三七〇年に東西のチャガタイ・ウルスを統一すると、自らティムール朝を開き、サマルカンドを首都に定めました。このとき、彼はアフラシャブの丘にある旧サマルカンドの廃墟をそのままにして、その南西の地に新しいサマルカンドの都を建設し始めました。

一方で、ティムールの侵略戦争の展開にはすさまじいものがありました。彼はほぼ十年で中

ティムール朝の隆盛(15世紀)

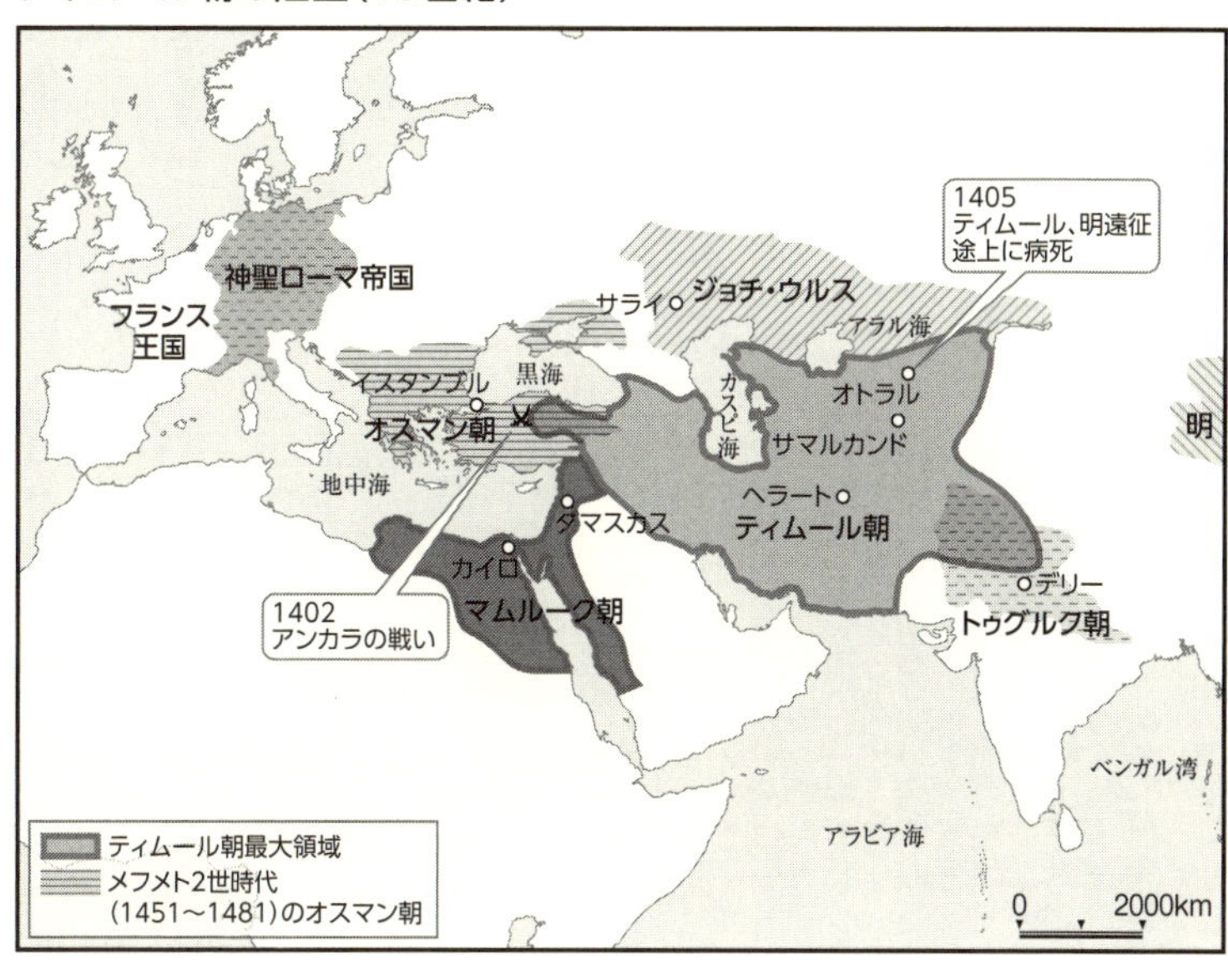

央アジアの有力な都市のほとんどを滅ぼしました。そして、それらの都市を破壊して財宝を奪うだけではなく、その都市の職人や芸術家をすべて建設中のサマルカンドに拉致して、住まわせました。

ティムールは十四世紀半ばには、クビライの実弟、フレグの建国したイランのフレグ・ウルスを滅ぼし、ジョチ・ウルスやインドにも遠征して大打撃を与え、十五世紀の初めにはエジプトのマムルーク朝支配下のダマスカスを攻略、さらにはオスマン朝ともトルコのアンカラで交戦して大勝利を収めます。オスマン朝はこの敗戦で一時、滅亡しました。ティムールはこれらの国々で略奪した財宝や人材もすべて、サマルカンド復興に注ぎ込みましたが、中国の明を討つべく東へ転戦する途中で病死しました。

サマルカンドはティムール朝の首都として、みごとに復活しました。ティムールはモンゴルの英雄としてのチンギス・カアンへの尊敬と憧憬を抱きつつ、同時にチンギス・カアンが焼きつくした昔のサマルカンドの美しさについて、さまざまな伝承を聞きながら育ったのだと思います。そして、「俺の手でサマルカンドを復活させてみせる」と考えたのかもしれません。

第四代君主ウルグ・ベクが大天文台をつくった理由

ティムール朝はティムールの死後、後継者の問題で少しごたごたしますが、彼の四男シャー・ルフが第三代君主（在位一四〇九―一四四七）になって、王朝は安定します。

ただしシャー・ルフはティムール朝の首都であるサマルカンドには居住しませんでした。彼は父のティムールから、現在のアフガニスタンの西北部にある都市、ヘラートの統治を命じられていましたが、そのままそこに王朝を構えたのです。サマルカンドには長男のウルグ・ベクを知事として派遣し、一切の統治をまかせました。後に第四代君主になるウルグ・ベク（在位一四四七―一四四九）は、誰もが認めていたほどの優秀な人物でした。

こうしてティムール朝は君主がヘラートで支配し、長男がサマルカンドを統治する形で繁栄期を迎えました。

ウルグ・ベクは十五歳でサマルカンドの統治をまかされ、シャー・ルフが亡くなるまでの三十八年間、さらに君主になってからの二年間、合せて四十年の間、自由にサマルカンドの統治を続けました。そしてこの四十年間はサマルカンドにとってほんとうに幸運な時代でした。サマルカンドに残る数多い文化遺産の多くは、この時代に生まれたものです。

その中でも記憶に残したい遺産として、ウルグ・ベクの天文台があります。この天文台は、近世になってドイツのケプラー（一五七一―一六三〇）が新しい天文表をつくるまで、世界で最も精緻な天文表をつくった天文台として知られています。

天文表というのは恒星の動きを観測し、その運行や位置をひとつの表にまとめたものです。この表によって、たとえば、ある年の三月三日に乙女座の星たちは天のどの辺にあるかがわかります。天文表をつくるのには、高度な数学力が必要です。ウルグ・ベクは頭脳明晰で優秀な数学者であり天文学者でもあったようです。彼は、この歴史的に極めて価値のある天文台を一四二〇年代に建設しました。この天文台の遺跡は、古いサマルカンドの廃墟に近い丘の上にあります。びっくりするほど巨大な天文台の地下遺構が残っています。

ウルグ・ベクは、どうしてこれほどみごとな大天文台をつくったのでしょうか。そこにはモンゴル帝国で継承された文化の伝統がありました。話をもういちどモンゴル帝国へ戻します。

モンゴル帝国の第二代皇帝になったチンギス・カアンの三男ウゲデイは、ヨーロッパに向けて大軍団を派遣しました。その司令官にはチンギス・カアンの長男であるジョチの後継者バトゥを指名しました。そして自分の長男グユクやチンギス・カアンの四男トルイの長男モンケなども参加させました。いってみればチンギス・カアンの孫の世代に経験を積ませようと考えたのです。しかしこの軍団は内輪もめばかりしていました。父親のウゲデイが皇帝であることを鼻にかけたグユクとバトゥが衝突することが多かったからです。

そういう従兄（いとこ）たちを横目で見ながら、モンケはロシアの大都市キエフを陥落させるなど、大活躍をしました。そして彼はモンゴル高原からロシアを経て、ハンガリー大平原に至る長途（ちょうと）の遠征の中で、あることに気づきました。

それは時差の存在です。

当時のモンゴルでは、大事を決行するときには、その日時を決めるのに占いの結果を重視していました。たとえばモンゴルの首都カラコルムで、占星術師が、キエフを攻めるのは何日の午前七時がいいと占ったとします。ところが、キエフにやってきてみると、この地の午前七時とカラコルムの午前七時は違うのではないかと気づくわけです。すると、カラコルムで占ったキエフの午前七時とは本当は何時なのか、という疑問がわいてきます。現代なら当然のことなのですが、当時は時差の存在など誰も考えなかったでしょう。英明なモンケは、それに気づいたのです。

この時差のトラブルを克服するには、帝国内で時間を統一する必要があります。モンケは、

ウルグ・ベクの天文台

ティムール朝の第４代君主ウルグ・ベクにより建設された、チュパンアタの丘にある天文台。1449年に大部分が破壊され、約450年後の1908年に地下部分が発見された。

ユークリッド幾何学を好んだほどの頭脳の持ち主でした。彼は広大な帝国を支配するために、標準時間を設定することの重要性を意識したのだと思います。

皇帝になったモンケは弟のフレグを司令官とする大軍団を再び西方に派遣しました。フレグはペルシャでフレグ・ウルスをつくることになるのですが、モンケはフレグに、帝国支配のためには標準時間をつくる基礎となる暦の作成、暦を完成させるための精緻な天文台の必要性を説き、先進国であるペルシャの優れた学者を連れて帰るように命じたのです。

フレグはモンケの死後、兄の意向を汲んで天文台を首都マラーゲに建設しました。そしてヨーロッパよりもはるかに進んだ天空の観察結果を得て公表しました。このマラーゲの天文台に学ぶかたちで、クビライも大都（北京）を建設したとき、今も北京に遺構が残る天文台をつくりました。そして「授時暦」という暦を完成させました（一二八〇）。この精密な暦を江戸時代に渋川春海が応用して「貞享暦」をつくりました（一六八四）が、その暦は北京と江戸の時差を修正しただけのものでした。

時が流れてティムールはフレグ・ウルスを滅ぼしました。そのとき、マラーゲの天文台はどうなっていたのでしょうか。少なくともこの天文台の話は、ティムールからシャー・ルフへ、さらにウルグ・ベクに伝わったと思います。そして、数学や天文学に精通していてモンケと頭脳の構造が似ていたウルグ・ベクは、積極的に天文台を建設したのだろうと思います。

サマルカンドの天文台の遺跡には、スケールの大きいモンケ以降のモンゴルの歴史が刻まれているのです。

ティムール朝はウルグ・ベクの死後、サマルカンドを都とする勢力とヘラートを都とする勢力に二分されます。第七代の王アブー・サイード（在位一四五一―一四六九）の時代に、サマルカンドを中心に統一政府が樹立されますが、事実上は分裂したまま滅亡に向かいました。

ティムール朝の後、ブハラを首都にした三つの王朝

分裂したティムール朝をひとつにまとめて支配したのは、シャイバーニー・ハンという人物でした。彼はチンギス・カアンの長男ジョチの血を引くジョチ・ウルスの一族の出身です。彼は祖国ジョチ・ウルスが衰弱していくときに国を出て、マー・ワラー・アンナフルを征服し、シャイバーニー朝（一五〇〇―一五九九）を建国しました。シャイバーニー朝は首都をサマルカンドに置きましたが、一五五二年に西隣のブハラに遷都します。

シャイバーニー朝の血統が途絶えたとき、この王朝はジョチ・ウルスの別の一族に王位を譲りました。ジャーン朝といいましたが、この一族の出身地がロシアのアストラハン地方だったので、アストラハン朝ともいいました（一五九九―一七五三）。この王朝も首都をブハラに置きました。

この二つの王朝は、チンギス・カアンの男系の血統であったので、その君主は「カアン」を名乗りました。ジャーン朝時代、後にペルシャのナポレオンと呼ばれた風雲児ナーディル・シャーに乱入されて略奪される不幸もありましたが、おおむね平和な時代がブハラでもサマルカンドでも続きました。しかしジャーン朝は宰相の地位にあったマンギト族のムハンマド・ラヒームに簒奪され、マンギト朝の時代（一七五六―一九二〇）に入りました。マンギト朝は、その血筋にチンギス・カアンの血統が見い出せなかったので、君主は「カアン」を名乗れず、「アミール」（総督）と称しました。

シャイバーニー朝からマンギト朝にかけての三百六十八年は、首都がブハラにあったので、「ブハラ・ハン国」の時代と呼んでいます。この時代、ブハラやサマルカンドは交易の中心地として大いに栄えましたが、マー・ワラー・アンナフルの東部や北部に登場しては滅びていく大小の民族国家との抗争も数多く生じました。しかしブハラ・ハン国は独立した小さな王朝として生き延びていきました。

ロシアがクリミア戦争に敗れて中央アジアに進出してきた

北の大国ロシアは、いつも南への出口を求めていました。その最大のターゲットは黒海とクリミア半島です。しかしこの地域への進出はクリミア戦争（一八五三―一八五六）の敗北によって、一旦道を断たれました。そこで中央アジアに進路を変え、中央アジアからアフガニスタンを征覇してインドへの道を確保することを、視野に入れるようになりました。

ロシアはまず中央アジア征服の前線基地として、タシュケントにトルキスタン総督府を設置しました（一八六七）。陸軍省の支配下にあって植民地の軍事と行政を司る役所です。トルキスタンとはトルコ系の人々が居住する地域のことで、マー・ワラー・アンナフルとその東のパミール高原の東西に広がるステップとオアシス地帯の総称です。

大国ロシアの大陸軍にトルキスタンの小さな国々が勝てるはずもありません。一八六八年にブハラ・ハン国は占領され、サマルカンドもその支配下に入りました。この当時は、ブハラ・ハン国と同様にジョチ・ウルスを母体とする国が二つありましたが、トルキスタン総督府の武力によって、ロシアの保護国とされました。アムダリヤ川下流、ホラズム地方のヒヴァ・ハン国（一八七三）と、パミール高原のフェルガナ地方にあるコーカンド・ハン国（一八七六）です。

こうしてトルキスタン総督府は、中央アジアのほとんどの領域をロシアの支配地にしてしまいました。このトルキスタン総督府の初代総督はカウフマンという人物でした。彼は軍人でしたが、有能な統治者でもありました。彼はこの地方の責任者となって赴任したときに次のように考えました。

「この中央アジアの気候は、綿花栽培に適しているぞ」

綿花栽培は成功しました。アムダリヤ川流域はみごとな綿花畑となり、サマルカンドも豊かになりました。しかし、綿花栽培には大量の水が必要となるため、アムダリヤ川の水を灌漑用水に利用しました。シルダリヤ川からも水を取りました。その結果、この二河川の水量が減少して両河川が流入するアラル海がじわじわと小さくなり、干上がる面積が増えていきました。今日ではかつての面影はどこにも見られないほどにアラル海は縮小してしまい、深刻な環境問題となっています。

このようなエピソードを含めて、ロシア領に編入された昔日のマー・ワラー・アンナフルの国々やオアシス都市は、そのままソヴィエト社会主義共和国連邦の一部となり、世界史の表舞台から消え去ります。もう一度世界史に戻ってきたのは、一九九一年にソ連が崩壊したときでした。

サマルカンドはなぜ、「青の都」と呼ばれるのか

先に、タジキスタン共和国が一九九一年にソ連から独立したとき、自国のアイデンティ

ティーの拠り所をイスマーイール・サーマーニーというサーマーン朝の君主に求めたことをお話ししました。同様の理由でウズベキスタンでは、ソ連からの独立に際し自国を顕彰するためにティムールを国家の英雄として、内外に向かってアピールしました。その結果、ウズベキスタン国内は首都タシュケントを始め、ティムール一色になった時期がありました。現在でも、彼が首都を置いたサマルカンドには「ティムール」が溢れている感じがします。

人口五〇万に満たない都市、けれどアレクサンドロス大王以来多くのドラマを体験してきたサマルカンドについて、二つのことをお話ししてこの章を終えたいと思います。

サマルカンドは雨の少ない高原地帯のオアシス都市です。この地を訪れる人は、その空が高く澄んで抜けるように青いことに気づきます。北京の秋の空が、その美しさで昔は定評がありましたが、それ以上に深く青い空をサマルカンドでは体験することが可能です。それで、サマルカンドは「青の都」と呼ばれます。

もうひとつ、サマルカンドが「青の都」と呼ばれる理由があります。それは、この都市に多く見られるティムール朝の建築物に使用されている鮮やかな青いタイルの色です。モスクやメドレセ（神学校）、ティムール一族の廟など、抜けるような青空にそびえ立つ、さまざまな塔や建物の青色が言葉にならない感動を与えてくれるのです。

ビービー・ハーヌム・モスク、ティムール一族の柩が安置されているアミール・ティムール（グーリ・アミール）廟、レギスタン広場の三つのメドレセなどが代表的です。

サマルカンドを始めとする中央アジアの都市では、ティムールの時代からナンと呼ばれるパンが名物でした。とりわけサマルカンドのナンは味が良いという定評がありました。サマルカンドのマーケットを歩きながらおいしいナンを探していたとき、朝鮮のキムチが売られていることに気づきました。正真正銘のキムチです。

「ああ、そうか」

そのとき、次のような悲しい事実を思い出しました。

第二次世界大戦の直前、日本軍とソ連軍が満洲とモンゴル国境のノモンハンで戦った頃（一九三九）、スターリンは当時の日本側とソ連側と、どちらにも居住している朝鮮民族は信頼できないと考えました。スターリンは人一倍猜疑心（さいぎしん）が強い男でした。彼はソ連側と日本側の国境地帯に住んでいた朝鮮民族の人たちほぼ全員を、中央アジアに強制移住させたのです。そして朝鮮人の居住跡にはロシア人を住まわせました。

これはBC六世紀の「バビロン捕囚（ほしゅう）」と同様の事件でした。バビロニア王がエルサレムのユダヤ人を、強制的にバビロンの都へ連れ去った事件です。彼らの場合、エルサレムの地は奪われていませんでしたが、気の毒なことに朝鮮の人たちは、帰るべき土地をロシアに奪われたため、サマルカンドの地に住まざるを得なくなったのです。こうした歴史の結果がマーケットのキムチだったのです。そして今日でも、サマルカンドには彼らの子孫がたくさん生活しています。

レギスタン広場

レギスタンとは「砂地」という意味。向かって左にウルグベク・メドレセ、中央にティリャーコリーモスク・メドレセ、右にシェルドル・メドレセがコの字形に並んでいる。

現在、日本からサマルカンドに行くのには、韓国のソウルまで飛び、そこから大韓航空かアシアナ航空でタシュケントへ。そしてタシュケントからは飛行機（約一時間）か国際列車（三時間前後）で行くのが、いちばん便利だと思います。

付言しますと、首都タシュケントには、第二次世界大戦後に満洲からソ連に連れてこられた日本人捕虜が建設した、立派なオペラ・バレエのナヴォイ劇場が残っています。また、この地での強制労働の結果、死亡した日本人の墓地もあります。

サマルカンドの青い空は、いろいろなことを考えさせてくれます。

サマルカンドの関連年表

西暦(年)	出来事
BC10世紀	アムダリヤ・シルダリヤ両川に挟まれた地域(マー・ワラー・アンナフル)に、交易を業とするイラン系ソグド人により多くのオアシス都市が生まれる
BC550	ペルシャでアカイメネス朝が興る(〜BC330)。オアシス都市を支配下に置く
BC4世紀	アレクサンドロス大王によりサマルカンドの前身マラカンダが落とされるが、破壊は免れる
AD7世紀まで	バクトリア朝、大月氏、クシャーナ朝、サーサーン朝、突厥などに続き、唐の支配下に。新唐書にサマルカンド=康、ブハラ=安、タシュケント=石など昭武九姓が記される
712	ウマイヤ朝の傘下に入るが、ほどなくアッバース朝に代わる
751	オアシス都市の領有をめぐり、アッバース朝が唐に大勝(タラス河畔の戦い)
759	サマルカンドに製紙工場が建てられる
875	イラン系サーマーン朝が興り、その傘下に入る
999	マムルークのトルコ系カラハン朝の傘下に入る
1210	マムルークのホラズム・シャー朝がサマルカンドを首都とする
1220	ホラズム・シャー朝がチンギス・カアンに敗れ、サマルカンドは廃墟と化す。のちチャガタイ・ウルスの支配下に
1333前後	大旅行家イブン・バットゥータ、サマルカンドへ訪れ、廃墟を嘆く記述を残す
1370	ティムール(1336〜1405)がチャガタイ・ウルスを統一、首都としてサマルカンドを再建
1409	シャー・ルフがティムール朝第3代君主となり、長男のウルグ・ベクが知事としてサマルカンドを統治
1420年代	ウルグ・ベク、天文台を建設
1500	シャイバーニー・ハンがシャイバーニー朝を興す(〜1599)。1552、サマルカンドからブハラへ遷都(以後、ブハラ・ハン国に)
1599	ジャーン朝(アストラハン朝、〜1753)が興る
1756	マンギト朝興る(〜1920)。首都はブハラだが、サマルカンドも共に交易の中心地として繁栄
1867	ロシア、タシュケントにトルキスタン総督府を設置(〜1917)
1868	ロシアがブハラ・ハン国を占領、その支配下に(1873ヒヴァ・ハン国、1876コーカンド・ハン国を保護国化) この頃、トルキスタン総督府の初代総督カウフマンの提唱で一帯が大綿花栽培地となり、豊かになるが、2つの川からの取水でアラル海の枯渇化が進む
1991	ソ連が崩壊し、独立(ウズベキスタン)。サマルカンドはウズベキスタンの枢要都市に

●サマルカンドの世界遺産（建造物）
グーリ・アミール廟／レギスタン広場（ウルグベク・メドレセ、シェルドル・メドレセ、ティリャーコリーモスク・メドレセ）／ビービー・ハーヌム・モスク／シャーヒ・ズィンダ廟群

第5章

三人の巨人が完成させた都 北京

安禄山、クビライ、永楽帝が波瀾万丈の歴史を綴った

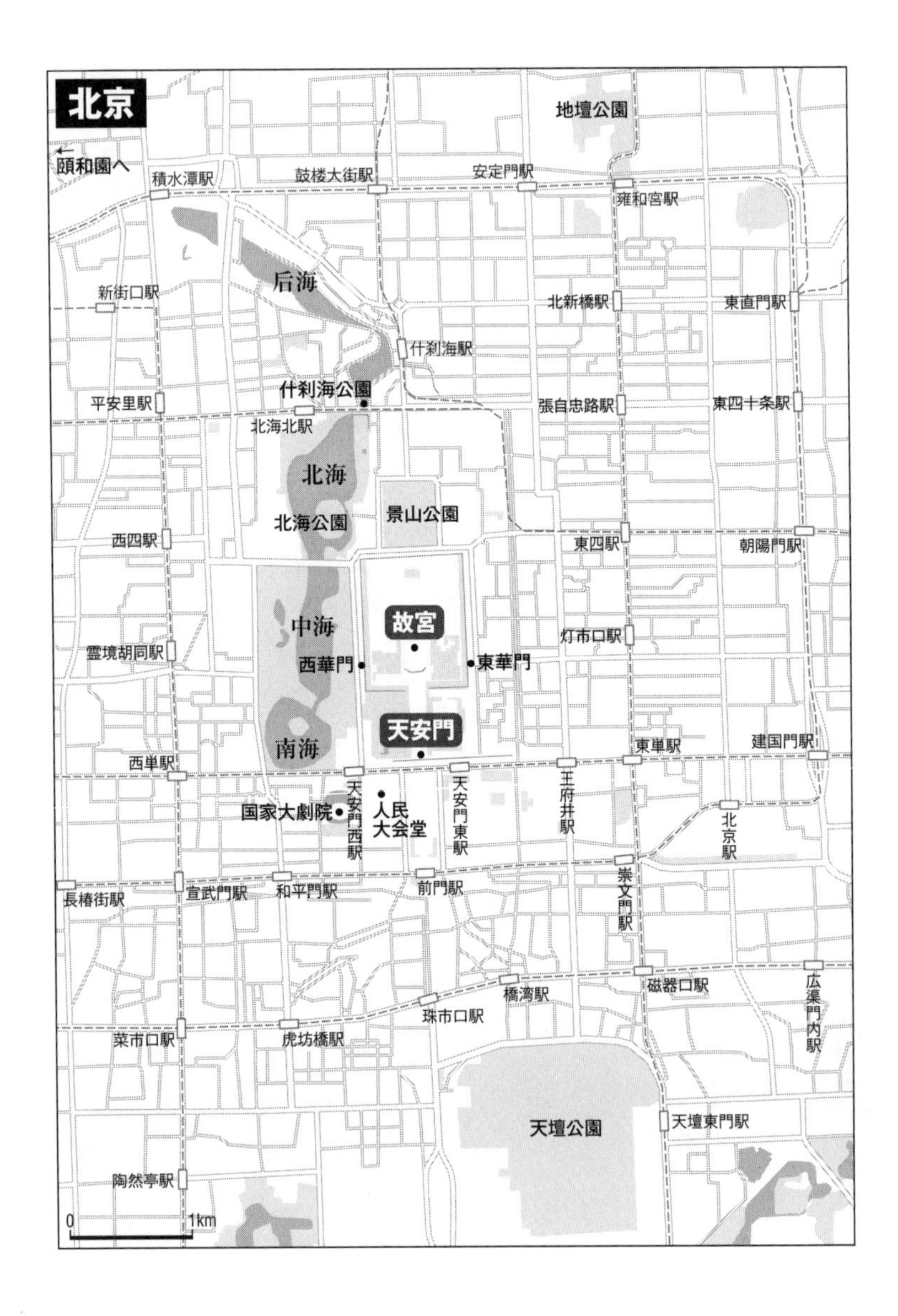
北京
頤和園へ
地壇公園
積水潭駅
鼓楼大街駅
安定門駅
雍和宮駅
后海
新街口駅
北新橋駅
東直門駅
什刹海駅
什刹海公園
平安里駅
張自忠路駅
東四十条駅
北海北駅
北海
景山公園
北海公園
西四駅
東四駅
朝陽門駅
中海
故宮
灯市口駅
霊境胡同駅
西華門
東華門
天安門
南海
西単駅
東単駅
建国門駅
天安門西駅
天安門東駅
王府井駅
北京駅
国家大劇院
人民大会堂
長椿街駅
宣武門駅
和平門駅
前門駅
崇文門駅
橋湾駅
磁器口駅
広渠門内駅
珠市口駅
菜市口駅
虎坊橋駅
天壇東門駅
天壇公園
陶然亭駅
0
1km

北京のドラマは隋の文帝と煬帝の大運河から始まる

中国の文明は、黄河中流域の中原と呼ばれる地域を中心に発達しました。しかし、北京のある場所は、中原よりずっと北です。

中原には夏と呼ばれる半ば伝説上の王朝がありましたが、この夏を滅ぼしたといわれる商（殷）はBC十六世紀からBC十一世紀まで栄え、周に滅ぼされました。この周の時代は、BC二五六年まで続きます。古代の中国は九州と呼ばれていました。九つの文明があったということです。中国はヨーロッパより広い国ですから、中国をヨーロッパにたとえれば、ドイツ、フランス、イタリアなど九つの国があったという感じです。

この九州の中に幽州という地名が出てきます。これが今日の北京のあたりを指しています。幽霊の幽の字を当てるぐらいですから、遠くてよくわからない霧でもかかっているような場所と思われていたのでしょう。周は首都を鎬京（長安）に定めました。中原でいちばん文化の進んでいた地域です。北京の地はまさに幽州と呼ぶのがふさわしかったかもしれません。

時は移り、周は衰えて洛邑（洛陽）に遷都し東周となります（BC七七〇）。この頃から鉄器の使用が盛んになり、農業生産も増大して、社会構造に変化が生じ、周の支配力は更に弱まりました。その結果、周の配下にあった有力者たち（諸侯）が都市国家をつくって、自立し始めました。都市国家の数は最初は二〇〇近くありました。この諸侯が割拠した時代を「春秋時代」と呼んでいます。やがて勝者は七つの王国に絞られ、「戦国の七雄」と呼ばれるようになります。韓、魏、趙、斉、秦、楚、燕です。この七国が競い合い、戦った時代を戦国時代（BC四〇三―BC二二一）と呼んでいます。

この中の燕という国の首都が薊でした。この薊の所在地が現在の北京のあたりでした。この国がピークを迎えるのは楽毅という名将が登場したときからです。

燕の昭王は、南の隣国の斉と鋭く対立していました。豊かな山東半島を支配していた斉は秦と並び戦国七雄の中で抜きんでた大国でした。昭王は斉と戦って勝利するために、人材を求めました。人材募集に良い方法はないか、と家臣の郭隗に尋ねると、彼が答えました。

「まず隗より始めよ」

つまり、彼の真意は次のようなことでした。

「もしも私のようなさしたる才覚もない男に、殿様が高給を払ってくださったら、我こそはと思う男は、俺だったらもっと高給を払ってくれるだろうと思って必ずやってきますよ。ですから、まず私を優遇してください」

このようなエピソードが残っていて、楽毅を始めとして多くの人材が燕に集まったと伝えられています。ともかく燕は楽毅の大活躍で、一時は斉を倒し、山東半島一帯から朝鮮半島まで

戦国時代の中国（前3世紀）

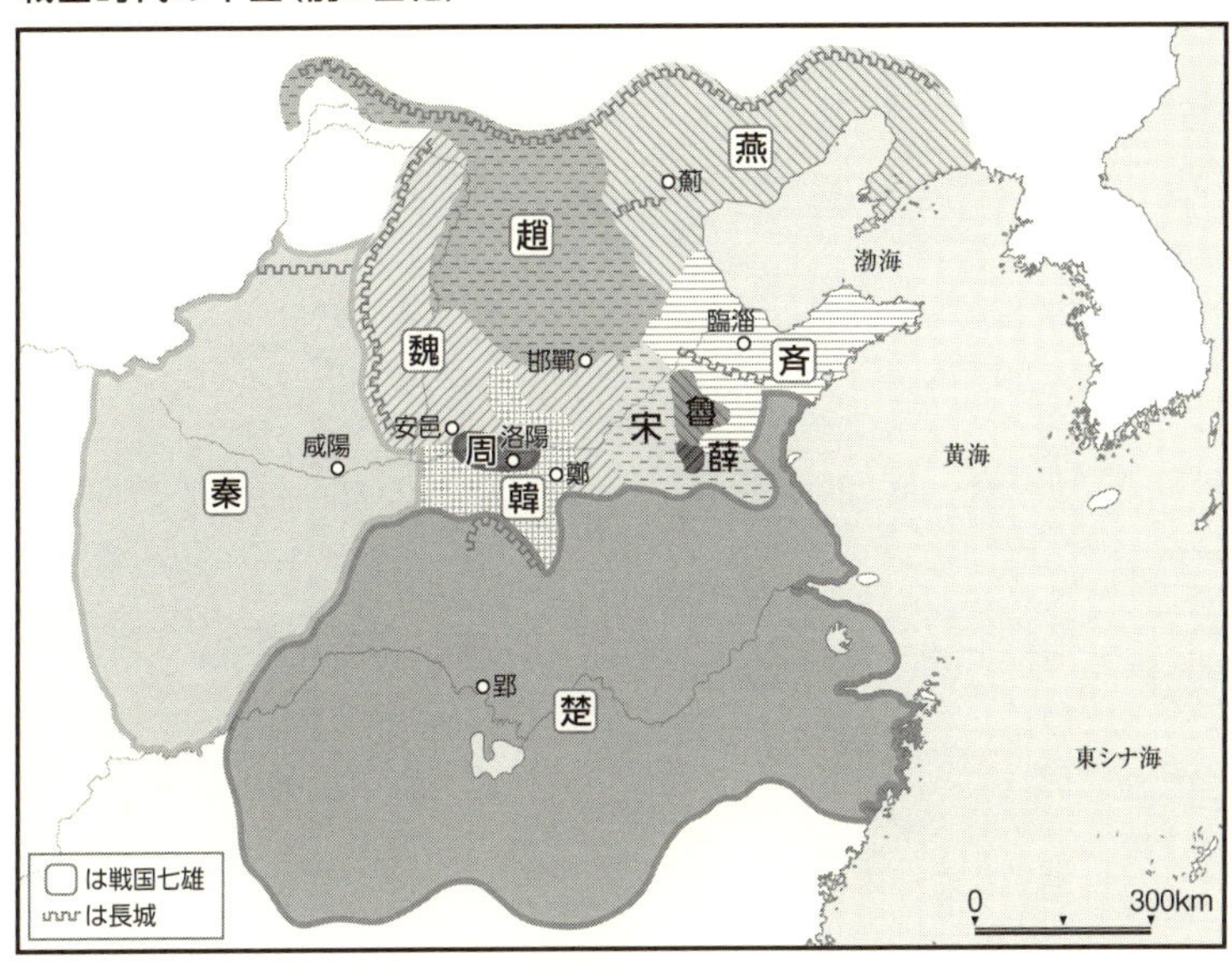

支配下に収めるほどの大国になりました。燕の都として薊も栄えました。

楽毅については宮城谷昌光さんが小説の主人公に取り上げて、話題になりました。その人生が劇的で日本人好みなのかもしれません。

しかし燕は、戦国七雄の最強国・秦王の政（後の始皇帝。最近では正と記す学者もいる）に攻められ、薊の城は落ち街は焼亡して滅びました。燕のピークは斉を倒したBC二八五年頃でした。始皇帝が全国を統一したのはBC二二一年です。したがって北京の前身である薊の都は、秦の全国統一のおおよそ半世紀前に、最初の繁栄の時期を迎えたことになります。

秦の全国制覇の次は、漢の時代に

入ります（BC二〇二）。漢は一度、王莽に国を奪われますが、再建して二二〇年まで中国を支配します。漢が倒れた後、魏・呉・蜀の三国が覇権を争う「三国時代」が続き（二二〇―二八〇）、続いて「五胡十六国時代」と呼ばれた、さまざまな遊牧民の侵入と小国家の乱立時代に入ります（三〇四―四三九）。この五胡とは、五つの遊牧民の名称です。匈奴、羯、鮮卑、氐、羌を指します。そして、この時代の終期から中国は、中原の地から現在の河北省を中心とする北側の勢力圏と、現在の河南省から長江の南を拠点とする南側の勢力圏が対立する形となり、「南北朝時代」と呼ばれています（五世紀中葉から五八九年まで）。北側の勢力圏は侵入してきた遊牧民、南側の勢力圏は漢民族が取り仕切っていました。

この長い分裂時代の間、薊の地は秦漢時代には北平と呼ばれ、その後は再び薊と呼ばれました。この分裂状態に終止符を打ち、再び中国を統一したのは隋でした。隋の初代皇帝文帝（在位五八一―六〇四）と二代煬帝（在位六〇四―六一八）は、現在の北京南西郊外の涿郡の地から、遥かに遠い長江の南の餘杭（杭州）までを、大運河で結びました。薊と呼ばれ、北平と呼ばれた幽州の都が、このとき初めて豊かな江南の地と水運でつながりました。そしてこのことが、北京が歴史の表舞台に登場する大きな契機となりました。例えてみれば、穀倉エジプトと首都ローマが内水路でつながったようなもの。北京の飛躍が始まります。

大唐世界帝国の盛期、北京に安禄山が登場した

中国の穀倉地帯は、長江（揚子江）流域（特に南部）の広大な平原地帯です。唐までの歴代王朝の首都は黄河中流域とその西方に広がる中原地帯にありました。咸陽、長安、洛陽などです。そのために各王朝は、江南の地から食糧を確実に首都に届けるためのルートづくりに奮闘しました。大量物資の輸送には陸路よりも水路のほうが便利です。そこで古代から中国で発達したのが、運河でした。その典型が隋の大運河です。

この大運河が完成すると、北京の持つ地理的条件は、北方から侵入してくる異民族、モンゴル系やトルコ系の遊牧民に対する防衛線として、強力な拠点になることが明らかになっていきます。

やがて隋を破って唐が中国を制覇します（六一八）。ところで、隋と唐は同じ一族です。しかも漢に代表される漢民族ではなく、異民族です。「五胡十六国時代」に登場した遊牧民の中に鮮卑という部族がいました。この鮮卑の中に拓跋部という強力で優秀な一族がいました。この一族は、ちょうどローマ帝国に押し寄せた諸部族同士が相競う中でフランク族が勝ち抜いたように、五胡十六国時代を勝ち抜き、南北朝時代に北魏という強力な国家を建てました。北魏は、最終的には中国を支配するために拓跋部全体を中国の文化に同化させ、漢民族のように振

る舞います。この北魏が分裂抗争するプロセスの中で、拓跋部の中の一族が隋を建国し、さらに唐を建国したという歴史があるのです。

余談ですが、隋や唐の前身は遊牧民なので、遊牧民に対しては友好な関係を希求します。したがって、始皇帝が築き始めた万里の長城という、遊牧民の侵入を防ぐための大城壁の建設に、この二国は関わっていません。長城を築いた王朝の代表は、漢民族の明でした。今日まで残っている長城の大半は明代のものです。

さて、唐が建国されてから九十年ほどが経過し、玄宗の時代に入ります（在位七一二―七五六）。彼の治世の前半は、後世に開元の治と称せられる良い政治が行われました。しかし後半になると政治にあきてしまったのか、美女楊貴妃を溺愛して国を傾けました。このあたりから、それまで服属していた異民族の反乱や自立の動きが目立ち始めます。この時代の遊牧民としては、トルコ系の突厥やウイグルが代表的です。これに対して唐は東西南北の辺境地帯に異民族対策として節度使を置くようになります（七一〇）。

節度使は辺境防衛のために、軍事権と民政権と財政権を有していました。節度使のいた役所は幕府と呼ばれました。この幕府の呼称が、そのまま日本に入り鎌倉幕府や室町幕府という呼び名となり、日本では幕府の最高権力者のことを将軍と呼ぶようになりました。将軍とは征夷大将軍のことです。本来は陸奥の蝦夷を征討するのが、征夷大将軍の役割でした。ところで夷とは、もともと中国が東方の蛮族を呼んだ呼称です。従って節度使と征夷大将軍はよく似た役

唐と周辺諸国（8世紀）

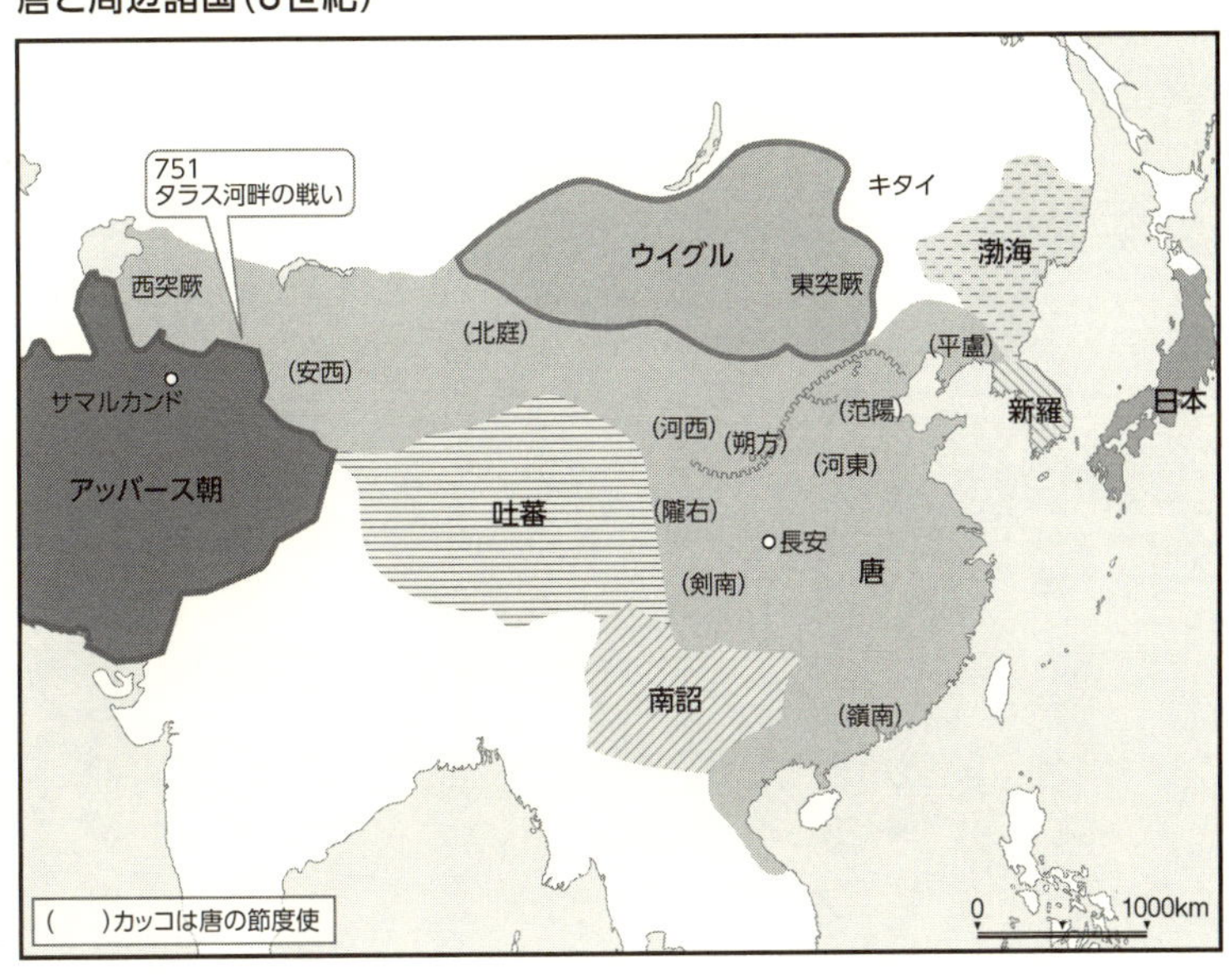

割を担っていたのです。

さて、この強大な権力を有する節度使に任じられた人物の一人に、張守珪がいました。彼の赴任した場所は范陽です。この范陽とは幽州のことです。地名が変わっただけで、要するに現在の北京の周辺です。

この張守珪にかわいがられて、さらに玄宗皇帝に取り入り、楊貴妃にも愛された男がいました。安禄山（七〇五—七五七）です。彼は、人に取り入ることについては天才的であったといわれています。巨体でみごとな道化役を演じて愛され、人の心に忍び込んでしまうような男でした。

彼は張守珪に会ってから十年後、ついに范陽の節度使になりました。さらに平盧（遼寧省）と河東（太原）の節度使にも任命されます。彼はこうして強大な権力と富を握りました。そして、当時朝廷で実権を握っていた楊貴妃一族の楊国忠（宰相）と対立しました。七五五年、安禄山は突然に叛旗をひるがえして楊国忠を討つとの名目で挙兵し、洛陽と長安を占拠します。玄宗は楊貴妃を連れて南西の蜀へ逃亡しますが、その途上で、楊貴妃に対して不満を高めた部下たちをなだめるために、彼女に死を命じるほかありませんでした。この時、楊国忠も殺されます。

この大反乱は、玄宗と安禄山が世を去ってからも解決しませんでした。安禄山を継いだ史思明（?—七六一）と彼の子どもが玄宗の子・粛宗に敗れて、ようやく終結します（七六三）。後世に二人の名前を取って安史の乱と呼ばれました。

唐は安史の乱によって弱小国になりましたが、滅びはしませんでした。それは遊牧民ウイグルの力を借りたからでした。遊牧民の力を借りなければ内乱を平定できないほど唐の力は弱くなっていたのですが、同時に大唐世界帝国を揺るがすほどの軍事力を育てる力が、范陽の地すなわち北京と華北地方に出来あがっていたことの証明にもなりました。安禄山によって北京の地は、新しい一頁を開いたと考えていいと思います。

安史の乱というこの史上に残る大反乱について、今もうひとつの新しい視点からの見方が注目されています。

アッバース革命と安史の乱は国際的な共同謀議だった⁉

安禄山の父はソグド人、母は突厥人であったと伝えられています。彼の出生の地は中央アジアのホラーサーン地方です。また史思明の出身地も同様でした。ホラーサーンとは「太陽の昇る地」という意味です。現在のイラン東部からアフガニスタン西北部までを含む地方です。ホラーサーン地方の北西部が、第４章のサマルカンドに登場したマー・ワラー・アンナフルです。

安禄山

ソグド系で唐の節度使。安史の乱の中心人物。６つの言語を理解したといわれる。

ホラーサーン地方を発火点として、七五〇年にイスラム世界の大変革が起きました。当時のユーラシアを取り仕切っていたのは、大唐世界帝国とウマイヤ朝という大イスラム帝国でした。このウマイヤ朝が、シーア派の不満を上手に煽ったイスラム教の開祖ムハンマドの叔父アッバースの一族によって、倒されたのです。アッバース革命と呼ばれる出来事でした。アッバース革命を成立させた主力軍は、ホラーサーン地方の軍団でした。このアッバース朝が翌七五一年に唐と交戦し、大勝したのがタラス河畔の戦いです。もしかすると、アッバース朝はこの戦闘を通じて、唐という大国が衰えているのを確認したかもしれません。

このような歴史的な出来事の推移を見ていくと、次のような推理も成立します。安禄山や史思明もホラーサーン出身で唐で出世し、唐の東北部である北京で兵力を蓄えて、強力な軍団を育てていた。そして安禄山は、もしかするとアッバース革命を成功させたホラーサーンの軍人たちと、親しいつながりを持っていたかもしれない。

ユーラシアの二つの大国が爛熟(らんじゅく)期に入った七〇〇年代中頃に、唐とイスラム世界のちょうど中間点に当たるホラーサーンの過激な軍人たちが、結託して軍事行動を起こそうとしたと考えても決して不思議ではありません。そう考える学説もあるようです。

「俺は東でやる。お前は西でやれ」

そして西は成功しましたが、東は失敗しました。しかし、安禄山も最後には敗れ去りましたが、一時は首都を陥(おとしい)れ、自ら皇帝まで名乗りました。同じ時期に起きた大反乱でも、成功すれば「革命」と呼ばれ、失敗すれば「乱」で片づけられてしまう、幾ばくかの感慨を抱かせます。歴史に「もし・たら・れば」はありませんが、もしも安史の乱が成功していたら、その震源地であった北京はどのようになっていたか、想像してみたくもなります。

遊牧民出身の君主たちが北京を領有した時代

唐が滅んだ（九〇七）後、黄河下流域から南に広がる中国の中心部には、五つの王朝が入れ替わり立ち替わり登場しました。さらに中央を除く周辺部分には一〇カ国以上の国々が競い合う時代となりました。最終的に宋（そう）が全国統一する（九七九）まで、おおよそ七十年間続くこの時代を、五代十国（ごだいじっこく）と呼んでいます。

五代とは、後梁（こうりょう）、後唐（こうとう）、後晋（こうしん）、後漢（こうかん）、後周（こうしゅう）です。このうち、後唐、後晋、後漢はトルコ系遊牧民の開いた王朝です。この中で後晋を建国した石敬瑭（せきけいとう）（八九二―九四二）という人物が、北京の物語に一役（ひとやく）買うことになります。

彼は自分が政権を取るために、北方のモンゴル系遊牧民が建国したキタイに援軍を求めました。当時のキタイは、中国北部からロシア極東部の沿海州に至る広大な地域を支配していた強力な国家です。中国では契丹（きったん）と呼ばれました。太祖耶律阿保機（やりつあほき）（八七二―九二六）の時代に、キタイ系部族をすべて統合して大国を建てました。そしてそのとき、将来は中原の地に進出して、漢民族を支配しようと考えたのか、自分たちの国に遼（りょう）という中国風の呼称もつけています。このため、日本ではキタイでなく契丹や遼と呼ぶことも多いのですが、世界的にはキタイが広く普及しているので、この本ではキタイとします。

さて、石敬瑭が建国にあたってキタイに援軍を申し込んだ条件は、燕雲十六州の割譲でした。これは北京やその西北の万里の長城周辺に散在していた十六カ所の土地を、お礼に差し上げましょうということなのですが、もともとこれらは漢民族が住んでいた土地でした。

燕雲十六州の燕、これは「北京あたりかな」と察しがつくと思います。戦国七雄の燕の故地です。雲は雲州の雲、これは現在の大同のあたりです。北京の西北西にある大都市です。この地は、北魏の首都（平城）があった場所なのですが、ここも割譲されました。

この燕雲十六州を獲得したキタイは、その広大な領土を五つの道に分けて、それぞれに都を置き五京としました。一番北は大興安嶺山脈の上京臨潢府、一番東は遼東半島の付け根の東京遼陽府、一番西は西京大同府、一番南が南京析津府（北京）、そしてもうひとつの中京大定府は北京の北にありました。一番南にある北京の地を、キタイでは南の京、南京と呼んだのです。

キタイにとって南京（北京）は、中国王朝が覇権争いを繰り返す中原の地に接しているので、攻防の要として重要でした。

五代十国から宋へ、中国の首都は中原を離れていく

五代十国時代の最後の王朝、後周の有力武将であった趙匡胤は、幼君から国を譲られ

五代十国時代の中国（10世紀）

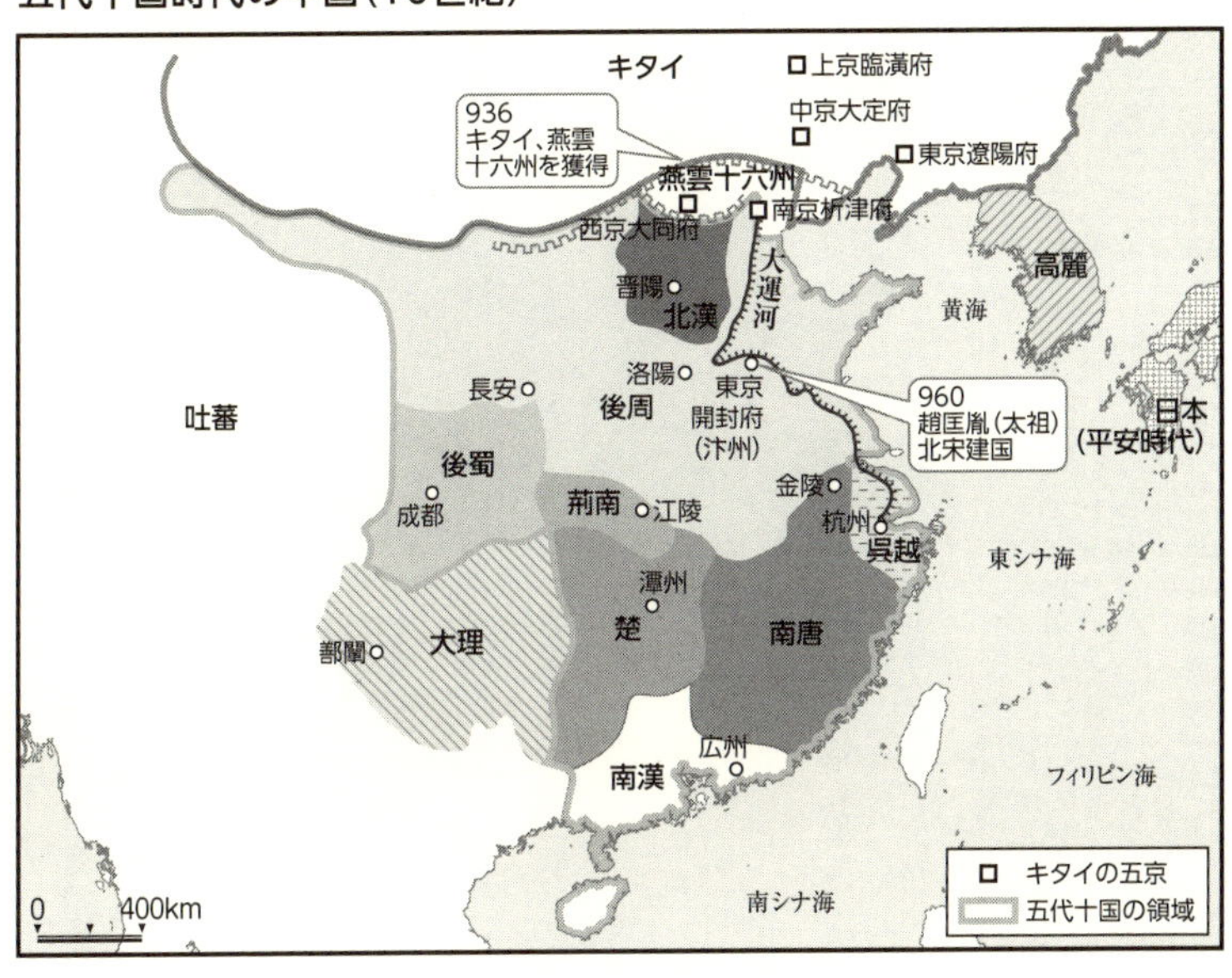

て宋を建国しました（在位九六〇―九七六）。彼を継いだ弟の趙匡義の時代に、北の大国キタイが領有する北京周辺の燕雲十六州を除くほぼ中国全土が、宋によって統一されました（九七九）。

宋の首都は中原の長安や洛陽を離れて開封に移っていました。洛陽の東方、大運河の結節点であり、黄河に隣接する都市です。この理由をお話しする前に、宋がキタイに対して採った政策について少し触れたいと思います。その政策に表われている宋という統一国家の性格が、首都を開封にしたことと関連しているからです。

1 キタイと宋は全面対決を避けてODAを結んだ

宋が中国をほぼ統一したと知った北の大国キタイは、満を持してこれを討つべく大軍を南下させました。これを迎え撃つ決心をした宋も、大軍団を北上させました。ついに両軍は開封の北、黄河に近い澶淵の地で対峙しました。両軍合わせれば一〇〇万を越える大軍です。しかし両軍は衝突を回避しました。そして平和条約として、澶淵の盟を結びました（一〇〇四）。

すなわち両国は、その国境線を現状のままとすること、両国は兄弟の関係を結び、兄となった宋が、毎年一定額のキャッシュやキャッシュ代わりの絹をキタイに贈呈すること。この二条件が主たる内容でした。宋には豊かな江南があります。キタイは宋から渡されたキャッシュによって宋の豊かな物産を購入して生活を向上させる、宋からすれば渡したキャッシュが戻ってくる、というわけです。このシステムによって、北と南の平和な関係は二百五十年ぐらい持続しました。中国にとってゆかりの深い、燕雲十六州は戻りませんでしたが。

この澶淵システムは、現代にたとえるならばODAです（Official Development Assistance 政府開発援助）。ご承知のとおりODAとは、たとえば日本政府がアフリカの新興国に一定金額の借款をすると、新興国はそのお金で日本のゼネコンに発注をして道路や橋をつくってもらったりするのです。どちらにも損のないウィン・ウィンの関係です。軍事的な勝利という、かっこ良さこそありませんでしたが、澶淵の盟を結んだことは実に優れた決断でした。

2 経済力を重視した宋は首都を開封に定める

開封に首都を置くことを最初に決めたのは、実は宋ではありません。五代の最初の王朝の後梁が唐を倒したとき、都を中原の長安から開封（当時の呼称は汴京）に移したのです。そしてこれ以降、内陸の長安や洛陽を都とする王朝は登場しませんでした。

長安や洛陽に都を置いた中国の王朝は、国土を強大な軍事力で取り仕切っていました。内陸部の中原に首都を置いて、軍事力を動員して中国を支配していたのですが、宋は澶淵の盟というシステムを採用したことからもわかるように、経済力、すなわち商業力で国家を経営しようとしたのです。首都に求めたのは、要塞として有利な奥深い中原の地ではなく、交通と運輸に便利で商売しやすい土地だったのです。

開封は、完璧といっていいほど宋の求める首都の条件を満たしていました。隋が開発した大運河の、黄河流域から江南の杭州へと連結する結節点に当たる場所、そこが開封だったのです。

キタイと宋の関係は、金がキタイを滅ぼしたことで変化します。金はキタイよりも北方の地、後の満洲を根拠地とする女真族の国です。この国は北方の地をキタイに代わって支配し、北京を中都大興府と名づけて首都としました（一一一五）。

しかし金と宋の関係はキタイと宋ほどにはうまくいかず、金に追われた宋は開封を捨てて南へ逃れ、長江を越えて杭州を第二の首都としました。これ以後の宋を南宋と呼びます。いうまでもなくこの地は大運河の終点です。やはり物資が集積するポイントです。宋は開封を取られてしまいましたが、豊かな江南と大運河を命綱にして、しばらく生き延びます。

北京近郊の涿郡から杭州まで南北約二五〇〇キロ、大運河の存在は中国の長い歴史の中でも、ひときわ異彩を放つものでした。

クビライが大都を建設、「北京」が表舞台に再び登場

中国の北半分を一時的に支配した金も、モンゴル帝国の登場によって、一二三四年に滅びました。

モンゴル帝国の第五代皇帝となったクビライ(在位一二六〇―一二九四)は、金の都があった中都大興府の郊外の何もない場所に、新しい首都、大都の建設を始めました(一二六七)。それ以前の中国では長安も洛陽も開封も、それまでそこに存在した町に手を加えて首都としていました。歴代にわたる中国の首都の中で、いってみれば誰の手も入っていない更地からつくられた都は、実は大都が最初で最後でした。クビライは、モンゴル民族の生まれ故郷であるモ

ンゴル高原に近いこの地に、彼らの首都を築こうとしたのです。次のような工夫もしました。

クビライはこの都市計画を、中国の古典『周礼（しゅらい）』の教えを忠実に守って作成しました。この書物の中には、王朝の都を造営するときに守るべき規格が、こと細かに記されていました。

都は南面して建ち、東から南へと流れる水流があり、西には広い道路があり、北には丘陵があること、これが理想的な地形でした。その地形が求められないときは、それに代わるべき方策が述べてあったほどです。そういえば日本の大寺院や神社もほとんどが南面して建ち、その正面は開かれた土地になっています。

モンゴル人であるクビライが彼らの首都を造営するに当って、なぜ中国の『周礼』の規範に則（のっと）って築城したのでしょうか。

クビライが五代皇帝になったとき、モンゴル帝国は四つの国家に分かれていました。中国、ジョチ・ウルス、チャガタイ・ウルス、フレグ・ウルスです。クビライは全モンゴル帝国の盟主として、新しい首都を建設する場所が漢民族の土地であることを意識していました。その上で自分が、この土地を治める正統的な支配者であることを印象づけるために、中国の古典的教養に依拠して、

クビライ

モンゴル帝国第５代皇帝。国号を大元ウルスと定め、日本にも軍船を派遣した。

都市計画を進めたのです。
大都には時を知らせるためや、城内から市民への連絡のために、鐘楼や鼓楼がつくられました。この建築物の形が日本の天守閣のモデルになったと伝えられています。また市内のモンゴル人の住む地域は、井戸を中心に住居を構え、この横丁を胡同と呼びました。今でもその名残りの町筋が、北京にわずかに残っています。

また、前章でお話ししたクビライの天文台は、今日までその姿を留めています。この天文台で観測して授時暦という精密な暦を作成したのが郭守敬だったのですが、実はこの郭守敬こそが大都の建設されるべき方角を定め、場所を決めた人でもありました。そして実際の設計図面を引いたのはアラビア人でした。

なおクビライは大都を首都にしたモンゴル帝国の盟主となる国に、「大元ウルス」という名前をつけました（一二七一）。「大元」は儒教の古典『易経』から採っています。「元」にはものごとの初め、または天の意味があります。それまでの中国の王朝は他称でしたが（漢公が建国したので漢など）、クビライ以降はすべて自称に変わります。この意味でもクビライは時代を画したのです。

ヨーロッパに瞬く間に広まった大都の評判

マルコ・ポーロの著書『東方見聞録』によって、大都の繁栄ぶりはヨーロッパ中に喧伝(けんでん)されました。

ところでマルコ・ポーロ(一二五四―一三二四)なる人物については、謎めいた一面があるのです。この男がヴェネツィア生まれであること、ヴェネツィアの牢獄で『東方見聞録』を口述筆記させたことは、ほぼ確実です。

当時のモンゴルについての文献は、山ほど残っています。中国語でも残っていますし、ペルシャ語でも残っています。マルコ・ポーロはペルシャに嫁(とつ)いでいくモンゴルの王女やモンゴル貴族と一緒の船に乗って、帰国したという記述があります。この船の乗組員や主な乗客の名前は、欠かさず記録に残っているのです。しかしそこにマルコ・ポーロに相当する名前は今日に至るまで発見されていないのです。

彼はモンゴル帝国に仕えて厚遇されています。軽い身分ではありませんでした。にもかかわらず記録に名前が残されていないことから、彼の著書『東方見聞録』までその信憑性(しんぴょうせい)が疑われてしまうのですが、その著述内容は、史実に照らして概ね正確です。たとえば彼は南宋の都・杭州について、この街をキンザイと呼び、大都に劣らない都であると書いています。当時、大都は政治首都であり東京のような存在、杭州は経済首都であり大阪のような存在でしたから、彼のいうとおり杭州の発展にはすばらしいものがありました。マルコ・ポーロが杭州を「キンザイ」と書いているのは「行在所」の意味で、仮の都だということです。南宋は金に追われて杭州に都を移しましたが、彼らにしてみれば、本来の都は開封でしたので、杭州は仮の都と呼んでいたのです。こういうことは、現地に行っていなければなかなかつかみにくい情報です。

このようにマルコ・ポーロの話はまったくリアルなのに、モンゴル側の書類にはなぜか彼の名前が出てこない。このことから一部の学者は、彼のことを「マルコ・ポーロといわれる誰か」と厳密に呼んでいるのです。

『東方見聞録』は当時の大ベストセラーとなりました。そしてヨーロッパに「豊かなる大都」というイリュージョンを拡大させました。その幻影はなかなか消えず、十五世紀からヨーロッパはいわゆる「大航海時代」に突入しますが、その最終目的地は、ひとえに大都であったといっても過言ではありません。イタリアの船乗りコロン（コロンブス）が新大陸に到達したときでさえ、彼の最終的な目的地は大都でした。フランスのジャック・カルチェがフランソワ一世の命を受けてカナダを探検し、セントローレンス川を遡ったのも、五大湖の向こう側に大都があるんじゃないかと思ったからだ、と伝えられています。大元ウルスが滅んで百年以上が経過しているのに、このようにヨーロッパの人々は大都を求めていたのです。

実際に大都には世界中の富が集中して多くの人々が訪れていました。なにしろヨーロッパはハンガリーまで、中近東ではシリアまでモンゴルの影響が及んでいたのです。そしてもともとモンゴルは他民族や宗教に寛大な国柄でした。

しかしいろいろな人々が往来していたということは、病原菌の移動も容易になったということでした。このことが、十四世紀に入って地球が寒冷化すると、食糧難から人々の抵抗力が弱まってペストの大流行を招き、モンゴル帝国を滅ぼす大きな原因となります。自由な交易は原則として人々を豊かにしますが、いいものも悪いものも、全部ついてくるという側面があることは否定できません。

なお、「大航海時代」という呼び名は、誤解を招く恐れがあるので、正直、好みではありません。当時の船の大きさや航続距離を考えてみると、「大航海」とはいい難いものがあります。たとえばコロンが西インド諸島に到達したときの船の総重量は一五〇トン前後、しかも三隻、乗組員も八八名程度でした。「大航海時代」という呼称はヨーロッパやアメリカで言い出されたものではなく、日本の学者のネーミングです。

クビライは北京につながる海運ルートを開いた

クビライは大都を首都に定めるとき、その地が隋の開いた大運河によって、江南で収穫される大量の食糧を輸送できることを視野に入れていました。しかしクビライはバイパスとして、もうひとつのルートを考え出したのです。そして、北京・天津間を運河で結ぶと同時に、その運河をさらに海まで延長したのです。すなわち長江流域の農産物を寧波(ニンポー)から黄海を経て、天津から大都に輸送する海運ルートです。

クビライは、大都への食糧輸送ルートを、運河中心の内水路のルートと海運ルート、この二つで確保することによって大都の安泰を図(はか)ったのでした。この二大ルートがあれば、たとえ人口が一〇〇万、二〇〇万になっても大丈夫、モンゴル帝国はビクともしない、クビライはそう考えていたのでしょう。

事実、後に大元ウルスが滅びるとき、紅巾(こうきん)の乱という宗教結社を中心とする大農民暴動が起こりましたが(一三五一—一三六六)、そのとき運河ルートは反乱軍に奪われたのです。しかし大都はビクともしませんでした。寧波からの海運ルートが健在だったからです。

ところが、この海運を握っていた張士誠(ちょうしせい)という将軍が、弱体化した大元ウルスに見切りをつけて海運ルートの中心となる寧波やその上流の蘇州(そしゅう)を占拠してしまいました。このことで食糧ルートを絶たれて大都の命運は尽きました。後に明を興した朱元璋(しゅげんしょう)が、北伐軍を大都に送ったとき(一三六八)、大元ウルスの軍勢が戦わずにモンゴル高原に去っていったのは、食糧ルートが尽きていたからでした。

「大都・草原の道・海の道」を結んで空前の繁栄が生まれた

クビライは大都と海を結びつけましたが、その目的は食糧の確保だけではなく、さらに遠大な計算がありました。

古来、中国とユーラシアの西方を結ぶ道には、陸路と海路がありました。陸路は草原の道と呼ばれたルートです。海の道は現在の広州や泉州からマラッカ海峡、インド洋を経て、ペルシャ湾あるいは紅海に至るルートです。クビライは、大都から天津を経て海に開いたルートを、さらに寧波を経由して広州や泉州とつなげ海の道と結びました。国の繁栄の基本は交易にあると考えていたクビライは、大元ウルスの世界交易ルートを、草原の道と海の道と、二つ確保したのです。

大元ウルスは世界帝国モンゴルの宗主国です。交易だけではなく、その服属国は外交使節を派遣してきます。

たとえば、クビライの弟フレグがつくったフレグ・ウルスはモンゴル帝国の一部であり、現在のイランにあった国です。その首都のタブリーズは、テヘランよりも西北にあります。ダブリーズから年始の挨拶に使節がクビライの宮廷を訪れます。これは大切な外交行事です。当然、その使節はたくさんの貢物を持ってやってきます。するとクビライはその返礼として、大きな銀の塊を渡します。それは銀錠と呼ばれ、馬蹄形をしていました。フレグ・ウルスの使節は、それをタブリーズに持ち帰ります。そして、トルコ語でオルトクと呼ばれていた、現代でいえば大商社の人々にその銀錠を貸し出したのです。彼らはユダヤ人やアラビア人、そしてペルシャ人でした。

早い話が「これを使ってお金を儲けて、キックバックをしてくれ」というわけです。

資本を供与されたオルトクたちは、銀錠を持って海の道を通って中国に交易に出向きます。そして、絹、陶磁器、お茶など、西方の国々で需要の多い品々を大量に買って帰ります。こうして銀は、またクビライの元に帰ってくるのです。そこでクビライは、消費税をかけて銀を吸い上げ、国庫の収入にします。陸の道と海の道を結ぶのは、銀（すなわち現代でいえばドル）の大循環でした。

クビライは交易品に対して流通過程にある港や市場などで、役人が勝手に関税をかけることを禁止しました。東西の間を大循環する銀、その大動脈となった海の道と草原の道、その交易をスムーズにするための中間地におけるピンハネ禁止（地球規模の楽市・楽座政策）、これらのことが連動して、空前の活況が生まれたのでした。

マルコ・ポーロがあまりの豊かさに驚き、コロンが新大陸に到達する原因となった大都。クビライの存在が北京を世界の都に押し上げる大きな第二幕をつくったのです。

明が建国され、大都は北平となる

話が少し重複しますが、大元ウルスが滅びた最大の原因はペストの大流行でした。この疫病によって国が疲弊したので、宗教団体の白蓮教徒を中心とする紅巾の乱が起こり、これと呼応するように漢民族の有力者たちがモンゴル打倒の烽火をあげました。

そして大都への食糧補給ルートの根拠地となる寧波や蘇州を、張士誠に押えられて大元ウルスの命運は尽きました。この反乱を最終的に勝ち抜いたのが朱元璋で、彼は河南の穀倉地帯で勢力を固めた男でした。

彼は明を建国し（一三六八）、明の軍勢はモンゴル高原に退いたモンゴルを追って大都に入り、その名前を北平府と変えました。

朱元璋

明朝の初代皇帝、太祖。洪武帝とも呼ばれる。皇帝権力の専制化に努めた。

朱元璋は首都を南京に置きました。開封と杭州のちょうど中間に位置する都市です。朱元璋は自分と後継者である長男で南京を取り仕切り、もとの大都、北平の地には長男に次いで優秀だと評価されていた四男の朱棣を送り込み、統治させました。大元ウルスは戦わずして自分たちの故郷のモンゴル高原に退いたわけですから、いまだ強大な軍事力を擁していました。モンゴル高原に戻ってからは、北元と呼ばれ、その勢力は明にとって侮りがたい存在でした。そのために頼りになりそうな四男の朱棣を北平に派遣し、北の守りとしたのです。

ところで明の建国者朱元璋（洪武帝、在位一三六八―一三九八）は貧しい農家の生まれで、子どものころは読み書きができませんでした。そのせいもあってか、異常なほどに猜疑心が強く、自分に血のつながった人以外は、誰をも信頼できない性格でした。才能ある人や知識人を異常に憎み、ともに戦った建国の功臣や学者たちを大量に粛清しました。その数は一〇万人に及ぶといわれています。名のある軍人や官僚、学者だけで一〇万人です。恐ろしいほどの暗黒政権だったのです。そういう父親に対モンゴルの守りを任された朱棣は二十年ぐらい北平に駐在します。

一方、南京では朱元璋の頼みの綱であった長男が早世してしまいます。やむなく朱元璋は孫を二代皇帝に指名します。建文帝です（在位一三九八―一四〇二）。時にまだ十五歳でした。

お祖父さんが建国の功臣や有能な将軍を殺し尽くしてしまいましたから、彼が即位したとき、極論すれば能力のある人はほとんど誰も残っていませんでした。残っていたのは朱子学者です。徳川幕府の御用学問になった朱子学は観念的な大義名分論を唱えていました。机上の空論が中心です。それ故に、朱元璋に殺されずにすんだのかもしれませんが。

この学者たちが建文帝に奏上したことは、「あなたのおじさんたちを排除なさいませ」ということでした。

建文帝の父は朱元璋の四人の男子の長男です。そして四男の朱棣が北平を統治し、二、三男は大同と西安を統治していました。いずれも漢民族である明にとって北方の守りを固める重要な土地です。それで猜疑心の強い朱元璋が、自分の子どもに統治を任せたのでした。ところが、二代皇帝の時代になってみると、建文帝の三人のおじさんである実力者の存在は、彼が専制政治を行うのには邪魔になってきます。おじさんだから扱いにくいわけです。

「ですから、おじさんたちを順番に取り潰しましょう」

と朱子学者の取り巻きたちが、ささやいたのでした。弱そうなおじさんから対処していきましょうと、建文帝に提案したのです。そして、大同と長安を支配していた叔父二人を取り潰しました。北平の朱棣が最後に残りましたが、ここはひと筋縄ではいきません。対モンゴル防衛軍でもありますから、大軍を擁しています。

「だったら、軍隊を北平からはがし取りましょう」

と学者が建文帝に入れ知恵するので、北平の軍隊は、なんだかんだと理屈をつけて西へ東へと転戦させられ、北平には朱棣の近衛兵のような数千人の軍隊しか残らなくなってしまいました。

こうなってみると朱棣に残された道は、自分がこのまま黙って取り潰されるか、いっそ挙兵して雌雄を決するか、いずれかしかありませんでした。そして一三九九年、朱棣はついに叛旗をひるがえしました。戦いは三年にわたって続き、朱棣が勝利を収めました。彼は敗死した建文帝に代わって三代皇帝となります。永楽帝（在位一四〇二―一四二四）の誕生です。

永楽帝が都を南京から北平に遷都し「北京」とした

歴史上で靖難の変（一三九九―一四〇二）と呼ばれている、朱棣と建文帝の戦いについて少し触れておきます。

この争乱は、軍隊の数でいえば建文帝軍の数十万人に対し朱棣サイドは数千人に過ぎませんでした。ところが建文帝サイドには、優れた将軍がひとりもいません。優れた人材は、みんな殺されたり死んでしまっていて、実戦を知らない将と兵隊だけで構成されていたのが建文帝の軍団でした。

一方で朱棣の軍は、数は少ないが歴戦の勇士が揃っていました。しかも全員が朱棣に忠誠を誓う者ばかりです。物量は山ほどあるけれど知恵と経験のない軍隊と、物量では劣るけれど有能な少数精鋭集団の軍隊、その衝突だったのです。

しかし勝利の決め手は何であったかというと、建文帝サイドの宦官たちの裏切りでした。

宦官とは、男性機能を失った男性です。古代の遊牧民が、良い羊の血統を守るために、劣った雄の羊の生殖能力を奪う習慣を持っていたことがその原点にあります。宦官となった男たちは皇帝の身近にいて、皇帝に仕える何千人もの女性たちや政府の高官たちの間で、親書を渡したり連絡係を務める仕事をしていました。私的な秘書のようなものです。男性であって男性ではない者たちを採用するのは、彼らなら皇帝の女性たちに手を出さないからで、それがそもそも宦官が登場してきた理由でした。この風習は遊牧の経験が乏しい日本には伝わっていません。

極端に猜疑心の強かった朱元璋は、もしも宦官が文字が読めたら自分の親書を読まれるかもしれないと考えました。それで文字の読める宦官を全員誅殺（ちゅうさつ）しました。ちなみに、これほどの猜疑心に満ちた彼の統治方法を一番勉強したのは毛沢東であった、といわれています。

けれども一寸の虫にも五分の魂はあるわけで、宦官だって考える。読み書きできる人を根絶やしにすることなどできません。テストされても、読めない書けないの芝居をして、生きのびた宦官もたくさんいたのです。

これらの宦官は、字が読めるだけで殺さ

永楽帝

明朝第３代皇帝、成祖と呼ばれる。都を北京に移し、明の全盛期を現出した。

れるような皇帝に仕えるのはごめんだ、と考えました。それで宦官たちは朱棣に、南京城内の秘密情報をこっそり流したのです。この宦官たちの協力が、勝利の大きな原因でした。

さて勝利した永楽帝は、原因はどうであっても、自分が正統な皇帝からその地位を簒奪したことは確かなので、南京を都にしたくはありませんでした。彼は建文帝を倒した翌年の一四〇三年に、北平の地を北京と名づけ国都と定めました。

北京の名前がやっと登場してきます。しかしすぐには遷都しませんでした。宮殿がなかったからです。

大都の時代、大元ウルスが住居としていた宮殿は、その城壁も建築物もすべて朱元璋の時代に破壊されました。そのために永楽帝は、もとの大都があった地域の少し南に、北京全体を囲う城壁を廻らし、さらにその中央部に新しく宮殿をつくることにしました。この宮殿が現存する紫禁城の原型です。

永楽帝は紫禁城の築城と新しい北京の街づくりを一四〇六年に始めました。しかし大事業ですから、実際に遷都が完了したのは一四二一年のことでした。

北京遷都の理由は、南京を嫌ったということもありましたが、それ以上に、明にとってはモンゴル（北元）がいまだ最強の敵だったということです。北京の地に首都を置くことが必要だったのです。

事実、永楽帝は生涯に五回もモンゴルへ遠征しています。そして五回目の遠征の帰途に没し

紫禁城

北京にある明・清代の宮城。明の永楽帝が造営。現在、故宮博物院。城壁に囲まれた約72万平方メートルの一区画で、その外側に堀を巡らしている。

ました（一四二四）。

モンゴルが消えたのは、女真族（満洲族）の清王朝（一六三六―一九一二）が成立したときです。清の二代ホンタイジがモンゴルのチンギス・カアンの血を引く女性と結婚し、クビライがつくった皇帝の玉璽が清の手に渡りました。清はモンゴルからバトンを受け継ぎ、両者は親戚になったのです。

明を滅ぼした清は、北京の都をそのまま自分たちの首都としました。出身地に近く、明朝が完成させた北京の街と豪華な紫禁城があり、首都を変える理由はどこにもありませんでした。

クビライを意識していた永楽帝は鄭和艦隊を派遣する

大都の地に北京を建設した永楽帝は、この地方にさまざまな形で大元ウルスの創始者クビライのエピソードが残っていることを、意識せざるを得なかったと思います。永楽帝にも男の意地があります。「彼には負けたくない」と思ったことでしょう。

クビライの活動の中で顕著なことは、世界を陸運と海運で結んだスケールの大きい交易ルートの開拓でした。しかし始祖朱元璋以来、明は鎖国を国是としており、海外とは制限のある朝貢（勘合貿易）しか認めていません。そこで永楽帝が発想したのは、朝貢を促すよう世界の海へ乗り出せる大艦隊をつくることでした。それが鄭和を艦長とした鄭和艦隊です。

この艦隊の全容を発見された資料で見てみると、次のようになります。船舶総数六〇隻以上、宝船（旗艦。艦長が乗っている船）の大きさは二〇〇〇トン級、総乗員数二万七〇〇〇人超。ちなみに半世紀以上後にコロンが西インド諸島に到着したときの船は一五〇トン、全部で三隻、乗組員は総勢八八名程度でした。

このとんでもないスケールに類似するものを挙げるとすれば、アメリカの原子力空母艦隊でしょう。原子力空母の総乗組員数は七〇〇〇人前後、艦内は小さな自治体のようなもので、郵便局まであったと乗船経験のある人が語っていました。しかも原子力空母は、単独出航はしません。警護する駆逐艦（くちくかん）や潜水艦も帯同します。そうでないと安心して飛行機を離着陸させることができません。ですから、原子力空母が出動するということは、一日当たりたいへんなお金がかかるということです。あの三・一一のとき、米軍がトモダチ作戦で物資援助を行ってくれましたが、岩手の沖合に停泊していたのは原子力空母一隻ではありませんでした。一日数十億円の費用がかかったと伝えられています。

鄭和艦隊はまさに十五世紀の原子力空母艦隊のようなものでした。この大艦隊はマラッカ海峡からインド洋を経て、アフリカの東海岸まで出かけて行き、行く先々の国々で朝貢貿易を勧誘しました。明に貢物を持って参上する国々に褒美として、たっぷりと中国の品物を渡す、という形の交易です。貢物を持ってきた君主は必ず儲かります。こうして鄭和艦隊は、クビライ時代に負けないスケールの海外交易を行いたい、という永楽帝の想いを実現しました。

また鄭和艦隊は、インド洋に出没する海賊をほとんど撲滅してしまいました。そればかりではなく、たとえば寄港地で君侯同士が争っていたりすると、どちらかに肩入れして子分にしてしまうのでした。要するにインド洋の大警察官という感じでした。さらにこの艦隊はアメリカ軍と同様に海兵隊を持っていました。つまり陸上で戦う能力もあったのです。しかも最新鋭の火薬も火器も持っています。この無敵艦隊がインド洋を席巻したのでした。

こうしてインド洋は安全な海になりました。が、やがて永楽帝が亡くなってしばらく経った後、明の保守的な官僚たちが浅はかな考えを起こしました。モンゴルと戦うのではなく、その侵入を防ぐために、万里の長城を増強しようと考え始めたのです。インド洋は安全になった。もう海賊は来ない。遠くのほうまで鄭和艦隊など出航させても、明はたいして儲からない。

「陛下、いっそ鄭和艦隊を潰してそのお金で万里の長城を増築しませんか」

万里の長城は単なる城壁ではなく、ビルディングのような建造物が、山を越えて谷を渡って延々と連なっている、と表現してもいいと思います。あれだけ膨大な量の煉瓦を積むのには、たいへんなお金がかかります。そのお金を鄭和艦隊の維持費と人件費と作戦行動にかかる経費を浮かせることで賄(まかな)おうというわけです。

大国明にしては、愚かな発想でした。海賊がいなくなって安全となったインド洋に、ポルトガルから一五〇トンほどの船三〜五隻に一五〇人ほどの乗組員を乗せてヴァスコ・ダ・ガマがやってきたのは、一四九八年でした。彼らは、その貧弱な船団で無事にインド西海岸のカリカットに上陸し、領土としました。もしも、鄭和艦隊がいたら、決してこの行動を許さなかったでしょう。このヴァスコ・ダ・ガマのインド到達が、東南アジア諸国、インドそして中国自体が植民地化されていく、大きな契機になったのです。

「万里の長城など造っても、受け身の防備のみで遊牧民の攻撃を避け切れるものではない。鄭和艦隊を潰すな」

誰かそう進言する人間がいたら、ポルトガルやスペインなど西欧諸国の海上帝国は現出しなかったかも知れないのです。

なお、東洋・西洋という言葉は、鄭和艦隊が使用し始めました。マラッカ海峡の東を「東の洋（うみ）」、西を「西の洋（うみ）」と呼んだことが語源になりました。

清の成立は男のジェラシーが関係した

北京の名付け親となった明ですが、その末期は大規模な農民の反乱軍に北京が襲われて、一六四四年に倒されました。その指導者は李自成（りじせい）という人物でした。

といっても、農民の反乱だけが原因で明が崩壊したのではありません。万里の長城の北から満洲族の国、後金（こうきん）（後の清）が、間断なく攻撃を続けていたことが、明を衰弱させていきました。しかし清には、北京を落とすためにどうしても突破しなければならない場所がありました。山海関（さんかいかん）という国境の関門です。そこは明が必死に構築した万里の長城のいちばん東の端にありました。その東側は渤海湾（ぼっかいわん）です。高い城壁が海に突き出している難関です。清の軍勢はいつもここで進軍を止められていたのです。ところが、北京が李自成によって陥落させられた数日後、関所を守る明の将軍呉三桂（ごさんけい）は、山海関を開けてしまったのです。

北京を占領して明を倒した李自成は、北京で一人の美女を愛人にしましたが、皮肉にもその

山海関

河北省の渤海湾に臨む都市にある関門。万里の長城東端に位置する。古くから東北に通じる要地で、市街は城壁に囲まれ、天下第一関といわれた。

女性は呉三桂が北京に残してきた愛人だったのです。この情報を山海関で知った呉三桂は嫉妬に狂いました。関所の門をひらくと清軍を先導して北京を攻め、李自成を倒しました。こうして清が中国を制して、満洲族の国、清朝が成立したのです。ウソのような、しかしかなり信憑性のある説です。

なお清の時代になってから、その建国に貢献した三人の明の将軍が、その功労へのお礼として中国南部の地に豊かな領国を貰いました。早い話が、裏切り行為で出世したのですが、彼ら三人の国を「三藩」と呼んでいます。しかし強大になりすぎて、しかも清に対して尊大でありすぎたために、名君といわれた康熙帝によって取り潰されました（一六八一）。もちろん、呉三桂はその三人のうちの一人でした。

クビライ以降、国都としての地位が揺るがなかった北京

隆盛をきわめた清も、十九世紀に入ると大英帝国が仕掛けたアヘン戦争によって坂道を転がり落ちるように衰弱していき、西欧列強や極東の新興勢力である日本によって、植民地化されていきました。このあたりのことは、ここでは省略します。

打ち続く政治的争乱の中で、「扶清滅洋」（清を扶けて西洋を滅ぼせ）を旗印として多くの外国人を殺傷した義和団が北京に侵入した事件もありましたが（一九〇〇）、結局、孫文が指導した辛亥革命（一九一一―一九一二）が成立して、孫文を臨時大総統とする中華民国政府が樹立され、その首都を南京に置きました。このあとからしばらく、北京は北平という名前に戻ります。

辛亥革命に対して清は、実力者で軍閥の統領でもあった袁世凱に命じて、中華民国を討たせようしました。しかし野心を持っていた袁世凱は、言葉たくみに孫文に近づくと逆に中華民国政府と手を握り、自分が臨時大総統の座についてしまいます。そして清の最後の皇帝、宣統帝

（満洲族としての名前は愛新覚羅溥儀）を退位させました（一九一二）。ここに清は名実ともに終末を迎えました。同時にこのことは、BC二二一年に秦の始皇帝が中国を統一して以来二千年以上にわたって連綿と続いてきた、王朝支配の終焉でもありました。

中華民国の首都は一九四九年まで南京にありました。しかし一九四九年、中国共産党の毛沢東が、中華民国の最高指導者・蔣介石との闘争に勝利し、彼を台湾に追うと、この年、中華人民共和国の建国を宣言し、同時に中国の首都を北京に戻しました。

毛沢東が中華人民共和国の建国を世界に向かって宣言したのは、天安門の楼閣上からでした。その天安門を北へ抜けると、そこに紫禁城（現在の故宮博物院）があります。それは巨大で華麗な建築群であり、貴重な文化遺産が集積している場所です。

南面して立つと、偉容を誇る紫禁城の右側すなわち西側に、西苑三海と呼ばれる湖の広がる地域が見えます。このあたりは、クビライが大都を建設した頃に、天津につながりそこから海へ出られる運河をつくったその名残りの地域です。

そして今でも「海」と呼ばれています。いちばん北は「北海」と名づけられて公園となっています。ほかの二つの地域、「中海」と「南海」は、二つあわせて「中南海」と呼ばれています。そこは中国共産党の幹部クラスが住む場所です。江沢民も胡錦濤も習近平も、ここに住み、昔は毛沢東が住んでいました。

結局、悠久の歴史を持つ中国において、クビライ以降、北京の国都としての地位は揺らいで

天壇公園にある祈念殿

明の永楽帝が天地壇として建立、のち天壇・地壇に分けられた。壇は皇帝の祈禱所で天壇は天を祀る最も重要な場所。祈念殿は中国最大の祭壇で、天壇公園は北京の世界遺産。

いません。それぞれの王朝や政府に、それぞれの必要性があったということです。

ところで日本は、一九三七年の盧溝橋事件から一九四五年の敗戦までの八年間中国と戦争を行い、その間北京を占領していました。読者の皆さんのお父さんやお祖父さんの中には北京生まれの人がいるかもしれません。

北京への旅、それはこの古くからの超大国が歩んできた歴史と僕たち日本人との古い時代から現代に至る関係を、正しく認識することの大切さを想起させてくれる旅であるように思います。

北京の関連年表

西暦(年)	出来事
BC5世紀～AD6世紀	幽州(現北京付近)に戦国七雄の一つ燕の首都として薊が置かれる。秦漢時代は「北平」と呼ばれたが、後に再び薊となる
7世紀初頭	隋、現北京郊外の涿郡と杭州を結ぶ大運河を建設
732	范陽(幽州)の節度使に張守珪が赴任
742	范陽の節度使に安禄山が就任。禄山は平盧・河東の節度使も兼任
750	中央アジアのホラーサーン軍団主力のアッバース朝がウマイヤ朝を倒す(アッバース革命)
751	唐軍がタラス河畔の戦いでアッバース朝に大敗
755	ホラーサーン出身の安禄山、唐に対し挙兵、洛陽と長安を占領。安禄山と史思明による安史の乱(～763)は平定されるが、范陽(北京付近)の軍事力の高さが注目された。ホラーサーンに繋がるアッバース朝の戦いと安史の乱を、呼応した軍事行動と見る説もある
936	後晋の石敬瑭、燕雲十六州をキタイに割譲。キタイが設置した五京の１つ南京が現在の北京
1004	宋とキタイが澶淵の盟を結ぶ
1115	キタイを倒した金朝(～1234)が中都大興府(現北京)に首都を置く
1267	モンゴル帝国のクビライが、中都大興府の郊外に新首都大都の建設開始
1271	クビライ、大都を首都として大元ウルスを建国。海運を取り入れたスケールの大きな交易ルートの開拓で大都が飛躍的に繁栄。マルコ・ポーロ(1254～1324)の『東方見聞録』にその繁栄ぶりが紹介され、大都はその後、ヨーロッパの探検家たちの目標となった
1368	朱元璋が明を建国。明軍が大都を陥れ、北平府と改名(首都は南京)
1380	朱元璋が四男の朱棣を北平に派遣
1399	朱棣が挙兵(靖難の変、～1402)
1402	朱棣が明の第３代皇帝、永楽帝となる
1403	永楽帝は北平の地を北京と名づけ、国都とする
1406	紫禁城の築城と新しい町づくりが開始される。1421に完了、北京に遷都
1644	李自成により明が滅亡。清が李自成を倒す。清はそのまま北京を首都とする
1900	“扶清滅洋”を唱えた義和団が北京に入り、列国の外交官らを殺傷(義和団事件)
1911	打倒清を目指した孫文の指導で辛亥革命が起こる
1912	孫文が臨時大総統に就任し、中華民国が成立。首都は南京。清の袁世凱、孫文と通じて臨時大総統に就き、清の最後の皇帝を退位させる(清の滅亡)
1937	日本軍による北京占領(～1945)
1949	毛沢東、中華人民共和国の建国を宣言。北京を首都に戻す

●北京の世界遺産（建造物）

八達嶺長城(はつたつれいちょうじょう)／明の十三陵(みんのじゅうさんりょう)／頤和園(いわえん)／故宮(こきゅう)博物院／天壇(てんだん)公園

第6章

まさに現代の世界の都 ニューヨーク

世界中から移民が流れ込む自由の天地

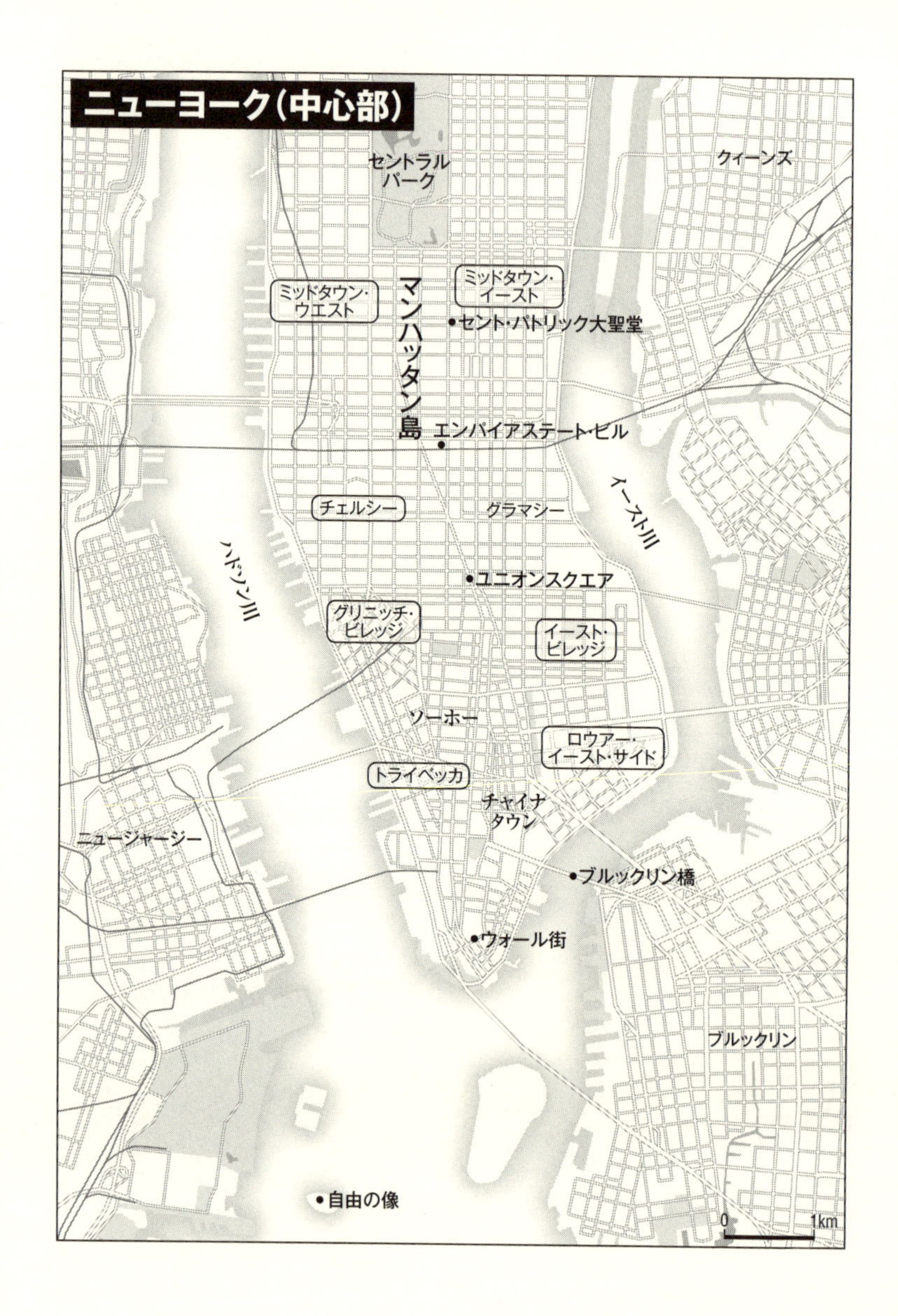
ニューヨーク（中心部）
セントラルパーク
クィーンズ
ミッドタウン・ウエスト
マンハッタン島
ミッドタウン・イースト
セント・パトリック大聖堂
エンパイアステート・ビル
チェルシー
グラマシー
イースト川
ハドソン川
ユニオンスクエア
グリニッチ・ビレッジ
イースト・ビレッジ
ソーホー
ロウアー・イースト・サイド
トライベッカ
チャイナタウン
ニュージャージー
ブルックリン橋
ウォール街
ブルックリン
自由の像
0
1km

初めから人種のるつぼだったマンハッタン島

ニューヨーク市は、アメリカ合衆国のニューヨーク州にあります。この州は合衆国の北東部に位置し、北西部分で五大湖のオンタリオ湖とエリー湖に接しており、南東部のハドソン川河口で大西洋に接しています。現代のニューヨーク市はハドソン川河口のマンハッタン島を中心とする五つの区から成り立っていますが、歴史的に「ニューヨーク」と呼ばれるのは、主としてマンハッタン島です。本章で「ニューヨーク」と呼んでいるのは、多くの場合、このマンハッタン島の部分です。

参考までに現代のニューヨーク市の主要部分を略図化しました（二二三ページ参照）。けっこうややこしい地形ですので、ときおりこの略図を参照しながら本章を読んでいただけると幸いです。なおニューヨーク市は、ニューヨーク州の州都ではありません。州都はハドソン川中流のオールバニ市です。それでは本題に入ります。

1　最初にやってきたのはフランス王に雇われたイタリア人

現在のニューヨーク周辺にいちばん早くやってきたのは、記録に残っているかぎりでは、ジョバンニ・ダ・ヴェラッツァーノというイタリア人です。一五二四年のことでした。

彼はフランス王フランソワ一世に雇用されたのですが、そこには次のような事情がありました。当時のヨーロッパではカール五世（在位一五一九―一五五六）とフランソワ一世（在位一五一五―一五四七）が激しい勢力争いをしていました。

ハプスブルク家のカール五世はドイツ王兼「神聖ローマ帝国」皇帝であり、同時にスペイン王でもありました。当時のスペインはコロン（コロンブス）の新大陸到達（一四九二）によって、大量の銀を獲得していました。フランスを支配するヴァロワ家のフランソワ一世は、これが気に入りません。自分も新大陸に乗り出そうと考えたのです。

現代の感覚で考えると、フランス国王が求める探検家の人材募集になぜイタリア人が応募して採用されたのか、ちょっと不思議な気がするのですが、当時の人々には国境や国民という意識は全くありませんでした。

ジョバンニ・ダ・ヴェラッツァーノは、ハドソン川河口のロングアイランド島（ブルックリンやクィーンズを含む大きな島）とスタテン島を発見し、そこにヌーヴェル・アングレームという名前をつけてフランスに帰りました。

ところが報告を受けたフランソワ一世は、がっかりしたようです。というのはジョバンニ・ダ・ヴェラッツァーノの報告が、深い入江の中に数千人の先住民が住んでいる島があったということだけだったからです。

ニューヨーク市区簡略図

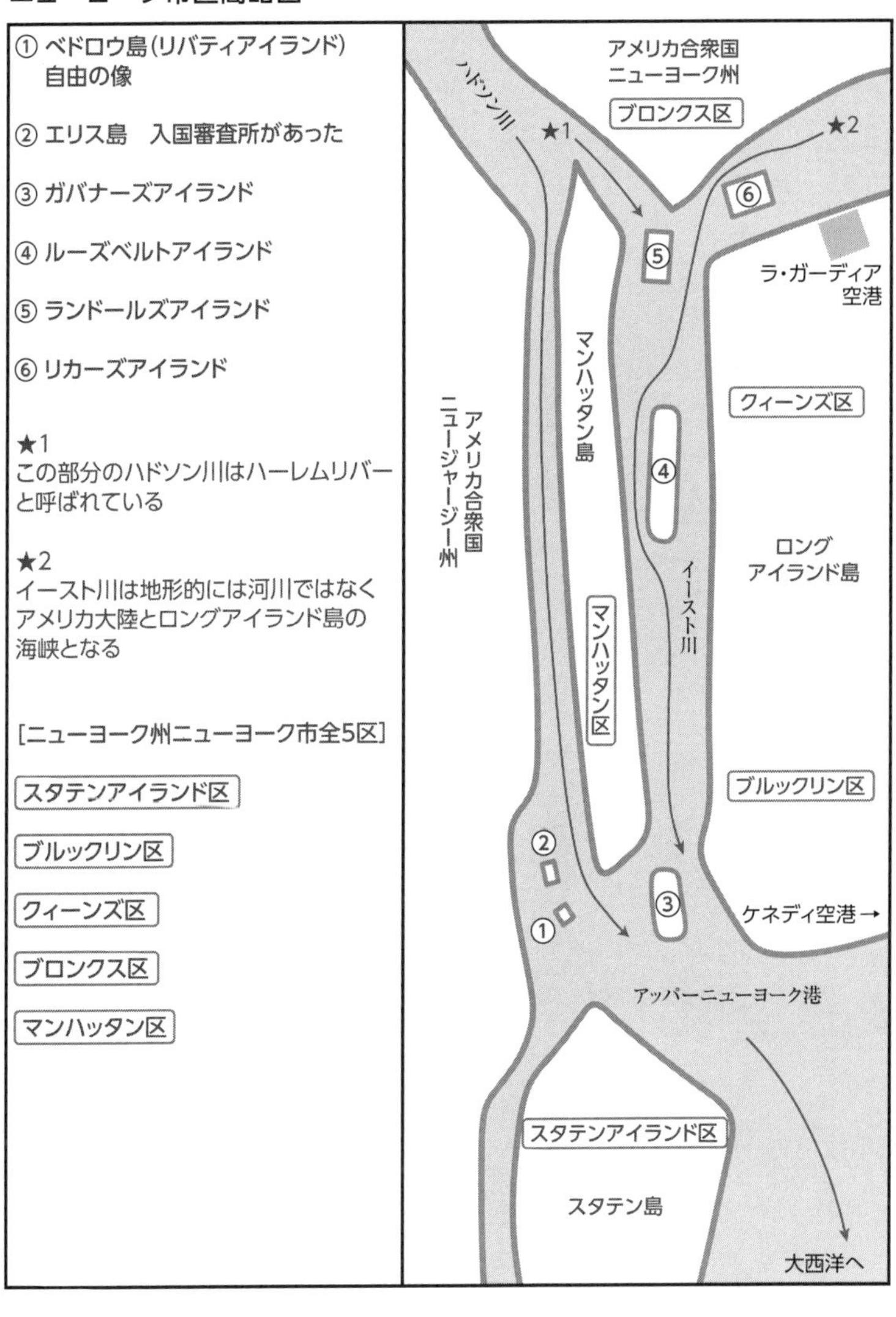

どうも、コロンの新大陸到達の話のような、金や銀がたくさんあるといったパッとしたところがない、とでも思ったのでしょう。そこで、このヌーヴェル・アングレームなる名前をつけられたニューヨークの地は、そのまま捨て置かれ、組織的に探検されることもありませんでした。ちなみに「ヌーヴェル・アングレーム」のアングレームは、フランソワ一世が、ヴァロワ・アングレーム家の出身だったからで、ヌーヴェルは英語にするとNewです。

ところで前章で、マルコ・ポーロの『東方見聞録』に影響されて、数多くの船団がモンゴル帝国の都、大都（だいと）を求めて出航した話をしました。そのときに触れたフランス人ジャック・カルチェが、フランソワ一世の命を受けて、カナダのセントローレンス川を探検したのは、ジョバンニ・ダ・ヴェラッツァーノがニューヨークを探検した一五二四年から十年後の、一五三四年のことでした。フランソワ一世は、このカナダ探検には熱心だったようで、きちんと領土化する努力をしています。後にヌーヴェル・フランスと呼ばれる北アメリカ大陸の、広大なフランス植民地の出発点がここになりました。

2 次にやってきたのはネーデルランドに雇われたイングランド人

ネーデルランドは一六〇二年に東インド会社という株式会社をつくりました。この会社は東南アジアの植民地支配のために、統治権や軍事権を本国から任された特殊な組織です。なお、東インド会社という名称の組織は、一六〇〇年にイングランドが、インド支配の強化を目論んで会社として創立したのが最初でした。

ネーデルランドの東インド会社の東南アジアにおける植民地化の中心は、インドネシアのモルッカ諸島でした。そこを中心に栽培されるコショウ、シナモン、クローヴなどの香辛料が、ヨーロッパ市場における最強の交易商品だったのです。ところが、この香辛料を狙っている国がありました。イングランドです。

ネーデルランドもイングランドも、東南アジアへ行くには、大西洋を南下してアフリカ南端を回りインド洋を北上する必要がありました。時間のかかる交易ルートです。そこで両国ともルートの短縮化を模索します。

まずイングランドが動きました。ロシアのモスクワ大公国との交易を一手に引き受けるモスクワ会社に、シベリア沖の北極海を通って、太平洋に抜けるルートを探検させたのでした。それを実行したのは、ヘンリー・ハドソンというイングランド人です。そのチャレンジによって、北極海には夏でも凍結したままの海域があって、当時の航海技術では突破できないことが判明したのでした（一六〇七）。

次にネーデルランドが動きました。ネーデルランドの東インド会社もヘンリー・ハドソンを雇いました。彼は当時の航海探検のエキスパートだったのでしょう。

ハドソンは北アメリカ大陸の東海岸沿いに北上しながら、現在のスタテン島とロングアイランド島の間に、海峡があることを発見しました。彼はそこを通過して進みましたが、やがてそれは海峡ではなくて大河であることに気づきました。このときハドソンは、北アメリカがいくつかの大きな島の集合体であるという説は誤りで、ひとつの大陸であることを知ったのではないかと思います。ハドソンは、その一帯をニューネーデルランドと命名しました。

もしかすると、セントローレンス川を遡ったジャック・カルチェも、そこが太平洋に抜ける海峡なのではと、考えたのかもしれません。当時、先住民はどうであったか知りませんが、ヨーロッパ人は誰一人、北アメリカ大陸を縦断も横断もしていませんでした。またジャック・カルチェの探検もヘンリー・ハドソンの探検も、いまだどこかでマルコ・ポーロが世界に拡げてしまった、豪華な中国のイリュージョンに影響されて、大都への最短ルートを探すことが脳裏にあったのかもしれません。

3 ネーデルランドがマンハッタン島を領土化する

ハドソンが遡った川は、後にハドソン川と命名されました。また、ハドソンはハドソン川下流にある大きな中洲が、先住民からマンハッタンと呼ばれていることも知りました。

ハドソンの探検結果を聞いたネーデルランド政府は、フランソワ一世とは違って、勤勉でした。西インド会社に命じてマンハッタン島やその周辺を領土にしようとして、積極的に入植を開始したのです。まず、マンハッタン島の南端に、毛皮交易の拠点をつくり、その地をニューアムステルダムと名づけました（一六二五）。当時、毛皮はヨーロッパの上流階級に大きな需要がありました。

ネーデルランドは、ニューアムステルダムという都市を構築するとき、マンハッタン島とその対岸を先住民から買い取りましたが、その価格が二束三文の超安価であったので、歴史上有名になりました（一六二七）。このビジネスを実行したのは、ネーデルランドの植民地総裁ピーター・ミニュイットでした。彼は当時のネーデルランドのお金六〇ギルダー分（ビール大ジョッキ二四〇〇杯分）の物品でこの土地を入手した、といわれています。交換した品物は何かというと、ビーズ玉であったとの説が残されています。

こうしてネーデルランドは土地を入手しましたが、レナペ族やワッピンガー族など肝心の先住民たちは「土地を売る」ということが、まさか自分たちが住めなくなることだとは、夢にも考えていなかったようです。後になって「土地を売ること」の本質にようやく気づいた先住民とネーデルランドのあいだに、いくつかのトラブルが発生しました。特に一六四三年から四五年まで、先住民の主力であったワッピンガー族とネーデルランド人の入植者は激しく衝突し、キーフ戦争と呼ばれた流血事件を起こしています。多くの先住民が命を落とし、またヨーロッパからもたらされた天然痘によって、もっと大勢が亡くなりました。なおキーフとは、その当時のニューアムステルダムの支配者の名前です。

こうして先住民を追い払って支配権を確立したニューアムステルダムの入植者たちは、ついに一六五二年になると独自の政府をつくり、ニューネーデルランドの行政全体を取り仕切り始めます。この状況を見て、ネーデルランド本国もニューアムステルダムを公式に自国の自治体として承認しました。

4 ニューアムステルダムの地にカルヴァン派プロテスタントが入植する

マンハッタン島を中心とする現在のニューヨークの地は、冬はかなり寒く、ときおり積雪五〇センチを超えることもあります。ネーデルランド政府は、この新領土に入植させる人をどうするかを考えました。スペインが獲得した南アメリカほど暮らしやすい土地ではありませんし、銀山も金山もありませんから、一攫千金を狙う人々もなかなかやってきません。西部アメリカやアラスカの金山が有名になるのは、もう少し後の話です。

そこでネーデルランド政府がニューアムステルダムの地に誘ったのが、カルヴァン派プロテスタントの人々でした。

プロテスタントは大別すると、カルヴァン派とルター派に分かれます。

ルター派の主張は平たく言えば、『聖書』に帰れということでした。ルターは当時のローマ教会の偉い人たちが贅沢三昧(ぜいたくざんまい)をして、きれいな家に住んで美女をはべらせているのはおかしい、イエスはつつましく、質素に生きていたのだ、そのことは『聖書』を読めばわかる、と主張しました。しかしルターは政治の世界では君主がいて社会を支配していることに、なんのクレームもつけませんでした。ローマ教皇が悪いのだ、と言っただけです。そのためにルター派のプロテスタントたちは、ドイツを中心に諸侯に保護されて生活することができました。

これに対して、カルヴァン派の主張はより過激でした。その根幹をなすのは「予定説」です。

「予定説」はルター以上に神の絶対性を強調する教義でした。神の意志以外、教会も教皇もいわんや国王も、さらには自分自身も、魂を救うことはできない、と主張したのです。つまり、すべての人間は生まれる前から天国に行くか地獄に行くか決まっている、という考えです。

ローマ教会はそれまで、天国はいいところだ、地獄は怖いところだ、と教えてきました。「天国に行きたかったら善行を積みなさい。そうしないと地獄に落ちますよ。善行を積むということは、教会と聖職者を大切にすることです。いっぱいお布施を出しなさい。土地を寄進しなさい。神さまは見ていますよ」。昔の人々はおおむね素朴でしたから、そう言われると一所懸命神に祈り、教会に寄付してきたのでした。

しかしカルヴァンは誰が天国に行くかは決まっている、そんな善行など何の効果もない、と喝破(かっぱ)したのです。激しくローマ教会と対立したばかりではなく、カルヴァンは神が最高の存在であると主張したわけですから、ルターのように、「カエサルのものはカエサルに」と君主の権威を認めることもありませんでした。

カルヴァン派の人々にはリテラシーの高い人々が多く、みんな聖書を読みました。そしてローマ教会の論理に疑問を感じ、カルヴァンに共感しました。自分は選ばれた者であると信じ、誠実に働き倫理的に生きようと努力しました。このような彼らの生活態度から、プロテスタンティズムの精神が確立されていきました。その思考構造が資本主義の支柱になっているという論理で、『プロテスタンティズムの倫理と資本主義の精神』を著したのが、社会科学者のマックス・ヴェーバーでした（一九〇四）。

さて、このように権力と妥協しないカルヴァン派の教えは、当然ながらローマ教会と各君主国の支配者から弾圧を受けました。カルヴァン自身が生まれた国であるフランスからスイスへ逃亡したほどです。ネーデルランドの支配者たちは、ヨーロッパで迫害されるカルヴァン派の人たちにニューアムステルダム行きを勧めたのです。

ネーデルランドの国内では、カルヴァン派は迫害されてはいませんでしたが、ヨーロッパ中に「ニューアムステルダムには信教の自由がある、われわれの安息の地がある」と評判が立って、ネーデルランドを始めとする各地の多くのカルヴァン派の人々が、マンハッタン島にやってくるようになったのです。

イングランドが奪い取って「ニューヨーク」と名づけた

この当時ヨーロッパでは、ネーデルランドとイングランドが世界貿易の覇権を巡って衝突を繰り返していました。

ちょうどニューアムステルダムに独自の自治体が誕生した頃、イングランドが「航海法」という法律をつくって、イングランドの海域を通過するネーデルランドの船舶を襲い、その船荷(ふなに)を略奪し始めたことから、戦争状態になりました。第一次英蘭戦争です(一六五二―一六五四)。そして一六六四年イングランドの最新鋭の軍隊が、マンハッタン島に迫りました。

マンハッタンという島の大きさは、山手線の内側の面積ぐらいの広さです。縦に二〇キロメートル、横幅最長四キロメートルの南北に細長い形をしています。ネーデルランドがニューアムステルダムと名づけた場所は、マンハッタン島の南端に近い部分で、現在のウォール街近辺でした。ちなみにウォール街とは、ネーデルランドが町の防御のために築いた城壁(ウォール)があったので付けられた名前です。

一方、イングランドは最初の北アメリカ大陸の植民地を、ニューアムステルダムの南、ヴァージニア州のジェームズタウンにつくりました(一六〇七)。さらにニューアムステルダムより北方のマサチューセッツ州のプリマスにも、一六二〇年、メイフラワー号でやってきたピューリタンの人たち（ピルグリム・ファーザーズ）が植民地をつくっていました。ピューリタンとは、イングランドにおけるカルヴァン派プロテスタントを意味する言葉です。イングランドにとって、川底が深く、島に囲まれたニューアムステルダムの港は、どうしても欲しい場所でした。ネーデルランドと世界規模で海洋覇権をかけての勢力争いを重ねる中で、マンハッタン島の占領を狙ったのでした。

ネーデルランドとイングランドの両軍は、マンハッタン島で対峙しました。ネーデルランドには本国からの援軍もなく、ニューアムステルダムはイングランドの手に落ちました。しかしイングランドは、ネーデルランド人を追い出してイングランド勢力だけの領土にしたのではなく、ネーデルランドの人々が希望すれば、そのままマンハッタンに残ることを認めました。お互いにカルヴァン派のプロテスタントであることが影響していたと思います。現在でもニューヨークの住民には祖先がネーデルランド人であるという人が少なくありません。この頃から、ニューアムステルダムの住民は、いろいろな国籍の人で構成され始めました。

ニューアムステルダムを奪取したイングランドに対して、ネーデルランド本国が攻撃を開始したことから第二次英蘭戦争が始まりました（一六六五—一六六七）。この戦争にはネーデルランドを制圧したいフランスも加わって、複雑な展開となりました。交戦の過程でネーデルランドはマンハッタン島の支配権を再び奪取したのですが、最終的に両国は休戦し、ネーデルランドのブレダで和約を結びました。この結果、マンハッタン島は正式にイングランドの所有となり、その代わりネーデルランドはモルッカ諸島群の中のバンダ諸島を得ました。香辛料の産地です。

イングランド王のチャールズ二世は、ニューアムステルダムをニューヨークと名づけました。それはチャールズ二世の弟ヨーク公（後のジェイムズ二世）に、この土地の支配権を委ねたからです。

ニューヨークという名称が初めて公式に登場したのですが、そのまま簡単にイングランド領にはなりませんでした。

なぜならまもなくすると、第三次英蘭戦争が勃発したからです（一六七二―一六七四）。ネーデルランド海軍がニューヨークを襲撃し、再度この地を奪取しました。そして名前をニューオレンジと変えました。これはネーデルランドの総督オレンジ公ウィリアムにちなんだネーミングでした。オレンジとは、ウィリアムが南仏のオランジュ地方の大貴族の子孫であることに起因する呼称です。

しかし、この第三次英蘭戦争が一六七四年にウェストミンスター条約によって終結すると、マンハッタン島はまたイングランドの所有になり、ネーデルランドはその引き換えに南米ギアナのスリナム（現在は独立した共和国）を獲得しました。

結局、ネーデルランドはマンハッタン島を手離し、その代償として香辛料の島と南米の土地を得ました。ひとつの島が二回の取引に利用できたので、「いい取引だ」と思ったのかもしれません。イングランドはしぶとくニューヨークを求め続けて、ついにその手中に収めたのでした。

計算高い国イングランドによるニューヨークの植民地支配

改めてニューヨークはイングランドの支配する土地になりましたが、この国は植民地の経営を確実に本国の利益に反映させようとします。それを不満に思う人々が増加して、トラブルも起きがちでした。

一六八九年、カルヴァン派のプロテスタントで、ドイツ系アメリカ人のライスラーという男が、イングランドの支配に対して反乱を起こしました。この反乱は二年間続きましたが、鎮圧されました。

いくつかの騒動もありましたが、ニューヨークは着実に発展を続け、都市としての体裁も整ってきました。ニューヨークがイングランドの支配する都市になって百年が経過した一七五四年、イングランド王ジョージ二世は、ニューヨークにコロンビア大学を創設することを勅許しました。このような私立大学が創設できたということは、ニューヨークが北米の中心地になりつつあることの証でもあったと思います。

なおアメリカで最初の大学は、マサチューセッツ州ケンブリッジにピルグリム・ファーザーズが設立したハーバード大学です（一六三六）。

ニューヨークは大学も創立されて充実していきますが、イングランドの植民地政策は必ずしも本国の思いどおりには行かなくなっていきます。

何がアメリカ植民地の独立運動に火をつけたのか

ヨーロッパでは一七五六年に七年戦争が始まりました。この戦争はフランス、ロシアと同盟関係を結んだオーストリアの女王マリア・テレジアと、イングランドの支援を受けたドイツのプロイセンのフリードリヒ二世によって戦われた戦争です。

この七年戦争にイングランドとフランスが参加したのは、お互いにライバル同士としての欲得が絡んでいるからでした。そしてこのヨーロッパの戦争が北アメリカの植民地に飛び火して、フレンチ・インディアン戦争となりました。

この風変わりな名称は、イングランド側の視点でつけられたものです。イングランドがフランスとネイティブ・アメリカンの連合軍と戦った、という意味です。しかしこの戦争の主題は、北アメリカの植民地支配の主導権をめぐる争いでした。

フレンチ・インディアン戦争はイングランドの完勝に終わりました。フランスは敗退したために、カナダのセントローレンス河畔からミシシッピー川以東に広がる、広大なヌーヴェル・フランスの植民地を失い、イングランドが北米に領土を拡げました。

この勝利後に、アメリカ植民地の人々が頭にくる事態が起きました。

フレンチ・インディアン戦争はもちろん国益のために行われたもので、たまたま主な戦場が植民地であっただけです。そして勝つには勝ったが、本国政府は多額の戦費を支出しました。この戦費の赤字をなんとか埋め合わせねばと考え、受益者負担の原則に思い至りました。あの戦争はアメリカ植民地で行われたもので、戦費も現地で使ったのだから、現地に弁償させようという論理です。そして施行した税制が印紙法でした（一七六五）。植民地政府や私企業が出す公文書・新聞・暦・雑誌その他もろもろの出版物に、本国政府の収入印紙を貼らせるのです。こうやって、植民地政府や植民地の住民から、フレンチ・インディアン戦争の戦費を回収しようとしたわけです。合理的といえば合理的ですが、かなり厚かましい発想でもあります。

ところが、アメリカ植民地の住民たちは、おとなしく印紙法に従うほど柔順ではありませんでした。印紙を焼き捨てたり、イングランドの出先機関を襲ったりする「自由の息子たち」と呼ばれる集団が、大規模な反乱を起こしたのです（一七六六）。ニューヨークはその運動の中心都市でした。彼らはニューヨークに彼らの主張をアピールする「自由の旗（flag pole）」を立て、イングランド政府が倒しても倒しても、また新しく立て直して市民にアピールしながら反対運動を続けました。しかし、彼らは暴力のみに訴える暴徒の集団ではなく、きちんとした論理的根拠も持っていました。

「代表なくして課税なし」（No Taxation without Representation）という言葉です。

この言葉は、無能といわれたイングランドのジョン王が、貴族とロンドン市民から突き付けられたマグナ・カルタ（一二一五）に盛り込まれた精神を表すものでした。マグナ・カルタの主張とは、「王よ、あなたが勝手に戦争をして、金がなくなったら税金を取る、それは許しません。払っているのは我われです。我われの意見をきちんと聞いて課税しなさい。それ以外は認めません」というものでした。

この理論は結局、「代表なくして課税なし」に通じます。議会も開かず、王が勝手に決めたことには従いません、という至極当然な論理でした。

「自由の息子たち」や、民主的な権利を求める人々の主張も、論理的にはマグナ・カルタの精神と同じです。

「本国の議会に出席して、議論を尽し、納得できるのなら税金も払うけれど、その権利がないなら税金は払わない。本国のために税金を払うなんてとんでもない。それなら自分たちの政府をつくる」

こうして印紙法反対運動は、独立運動の前奏曲になっていったのでした。

独立戦争中そして戦後に、ニューヨークが果した役割

アメリカ独立戦争については、多くが語られていますので、その経過については省略します。ここではニューヨークに関係があった点を中心に話します。

独立戦争は一七七五年に開戦し、アメリカは最高司令官にジョージ・ワシントンを任命し、次いで一七七六年に独立宣言を採択しました。全世界に対して、イングランド本国との和解の道を捨てたことを宣言したのです。

この一七七六年にニューヨークは大火災に見舞われましたが、同年の八月、ワシントン率いるアメリカ軍は、マンハッタン北部のワシントン・ハイツの高台でイングランド軍と対峙しました。しかし形勢利あらずと判断したワシントンは、一兵も損なうことなく全軍を移動させました。そしてこのときから一七八三年の独立戦争の終結まで、ニューヨークはイングランド軍に占領されたまま、その本拠地となっていました。そのために、マンハッタン島の被害は少なく、主要な建築物は破損されませんでした。

勝利したアメリカ軍はニューヨークを、新しい独立国の首都と定め、ウォール街の旧ニューヨーク市庁舎を国会議事堂としました。一七八九年四月、初代大統領となったワシントンは、この建物のバルコニーで就任演説をしています。

ニューヨークは一七八三年から一七九〇年までアメリカの首都でした。その後、首都は一八〇〇年までフィラデルフィアに移り、一八〇〇年からワシントンになり、今日に至っています。合衆国の指導者たちは最初から、政治の中心は別に置き、港としての立地にも優れたニューヨークは経済の中心地とする国造りを構想していました。すでに一七九二年、証券取引所がウォール街に開設されています。

米英戦争と同時期だったニューヨークの都市計画

十八世紀末から十九世紀初頭にかけてのヨーロッパでは、フランス革命後、イングランドを盟主とする対仏大同盟が断続的に結成されていましたが、ナポレオンが一八一五年、セントヘレナ島へ流刑となって終わりを告げます。その間、アメリカは中立を守っていました。一八〇三年にはナポレオンから広大なルイジアナ（中西部）を買収しています。そのためにニューヨーク港は多大な貿易上の利権を得ました。

ジョージ・ワシントン

初代合衆国大統領。独立戦争を勝利に導いた。

ニューヨーク港が繁栄し、ヨーロッパの戦乱を逃れて新大陸に移住を求める人々がニューヨークにやってくるようになると、マンハッタン島では土地開発と土地供給を念頭に置いた、都市計画が必要になってきました。そして一八〇〇年代の初めに、ニューヨーク市議会で新しい都市開発のための審議会が設けられました。

この審議会には特別の名称はなかったのですが、一八一一年にひとつの計画案が作成され、その案が採用されて「一八一一年委員会計画」と呼ばれるようになりました。この案はマンハッタン島を南から北まで格子の目のように、規則正しく縦線と横線で分割したので、「グリッドプラン（grid plan）」と通称されています。南北の通りをアヴェニューと呼び、東から西へ、一番街、二番街と名づけました。東西の通りはストリートと呼び、南から北へ、一丁目、二丁目と区分しました。

グリッドプランの特徴は、アメリカの首都であるワシントンやヨーロッパの都市のように、中心となる広場から道路が放射線状に伸びていたり、通りの名称に人名や地名が多用されたりしていないことです。機能的なわかりやすさを徹底させた点で、画期的でした。この都市計画

19世紀のアメリカ、領土拡大と西部開拓の進展

1803年	ナポレオンからルイジアナを購入
1818年	イングランドからレッド川盆地を購入（オクラホマ南部一帯）
1819年	スペインからフロリダ買収 ⇒この頃からメキシコ領テキサスに対する アメリカの不法入植が目立ち始める
1830年	インディアン強制移住法施行 ⇒西部開拓の進展と居住地を追われる先住民の悲劇
1845年	メキシコ領テキサス併合
1846年	カナダ領オレゴン併合
1848年	アメリカ・メキシコ戦争の結果、 カリフォルニアやネヴァダ、ニューメキシコなどを割譲させる ⇒同年カリフォルニアに金鉱発見、ゴールドラッシュ始まる
1853年	アリゾナをメキシコから併合 ⇒現在のアメリカ合衆国の領土がほぼ確定

は三賢人と呼ばれた男たちによって立案されました。その三名とは、外交官でもあったグーヴェルナール・モリス、ニューヨーク州の測量局長サイモン・デ・ウィット、ジョージ・ワシントンの友人だった政治家ジョン・ラザフォードです。

ところがニューヨーク市が「グリッドプラン」を実行しようと決定した頃に、アメリカに大きな難題が降りかかってきました。対ナポレオン戦争に中立の立場を採り、海上貿易で大きな利潤を得ていたアメリカに対して、イングランドが海上封鎖令を発し、その交易活動を実力で妨害し始めたのです。アメリカ政府は、このイングランドの行為に断固として抗議し、両国は

戦争状態に入りました。

アメリカ政府は苦戦しながらもイングランドとの交戦を持続し、ニューヨーク市は「グリッドプラン」を実行しました。歴史上「アメリカ・イングランド戦争」（一八一二―一八一四）と呼ばれるこの戦いは、ナポレオンがロシア遠征に失敗して大陸制覇の野望が挫折し、エルバ島に流刑になったときに終戦となりました。

このアメリカ・イングランド戦争において、昔の支配者に屈しなかったことで、アメリカ自らの自立心は経済的にも意識的にも高まりました。そのためにこの戦争は第二次独立戦争とも呼ばれています。ちなみにアメリカ国歌「星条旗よ永遠なれ」は、この戦争中に誕生しました。

ニューヨークは戦時下もグリッドプランを遂行し、面目を一新しました。そのニューヨークに、また新しい移民の大波が訪れます。その波はアメリカの国力伸長とも関係していました。

エリー運河とジャガイモ飢饉がニューヨークを変えた

十九世紀はアメリカの領土拡大の時代でもありました。ルイジアナ買収から更に西進を続けたアメリカは、一八四八年にアメリカ・メキシコ戦争を終結させてカリフォルニアを含む広大な領土を割譲させ、さらに一八五三年にアリゾナをメキシコから併合し、現在のアメリカ合衆国の領土とほぼ同じとなりました。

この時代のニューヨークを語るとき、代表的な出来事が二つあります。ひとつはエリー運河の開通でした（一八二五）。

この運河はハドソン川中流の州都オールバニからエリー湖畔の都市バッファローまで開削されたものです。この運河により、エリー湖からニューヨークまで一気に航行が可能となり、そのままヨーロッパまで航海できるようになったのです。

その結果、五大湖地方の森林地帯で捕獲されるミンクなどの高級毛皮が、大量にヨーロッパに輸出できるようになりました。さらに運河の開通は、大陸西部諸州の農産物をニューヨークまで大量に水上輸送することも可能にしました。

エリー運河の開通はニューヨークの経済を飛躍的に向上させましたが、同時にニューヨークへの人口流入を増大させました。それはこの運河開削工事のための作業員募集に、ナポレオン戦争で祖国が戦場となったドイツを始めとするヨーロッパ各地から、多くの人々が応募してきたからでした。

ニューヨークの人口増加は、貧困住宅地の密集化を激化させ、それに伴い火災の発生も増加し、一八三五年にも大火災が起きています。そこへ、さらに人口増加の原因となる出来事がアイルランドで起きました。一八四五年にアイルランドで発生したジャガイモ飢饉(ききん)です。南アメリカ大陸から十六世紀にヨーロッパに伝わったジャガイモは、十八世紀後半から全ヨーロッパで庶民の貴重な基本食糧になっていました。ところがアイルランドの地で、このジャガイモに疫病が発生して収穫できない事態が生じたのです。

このジャガイモ飢饉を逃れるために、一〇万人以上の人々がアイルランドからニューヨークにやってきました。それまでのニューヨーク市民の中心は、ネーデルランドのカルヴァン派プロテスタントであり、イングランドのピューリタンであったのですが、アイルランドからの移民はプロテスタント系ではなく、ローマ教会の信者が大半であったことが特徴的でした。

エリー運河開通とジャガイモ飢饉は、ニューヨークに住む人々をますます多様化させました。そしてこの頃から、比喩的にニューヨークを表現するときの「人種のるつぼ」という言葉が一般化し始めたのでした。

なお、このジャガイモ飢饉によってニューヨークにやってきた人々の中に、パトリック・ケネディ(ケネディ大統領の祖先)や後の鉄鋼王アンドリュー・カーネギーもいました。

ジャガイモ飢饉から三年後の一八四八年、メキシコからカリフォルニアの広大な土地を奪い取ったアメリカは、そのカリフォルニアに金鉱が発見されるという強運に恵まれます。そしてこの金鉱を目指して西部へ向かった人々の中には、西部開拓に夢を託したアメリカ人だけではなく、ヨーロッパからの一獲千金を狙う人々も含まれていました。彼らがやってくるのも

ニューヨークを変えたエリー運河

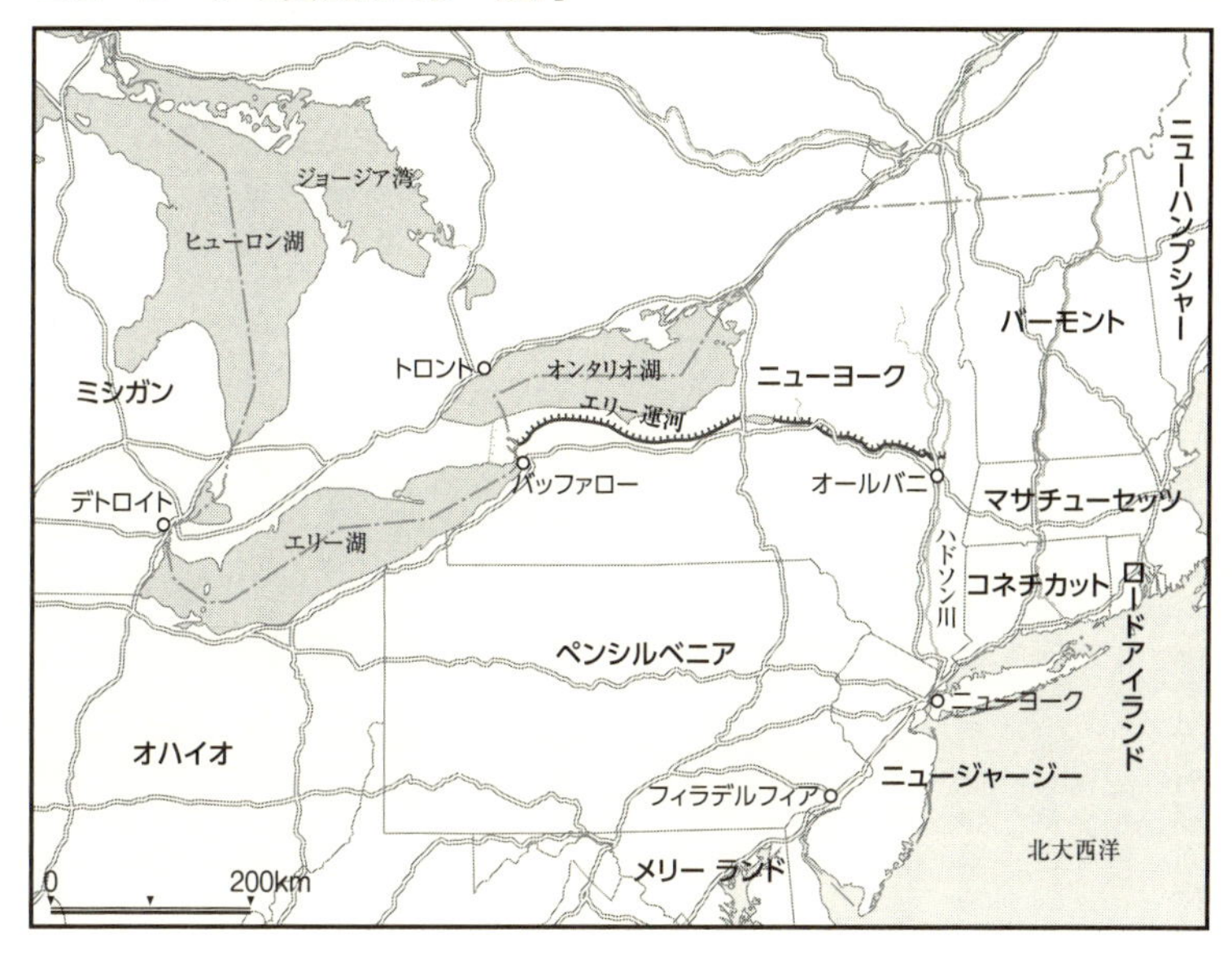

ニューヨーク港でしたから、ニューヨークはますますにぎやかに、ますます多様化していきました。「人種のるつぼ」に次いで、「アメリカンドリーム」という言葉も、この頃から使われるようになりました。

細長いマンハッタン島はグリッドプランで整然とした都市になったのですが、もともとこの島はハドソン川の中洲（岩盤）なので、景観としては東西の河岸に豊かな自然がありました。ですからグリッドプランでも、小さな公園はつくりましたが、大規模な自然の息吹（いぶき）に触れられるような公園はありませんでした。

やがて、商業中心都市の中で緊張感がいっぱいの生活を送る人々が急増すると、思い切り深呼吸できるような自然が身近に欲しいという声が多くなりました。

現在ではほとんど野生化した動物が棲む森もある大公園セントラルパークは、ニューヨーク市民の要望に応えるために、一八五七年に着工され一八五九年に開園しました。マンハッタン島のほぼ中央部分に南北四キロメートル、東西八〇〇メートルの地を占めています。

マンハッタン島は、少し掘ると全島が非常にしっかりした固い岩盤に覆われています。そのために公園をつくるとき、大量の樹木を植える必要もあって、多くの土をニューヨーク州のあちこちから運送したそうです。

ブルックリンとマンハッタンの間に橋がかかる

一八六一年に有名な南北戦争が起こりました。南北戦争とは何だったのか。ひと言でいえば、保護貿易か自由貿易かを巡る戦争でした。北部はようやく芽生えてきた綿織物工業を中心とする自国の産業を育てるために、イングランドの高い生産性を有する産業に対抗して自国を守る保護貿易を不可欠なものと考えていました。対して南部は黒人労働力を主体とする大規模農業が主力で、タバコ・トウモロコシ・大豆・綿花などを輸出して豊かな生活を営んでいましたから、自由貿易を主張しました。両者とも簡単に妥協できない対立でした。

このアメリカがほとんど南北に分裂しかねない問題をかかえたことで勃発したのが、南北戦争でした。南北戦争というと、奴隷制度の賛否がキーワードのように考えられがちですが、国家の将来像を巡る深刻な争点があったわけです。両軍合せて六二万人以上の死者を出した南北戦争は、一八六五年に終結し、北軍が勝利しました。アメリカは分裂することなく、工業国として歩み始めて今日に至っています。

ニューヨークは、この戦争中も戦場にはなりませんでした。

南北戦争後のニューヨークでは、市民の気持が落ち着いてくると文化への要求が高まり、いくつかの文化施設が誕生します。一八七二年にセントラルパークの中に開館したメトロポリタン美術館が、その代表的なものです。その後一八八三年にはメトロポリタン歌劇場がブロードウェイに建てられています。

また同じ頃に、マンハッタン島の東南から、イースト川を隔てたブルックリンを結ぶブルックリン橋が架けられました(一八八三)。

この橋の全長は四八六メートル、橋の下を船舶が通過できるように水上四一メートルの高さがあります。そしてこの橋は、両岸から鋼鉄ワイヤーで結んだ吊り橋です。ワイヤーの線が美しい曲線を描き、それは楽器のハープを想わせるので「スティール・ハープ」のニックネームがつき、今もニューヨークの名所になっています。

フランス人が「自由の女神像」を贈った理由

パリを中心とするフランス市民たちは、アメリカが独立宣言して百年を迎える一八七六年に、ニューヨークへ「自由の女神像」を贈ろうと考えました。制作者はフレデリック・オーギュスト・バルトルディという男でした。しかしなにかと手間取って、ニューヨーク港入口のベドロウ島（リバティアイランド）で、女神像の除幕式を行ったのは一八八六年十月でした。この巨像は台座の高さ四七メートル余り、像の高さ四六メートル余り、右手にかかげる松明（たいまつ）だけでも六メートルを超えます。

ところでフランス市民が自発的に募金してまで、この像を寄贈（きぞう）したのはなぜでしょうか。フランス人には、フランス革命の精神的起爆剤になったのはアメリカ独立戦争であったという強い想いがあります。独立戦争が勃発したとき、フランスはイングランドとヨーロッパの覇権を巡って対立していましたから、敵の敵は味方ということでアメリカに味方しました。また、アメリカ独立戦争を指導するリーダーたちの思想が、当時のフランスの啓蒙思想に共鳴していることもあって親近感も覚えていました。

このような背景があって、フランスはアメリカに義勇軍を派遣して新大陸でイングランドと戦いました。市民的自由を擁護（ようご）した侯爵ラ・ファイエットは、その代表的人物でした。アメリカが独立を勝ち取って、フランス義勇兵たちが帰国するとき、彼らはアメリカ人たちが戦場で叫んでいた言葉を深く胸に刻み込んでいたことでしょう。

「代表なくして課税なし」「自由と平等」

これらのイデオロギーは、やがて始まるフランス革命のエネルギーとなっていきました。そしてフランス革命を成功させたフランス人たちは、アメリカ独立戦争の意義を決して忘れていなかったのです。そのことのシンボルが「自由の女神像」でした。アメリカ独立戦争とフランス革命、その自由の精神の生き証人がニューヨークの入口に立っているようにも思えます。なお、パリのセーヌ河の中洲にも自由の女神像のミニチュアが立っています。

一八九二年になるとベドロウ島の北にあるエリス島に入国審査所がつくられました。この役所は以前はマンハッタン島の南端にありました。

入国審査所がエリス島に出来てからは、ニューヨーク港にやってくる人々は、大西洋の波頭の彼方、その右手にマンハッタンの高層ビル街を望み、左手に自由の女神像を仰ぎながら、入国審査に向かうことになりました。自由の天地へ入っていくような、劇的な舞台装置がつくられたのです。なお自由の女神像の性別は定かではなく、現在では「自由の像」と呼ばれることが一般的です。

ヨーロッパからの移民がピークを迎える

ニューヨーク市は一八九八年に、周辺の地域を合併して五つの区をつくりました。それまでのマンハッタン島に加えて、ロングアイランド島のブルックリン区とクィーンズ区、スタテン島のスタテンアイランド区、そしてアメリカ大陸の一部であるブロンクス区です。全体のスケールでは東京二三区より狭いのですが、現在まで、これがニューヨーク市の規模となっています。また一九〇四年には地下鉄が開通してニューヨークの新しい足となります。

この頃から新大陸に自由と可能性を求める旧大陸からの移民が急増し、ピークを迎えます。一八八〇年から一九二〇年頃までにアメリカにやってきた移民は約二三〇〇万人、そのうちの約一七〇〇万人が、ニューヨークに上陸したと記録されています。中心となったのはイタリア、ドイツ、ポーランド、ロシアなどからの人々でした。このうちイタリア人は南部の貧しい農村地帯からの移民が多く、肉体労働者になる人々が中心でしたが、音楽界や映画界に進出する人々も多く、暗黒街を支配するマフィアの組織も出現しました。またロシアで十九世紀から顕著になったポグロムと呼ばれたユダヤ人迫害や、ドイツやポーランドで拡大していく反ユダヤ主義から逃れて、アメリカにやってくるユダヤ人も急増しました。教育に熱心な彼らは、やがて経済界や知的分野に進出していきます。

エンパイアステート・ビル

ニューヨーク市マンハッタン区にある超高層ビル。「エンパイアステート（帝国州）」はニューヨーク州の異名である。

かくてニューヨークはますます人種のるつぼと化していくのですが、さらにアメリカ国内の南部から流入してくる黒人の増加も目立ちました。南北戦争で奴隷制度が廃止されても、差別は残りましたが、それまでの農奴のような身分から解放された黒人たちの中には、農園を捨てて意欲的に一旗上げようとニューヨークにやってくる人たちも多かったのです。彼らはセントラルパークの北、ハーレム地区に居住して黒人文化の花を咲かせました。その新鮮さに白人のニューヨーカーたちも魅せられていきます。

ハーレムを黒人文化の多彩なダイバーシティの町にした代表的な人々を挙げますと——。文学ではジェームス・ジョンソン、クロード・マッケイ、音楽ではルイ・アームストロング、デューク・エリントン、ライオネル・ハンプトン、そして「黒いヴィーナス」と呼ばれた歌と演劇のエンタティナー、ジョセフィン・ベーカーなどです。彼らはハーレムのナイトクラブを、その主な出演舞台としていました。コッポラが一九八四年に制作した映画「コットンクラブ」は、ハーレムに実在したナイトクラブを舞台として、当時のハーレムの様子を実在の人物を登場させながら描いています。

このような黒人たちの文化運動はハーレム・ルネサンスと呼ばれました。

またニューヨークでは急増する人口に対応し、土地の値上がり対策も考えて、建物の高層化が始まりました。思い切った高層化が可能になったのは、地震がなくマンハッタン島の地盤が固い岩盤であったからです。またエレベーターの実用化も、高層化に大きく寄与しています。一九二〇年代になると五〇階以上のビルが競い合うように建築されます。これらの高層建築群をスカイスクレイパーと呼びますが、「空をこするもの」という意味です。日本語では天を摩する楼閣、摩天楼と訳しました。なお七七階のクライスラー・ビルや一〇二階のエンパイアステート・ビルは一九三〇年代初頭に建てられました。

この時代に、ニューヨークが経済的にその地位を飛躍的に高める事件が起きました。

当時、世界の帝国主義の頂点に立つイングランドは、大英帝国と呼ばれる存在になっていましたが、南アフリカ戦争（一八九九―一九〇二）で多大の戦費を費消しました。この戦争は大英帝国が南アフリカの地を巡って、ネーデルランド系の現地住民と戦ったものです。大英帝国は苦戦の末に勝利しますが、あまりに大きな赤字となった戦費を穴埋めするために、ニューヨーク証券取引所で資金を調達したのです。

世界一の大英帝国がロンドンではなくニューヨークで借金した、ということは大英帝国の覇権が揺らぎ始めた証でした。逆に大英帝国に資金を供給したニューヨーク証券取引所、すなわちニューヨークは、このあたりからロンドンと並ぶ世界の金融の中心地となっていきます。

禁酒法という珍事件とウォールストリート・クラッシュの発生

セントラルパークの少し南、クライスラー・ビルの西側にグランド・セントラル駅が完成したのは一九一三年、第一次世界大戦勃発の一年前でした。この鉄道駅は、アメリカ大陸全体とニューヨークを結ぶターミナルとなり、ますますこの都市は賑わいを増していきます。それから四年後の一九一七年、アメリカは全国禁酒法を議会で成立させ、一九二〇年から実施しました。

禁酒法が実施されるとニューヨークには四万軒にも上(のぼ)るもぐり酒場が登場し、取り締まり当局との騒動が尽きませんでした。宗教上の戒律ならともかく、国家が嗜好品の禁止令を出すあたり、いかにもアメリカ的な理想主義の発露ともいえますし、新天地でお手本もなく歩き始めた人工国家らしい拙い思考法でもありました。この法律は一九三三年に廃止されました。

禁酒法騒ぎの真っ最中、一九二九年十月、ニューヨークのウォール街の証券取引所で株式相場の大暴落が発生しました（Wall Street Crush）。ウォールストリート・クラッシュは世界経済に深刻な影響を与え、世界金融恐慌へと拡大しました。金融恐慌によって、自国の植民地や国内に大きな経済圏を有する大国は国を閉ざして社会を守りましたが、それができない国々は苦境に追い込まれていきました。アメリカ自身はフランクリン・ルーズヴェルト大統領がニューディール政策を実施して大規模な公共事業を展開して失業者を吸収し、経済を建て直しました。具体的にはＴＶＡ（Tennessee Valley Authority、テネシー川流域開発公社）に代表される事業です（一九三三）。

第一次世界大戦の後、国際連合の本部が置かれる

第一次世界大戦（一九一四―一九一八）が終わったとき、アメリカのウィルソン大統領は民族自決の理念を掲げて国際平和を維持する目的で国際連盟を発足させました。しかしアメリカ

自体は議会に参加を否決されて、国際連盟には参加しませんでした。当時のアメリカは、第一次世界大戦で大英帝国をはじめとするヨーロッパ列強が疲弊したこともあって、押しも押されもせぬ世界一の強大国になっていました。しかし第一次世界大戦後の世界では、禁酒法騒ぎやウォールストリート・クラッシュなどを経て、アメリカは世界をリードする実力も理念もあったのに、強いモンロー主義に陥って、自ら引きこもってしまったのです。

アメリカが世界への扉を閉じている間に、ヨーロッパではドイツがヒトラーのもとで再び強国となり、第二次世界大戦を引き起こします。このときルーズヴェルト大統領は、世界一の大国がモンロー主義によって引きこもっていてはいけないと考えました。彼は理想的に走りすぎたウィルソンの失敗に学んで、第二次世界大戦中から大西洋憲章という戦後ヴィジョンを提示しました。この憲章の精神に基づき、詳細な戦後世界のグランドデザインが描かれ、戦後に国際連合本部がニューヨークに置かれました（一九四七）。現在の建物は一九五二年に建設されたものです。

ニューヨークは、独立戦争以来、第二次世界大戦まで、一度も戦火によって破壊されていません。世界史上稀に見る幸運な都市です。第二次世界大戦では、アジアやヨーロッパの主要都市はほとんど戦禍を受けています。そのこともあって国連本部はニューヨークに置かれました。こうしてニューヨークは、世界政治の中心都市ともなりました。

動乱の六〇年代、ストーンウォールの反乱が勃発

一九六〇年代のアメリカの最初の大事件は一九六二年のキューバ危機、次いで六三年のケネディ大統領の暗殺でした。続いて六四年に黒人の権利を保障する公民権法が成立します。また六五年から米軍の北ベトナム空爆が始まりました。

六〇年代のニューヨークは平穏ではありませんでした。六四年の七月にハーレム地区で黒人少年が白人警官に射殺されたことから、黒人たちの怒りが爆発し暴動が起きました。

このハーレム暴動が引き金となって全米で黒人紛争が起きています。さらにこの年の秋には、ベトナム反戦や黒人問題、そして管理社会への抗議を含めて大学紛争が、これも全米にさきがけて、コロンビア大学で起きました。

もうひとつ時代を先取りした事件が一九六九年に起きています。ストーンウォールの反乱です。グリニッチ・ビレッジのゲイバー「ストーンウォール・イン」が警察の踏み込み捜査を受けたとき、居合せていた同性愛者たちが警官の暴力に対して初めて暴力で立ち向かい、大騒動になった事件でした。

当時のアメリカにはソドミー法と呼ばれる法律があり、同性愛者間の性的交渉を禁止していましたから、彼らの私生活は自由を奪われがちでした。しかし進取の空気が強く、多彩な人々

が入り乱れているニューヨークは他の都市に比べれば少しは生活しやすかったので、多くの性的少数者（ＬＧＢＴ）がこの街に住むようになっていました。グリニッチ・ビレッジの一角には彼らを受け入れるバーや飲食店が多くあり、ストーンウォール・インは、その中の代表的な店でした。ＬＧＢＴとはLesbian（レズビアン）、Gay（ゲイ）、Bisexual（バイセクシュアル）、Transgender（トランスジェンダー）を指します。ストーンウォール・インで起きた事件は、同性愛差別問題を人種差別や女性差別と同様に世界に訴えてゆく、先駆的役割を果したといわれています。

この六〇年代、また新しい人々がニューヨークや西海岸に入ってきました。ヒスパニックと呼ばれるスペイン語を話す人々です。プエルトリコ（アメリカ領）を含むキューバなどの西インド諸島と、メキシコからの入国者が中心でした。

アメリカにもニューヨークにも最悪の七〇年代

一九七〇年代にアメリカの経済は一時ガタガタになります。日本に対する巨額な貿易赤字が最大の原因でした。

アメリカは第二次世界大戦後、次のライバルであるソ連をアジア地域で押える戦略的なパートナーとして、中華民国の蔣介石（しょうかいせき）を想定していました。しかし毛沢東（もうたくとう）が一九四九年、蔣介石を台湾へ追って中華人民共和国を樹立したので、パートナーを日本に変えざるを得ませんした。そして日本を自由主義陣営の強国とするために、経済援助を惜しみませんでした。その結果、日本はアメリカの基幹産業であった繊維や鉄鋼そして自動車や半導体を、自国の産業として発展させました。しかもその輸出先の大半は、アメリカでした。

　こうして日本は親の脛（すね）をかじるようにして高度成長しましたが、さすがのアメリカも増え続ける対日貿易赤字にいらだつようになり、ジャパン・バッシングが起き始めます。さらにベトナム戦争の泥沼化も顕著となり、その戦死者の数も朝鮮戦争を上回りました。アメリカ社会全体に厭戦気分が充満し、不況も深刻化していきます。

　当時のニューヨークも荒れていました。街は汚れ、道路は傷み、犯罪も増加しました。ホテルのエレベーター前に、ライフルを持つ警官が立っているほどでした。僕が初めてニューヨークに行ったのは七〇年代の後半でしたが、地下鉄の駅がうす暗くて乗客も少なく、少し不安になったことをよく覚えています。

　ニューヨークが世界で最も危険な都市といわれた七〇年代、不況を挽回するかのように世界貿易センタービルが建設されました（一九七二、三）。このビルの完成によって、ニューヨークの高層化は一段落しました。また一九七七年には大停電があり、その後赤ちゃんがたくさん生まれたというハプニングも報告されています。

八〇年代に冷戦が終わり、復活の九〇年代へ

一九八〇年代の世界で特筆すべきことは、冷戦体制が崩壊したことです。それはソ連の共産党書記長にゴルバチョフが就任し（一九八五）、ペレストロイカ（改革）とグラスノスチ（情報公開）を掲げて、大胆な改革を打ち出したことから始まりました。

一九八九年十一月にベルリンの壁が崩壊し、次いで十二月にジョージ・ブッシュ（親）大統領とゴルバチョフは地中海のマルタ島で会談し、冷戦を終えることに同意しました。一九九一年になると、ソ連内の多くの共和国が独立し、一九一七年のロシア革命から七十四年続いたソヴィエト社会主義共和国連邦自体が消滅しました。三度の大戦（二次にわたる世界大戦、冷戦）をすべて勝ち抜いたアメリカは二十世紀を通じて世界最強国であり続けました。

冷戦が終った結果、アメリカやソ連の軍事技術が民間に開放されました。それは平和の配当と呼ばれました。その代表がインターネットとＧＰＳ（全地球測位システム）です。そしてインターネットによるＩＴ革命が起きてアメリカ経済は見事に復活し、新たな繁栄に向かって歩み始めました。

復活の九〇年代、ニューヨークにルドルフ・ジュリアーニという市長が登場します（一九九四—二〇〇一）。彼はニューヨークの治安回復に取り組み、犯罪の発生率を半減させま

した。その結果、ニューヨーク市は全米で最も安全な大都市といわれるほど様変わりしました。街の景観や道路も整備されました。

二〇〇一年九月十一日、初めて破壊されたニューヨーク

二〇〇一年九月十一日、ニューヨークやワシントンで同時多発テロ事件が勃発しました。国際的な商業施設のシンボルだったツインの貿易センタービルが共に破壊されたのです。ライブ映像が世界中に放映され、大きなショックを与えました。あまりにも強大化したアメリカの覇権に挑戦する勢力が考えたゲリラ戦術でした。幾度も戦火をのがれてきたニューヨークが、初めて外部から受けた攻撃です。

激怒したジョージ・ブッシュ（子）大統領は首謀者のビン・ラーディンを匿（かくま）ったアフガニスタンを攻撃しました。しかし怒りにまかせたかのような彼のアフガニスタン攻撃やイラク侵攻は、西アジア・中東に新たな混迷をつくり出し、今日のＩＳ（自称イスラム国）を生む結果となった、とも評されています。

二十一世紀のニューヨークの人口動態を見ると、人口の三六パーセントが外国生まれ。市内

で話される言語はおよそ一七〇種。イスラエル以外で最大のユダヤ人コミュニティがあり、ニューヨーク都市圏の中国系人口はアジア以外では最大。そして二〇〇〇年以来、マンハッタンに住む五歳未満の子どもの数は三・二%以上増加中という、すばらしい数字もあります。

二十一世紀の世界に最初の混迷をもたらした事件はこの都市で発生しましたが、地球の明日を明るくリードするパワーもニューヨークは十二分に持っている、そんな可能性を感じます。

ニューヨークの鼓動が聞こえる摩天楼の夜間飛行

僕がニューヨークに行ったとき、時間があるとミュージカルを観たり、美術館に行きます。けれど一番好きな楽しみ方は、夜間の摩天楼へリコプターツアーです。

カラスという鳥には都会のビルディング街が森に見えるのだ、という話を聞いたことがありますが、まさに夜間のニューヨークの空を飛ぶと、深い森を星の光に照らされて飛ぶような気分になります。マンハッタン島の南から北へ、無数の光を点滅させる高層ビルの間を飛翔していくと、東のイースト川と西のハドソン川を往来する船の灯火が、きらきらと川面に動きます。地球にはこのような都市もあるのだな、そんな深い感慨を覚えます。

ニューヨークの関連年表

西暦(年)	出来事
1524	フランスに雇用されたイタリア人のジョバンニ・ダ・ヴェラッツァーノが来航。ヌーヴェル・アングレームと名づける
1609	ネーデルランドの要請で探検に来たヘンリー・ハドソン、マンハッタン島を発見
1614	ネーデルランドによる入植が始まり、1625、ニューアムステルダムと命名
1627	ネーデルラントのピーター・ミニュイット、マンハッタン島他を先住民から安価で買い取る
1643	キーフ戦争(〜45)。先住民ワッピンガー族とネーデルラント入植者が衝突
1652	ネーデルランド入植者が独自の政府樹立、本国が承認。第1次英蘭戦争(〜54)
1664	イングランド軍がマンハッタン占領
1665	第2次英蘭戦争(〜67)。ブレダの和約でバンダ諸島と交換。ニューアムステルダムは正式にイングランド領となり、ニューヨークと名づけられる
1672	第3次英蘭戦争(〜74)。1673、ニューヨークをネーデルランドが取り戻す。1674のウェストミンスター条約で南米ギアナのスリナムと交換、ニューヨークは再びイングランド領に
1756	フレンチ・インディアン戦争(〜63)でイングランド勝利。ヌーヴェル・フランスがイングランド領に
1765	戦費の赤字補填のため印紙法発令。翌年「自由の息子たち」による大規模反乱
1775	アメリカ独立戦争(〜83)
1783	ニューヨークが新生アメリカの首都に(〜90。フィラデルフィアを経て1800からワシントン)
1789	ジョージ・ワシントン、大統領に就任
1792	証券取引所がウォール街に開設
1811	1811年委員会計画(グリッドプラン)。都市開発が始まる
1812	アメリカ・イングランド戦争(〜14)。戦争に屈せずニューヨークの都市開発続行。「星条旗よ永遠なれ」誕生
1825	州都とエリー湖畔を結ぶエリー運河開削。経済発展とともに人口流入増大
1845	アイルランドでジャガイモ飢饉。10万人以上がアイルランドから移住
1861	南北戦争(〜65)
1883	ブルックリン橋が架かる
1886	独立を記念した自由の像がフランスから寄贈される
1892	エリス島に入国審査所が設けられる
1905	大英帝国がニューヨーク証券取引所から資金を調達
1929	株式相場大暴落(ウォールストリート・クラッシュ)。世界金融恐慌へ拡大
1947	国連本部が置かれる。世界政治の中心都市になる
1969	ストーンウォールの反乱が起こる
1972	世界貿易センタービルが建設される(〜73)
2001	9月11日、ニューヨークとワシントンで同時多発テロ事件が勃発

●ニューヨークの世界遺産（建造物）

自由の像

第7章

商人と議会の都 ロンドン

都市の歴史が国の知恵と富の源になった

ロンドン
オリンピックスタジアム
ニューハム
イーリング
ロンドン
カナリー・ワーフ
テームズ川
ワンズワース
グリニッジ
リッチモンド
ブロムリー
ウィンブルドン
0
10km
キングス・クロス駅
セント・パンクラス駅
リージェント・パーク
大英図書館
ユーストン駅
ラッセル・スクエア
大英博物館
リヴァプール・ストリート駅
イースト・エンド
ロンドン博物館
シティ・オブ・ロンドン（ザ・シティ）
ウエスト・エンド
セントポール大聖堂
コヴェント・ガーデン
ピカデリーサーカス
ナショナルギャラリー
キャノン・ストリート駅
ハイド・パーク
トラファルガー広場
ロンドン塔
チャリング・クロス駅
テート・モダン
タワー・ブリッジ
シティ・オブ・ウェストミンスター
ロンドン・ブリッジ駅
セント・ジェームズ・パーク
ウォータールー駅
バッキンガム宮殿
ビッグ・ベン
国会議事堂
ウェストミンスター寺院
帝国戦争博物館
ヴィクトリア駅
テート・ブリテン
チェルシー
テームズ川
0
1km

「ウィンブルドン現象」は連合王国の知恵

江戸時代、日本はイングランドをエゲレスと呼び、英吉利と表記しました。そこからイギリスという呼称が一般化したようです。日本だけの呼び名です。また「英国」という呼称は英吉利から派生しました。

正式な名称はUnited Kingdom of Great Britain and Northern Irelandです。この名称はグレートブリテン（イングランドとスコットランド）と北アイルランドの連合国家であることを示しています。略称としてはＵＫ、日本語では連合王国が一般的です。なおグレートブリテン島からスコットランドとウェールズを除外した地域が本来のイングランドです。

一七〇七年にイングランドとスコットランドが合同してGreat Britainが誕生、一八〇〇年にアイルランドを併合するとUnited Kingdom of Great Britain and Irelandとなり、そのアイルランドの南部二六州が一九二二年に独立すると、末尾がand Northern Irelandとなって、今日に至っています。国の実態がよくわかる現実的な名称です。連合王国の歴史を見ると、この国名に代表されるように具体的で現実的な理由で成立している事柄や事件に、よく出会います。その典型がウィンブルドン現象と呼ばれる行動様式です。

テニスのウィンブルドン選手権は一八七七年にロンドン郊外のウィンブルドンで始まりまし

た。やがてこの選手権が有名になってくると、連合王国の選手が勝てなくなり始めました。けれどもこの世界大会を見るために世界中から人が集まり始めたことで、多大の利益が生まれるようになります。

「それでいいじゃないか」

という発想に立つのが連合王国です。ひとつの催事や事件が、マーケット（市場）で評価されて結果を出すのか否か、あるいはそのことが社会的に良い方向に向かい、社会に役立っているかどうか、そのような具体的な結果を重視する態度や行動を常に選択する連合王国の考え方を、ウィンブルドン現象と呼んでいます。

僕は、このような思考と行動を育てた中心舞台はロンドンの市民社会と議会であったと思います。ロンドンは、連合王国の土台を構築してきた都市なのです。この章では、今も連合王国の中核となっているロンドンの歴史的あゆみを振り返っていきたいと思います。

ロンドンはローマ人がつくり、アングロ・サクソン人が引き継いだ

ヨーロッパを最初に支配していたのは、インド・ヨーロッパ語族の大先輩ケルト人です。グ

レートブリテン島やアイルランド島にも彼らが住んでいました。このケルト人社会に、ガリア（現在のフランス）を征服したローマ人がドーヴァー海峡をわたってやってきました。四三年頃のことと記録されています。彼らはテームズ川を遡り、現在のロンドンがあるあたりの一定区域に城壁をめぐらし、彼らの都市をつくりました。この城壁の内側がシティ・オブ・ロンドン（ザ・シティ）の原型となります。

この都市の名前については記録が残っていて、ロンディニウムと呼ばれたようです。名前の由来について確たることは判明していません。一説にはケルト語で「沼地の砦」という意味だともいいます。時を経るにしたがってロンディニウムの地は、北の北海やバルト海からやってくる人々と南の地中海方面からやってくる人々が交易する場所となり、定住する人もふえて、ひとつの独立都市として機能し始めました。

四一〇年頃に、ローマ人はイングランドから撤退しました。ヨーロッパ大陸にさまざまな民族が押し寄せてきたためです。当時、ローマ帝国は東方を重視しコンスタンティノープルを首都にしていましたから、もうロンディニウムに未練はなかったのかもしれません。

ローマ人の去った後にやってきたのは、アングル人とサクソン（ザクセン）人です。このアングロ・サクソンと呼ばれる人たちは、ロンドンの周辺地域とそこから西に広がるテームズ川北岸の丘陵地帯、それとテームズ川の南、現在のハンプシャー地方の古都ウィンチェスターなどに、いわゆる七王国をつくりました。その七王国の中で最強といわれたのがウィンチェスターを本拠としたサクソン人のウェセックス王国です。

アングロ・サクソンの人々はローマ人のつくったロンドンの城壁内を商業の中心地としていましたが、宗教的中心地はテームズ川下流南岸のカンタベリーの地に定めました。彼らは六世紀末にローマ教会に帰依(きえ)し、カンタベリーの地に聖堂をつくり、ローマ教会の大司教を招きました。

ロンドンを舞台にアングロ・サクソンとヴァイキングが戦う

九世紀、地球の温暖化にともなって北欧の民ヴァイキングが、急増する人口を養うために魚類を交易商品として、北の海から南下してきました。グレートブリテン島やヨーロッパ各地の港湾を、北欧の民は訪れます。しかし必ずしも交易は円滑に進まず、ヴァイキングは魚類と交換した小麦に小石を混ぜられるなどの不正を、あちこちで経験しました。大きな体を粗末な衣服で包んだ金髪碧眼(きんぱつへきがん)のヴァイキングたちは、武装するようになり、真っ当な交易が行われないとやがて海賊行為をも働くようになっていきます。

ヴァイキングとは「入江に住む人」という意味で、北欧のフィヨルドが形成した入江の集落で暮らしていた人々の呼び名でした。

テームズ川を最初に遡ってきたヴァイキングは、デーン人（デンマークの人々）でした。彼らは七王国と激突します。七王国が次々と敗北していく中で、ウェセックス王国だけは一歩も引かずデーン人と戦いました。八七八年、ウェセックスのアルフレッド大王は、ついにヴァイキングの総大将グスランと平和条約を結びます（ウェドモーアの和議）。ロンドンはそのときはまだヴァイキングの手中にありましたが、アルフレッド大王は八八六年、ヴァイキングからロンドンを奪回します。そしてデーン人を東北の地へ追い払いました。とはいってもロンドン以南の地をようやく確保したというレベルでグレートブリテン島の大半はヴァイキングが治めていたのです。デーン人たちはそのまま東北の地に定住し、今もデーンロウの地名が残っています。

こうしてアルフレッド大王はウィンチェスターを政治の中心地、ロンドンを商業の中心地として、新たにイングランド王国を名乗りました。イングランド王国は成立してから百年ほど後に、新たなデーン人のヴァイキングに征服されます。スヴェンという強力な君主がロンドンも含めて、全イングランドを制圧したのです。一〇一三年のことです。さらに彼の息子のクヌート大王はノルウェーをも征服し、バルト海域まで含めた、北海帝国と呼ばれる大帝国を築きました。このとき、イングランド王国はその北海帝国の支配下に入りました。

ノルマン・コンクエストによって消滅したアングロ・サクソンのイングランド王国

北海帝国の属国と化したイングランド王国の継承者でまだ少年だったエドワードは、暗殺を恐れて、母の生まれ故郷であるフランスのノルマンディー公国に亡命しました。エドワードはノルマンディーで成人します。彼は亡命時代、ノルマンディー公ギョームにイングランド王国の王位継承権を約束しました。エドワードは肌にメラニン色素がなく、まっ白な肌をしていたと伝えられています。彼には子どもがいませんでした。

やがてエドワードは北海帝国がクヌート大王の死後に滅びると帰国し、イングランド王国を復活させました。エドワード証聖王(しょうせいおう)の誕生です（在位一〇四二―一〇六六）。

彼はローマ教会を深く信仰していました。証聖王は the Confessor の訳ですが、「信仰を守りきる信者」、すなわち証聖者の意味です。なお confessor には、「告白者、懺悔者(ざんげしゃ)」の意味もあり、エドワード証聖王は、エドワード懺悔王とも呼ばれます。彼は熱烈な信仰心からウェストミンスター寺院を建立しました（一〇四五）。この寺院はパリのノートル・ダム大聖堂などと比較すると小規模で質素な建物でした。しかしやがて、戴冠式を始めとするイングランド王室の重要な儀式を行う教会となっていきました。今日では世界遺産となっています。

ノルマン・コンクエスト

ノルマンディー公ギヨームによるイングランド征服（ノルマン・コンクエスト）の「ヘイスティングズの戦い」の場面。フランスのバイユーの博物館にあるタペストリー（刺繍画）で、リネン製の布に毛糸による刺繍が施されている。

さて、エドワード証聖王は一〇六六年に死去します。彼は自分の後継者をノルマンディー公ギヨームにすると約束していたのですが、エドワードの義兄ハロルド二世が王位を継承してしまいました。このことを伝え聞いたノルマンディー公ギヨームは激怒しました。ただちに兵を挙げてドーヴァー海峡をわたり、ハロルド二世を倒しました。そして自分の王国ノルマン朝を開きます（一〇六六）。この時から現在のエリザベス女王（二世）まで、血統が途切れることなく続いています。このときアングロ・サクソンのイングランド王国は滅亡しました。ロンドンを支配するのはノルマン人の王朝となります。この事件をノルマン・コンクエストと呼んでいます。

ノルマン朝とはどのような王朝だったのか

ギョームはウィリアム一世となりノルマン朝の初代となります（在位一〇六六―一〇八七）。ノルマン人とはどのような民族かといいますと、彼らもまたヴァイキングでした。ノルウェーの人々です。ノール人とも呼ばれます。ノルマンとは「北方の人」を意味します。

十世紀の初めの頃、フランスを治めていたカロリング家のシャルル三世は、頻繁にセーヌ川を遡ってパリを襲うヴァイキングに手を焼いていました。そこでノルマン人のヴァイキングの首領にセーヌ川河口の土地を与え、その土地に住んで他のヴァイキングがやってきたら追い返してくれと頼みました。この策は成功し、ノルマン人のヴァイキングはこの地に定住してフランス王の臣下となり、ノルマンディー公となりました。

したがってイングランドは、デーン人のヴァイキングの後に、ノルマン人のヴァイキングに支配されたことになります。

ノルマン朝のウィリアム一世は、ノルマンディー公の身分のまま、イングランド王になりました。そのためにフランス国内ではフランス王の臣下ですが、イングランド国王としてはフラ

ウェストミンスター寺院

イングランド王国を復活させたエドワード証聖王が1045年に建立した教会。戴冠式をはじめ王室の重要儀式が行われ、内部には歴代王、女王などが埋葬されている。世界遺産。

ンス国王と対等になります。自分の臣下として国内に土地を持っている大貴族が、他国の王でもあるわけですから、フランス王の心中はさぞ複雑だったことでしょう。これが、これから何百年も続く英仏両国の係争のスタートになるのです。

ギョームはイングランド王になりましたが、フランスのノルマンディーが故郷であり本貫（ほんがん）の地ですから、しょっちゅう帰ってきます。生まれた城もお墓もノルマンディーにあります。日常語はフランス語です。彼にとってイングランドの地は、海峡をへだてて存在する植民地のような存在であったのかもしれません。

十一世紀にはすでに伝説化していた「アングロ・サクソンの国」

ノルマン人も含めヴァイキングの人たちには、中央集権的な傾向がありました。北の海から独特の形をした長い船（ロングシップ）に乗ってやってきて、ビジネスや戦争を行うのです。沈没すれば全員死亡ですから、指導者の意志決定は重く、全体の意志統一は不可欠です。そのために規律正しい統制と管理、そして全体の合議を大切にしました。

このような伝統があるので、ウィリアム一世はイングランドを支配すると、全土の状態を把握するために、早速に土地台帳（ドゥームズディ・ブック）をつくらせました（一〇八五）。この土地台帳は興味ある事実を教えてくれます。この台帳には当時の有力者の実名が二〇〇名近く記録されているのですが、この中でアングロ・サクソン系の名前は一〇名前後、残りはすべてフランス系の名前だったのです。

フランス人といってもフランク族につながる生粋（きっすい）のフランス人ではなく、ウィリアム一世がノルマンディー公国から引き連れてきた元ヴァイキング、ノルマン人の豪族たちです。彼らがイングランド貴族の大半になっていったのです。僕たちはイングランドを「アングロ・サクソンの国」と呼びますが、そう呼ばれる国は十一世紀にはすでに伝説化していたのです。ただし現在の英語の原型はアングロ・サクソンの言語で構成されています。ちなみにEnglandは「アングル人の土地」を意味します。

「商業の中心地ロンドン」と「政治の中心地ウェストミンスター」

ウィリアム一世がノルマン朝の拠点としたのはロンドンの西方にあるウェストミンスターでした。エドワード証聖王がウェストミンスター寺院を建てた場所です。彼はこの地を政治支配の中心として整備しました。彼を継いだウィリアム二世のとき、ウェストミンスターホールを建設して宮殿としました（一〇九七。現国会議事堂）。そしてここにノルマン朝の政治機能を集中させていきます。

一方で、シティと呼ばれ交易商人の都市として繁栄するロンドン地区に対しては、ウィリアム一世を始めとしてノルマン朝の君主は直接的な介入は行いませんでした。商業が栄えて市民たちが強い力を持つロンドンに対しては、強圧的に支配するより、自由な交易を認めて税金を取る方法を選びました。しかし黙って放置したわけではありません。

ウィリアム一世はロンドンを囲む城壁の東端のテームズ川沿いにホワイトタワーを建設しま

す。ロンドンを一望できる場所に高い塔のある砦をつくって、ロンドンを監視したのです。

「甘くみるなよ」

そう言いたかったのでしょう。

このホワイトタワーがロンドン塔の前身となります。

こうして商業の中心地シティ・オブ・ロンドン（ザ・シティ）と政治の中心となるシティ・オブ・ウェストミンスターという今日のロンドンの原型が、ノルマン朝の時代に出来あがりました。

ロンドン塔の今日の正式名称は「女王陛下の宮殿にして要塞」です。過去にはこの建築物は、牢獄になったり動物園にもなったりしました。今は国家や王室の宝物館です。エリザベス女王の戴冠式の王冠、大英帝国時代にインドから持ってきた世界最大級のダイヤモンド「コ・イ・ヌール」もここにあります。ロンドン塔も世界遺産に指定されています。

プランタジネット朝が巨大なアンジュー帝国を形成

ノルマン朝が成立してから七十年近くが経って第三代ヘンリー一世が他界したとき

ロンドン塔

ウィリアム１世がテームズ河畔に建てた塔のある砦、ホワイトタワーが前身。灰色の石灰岩でできた外壁に囲まれた大城塞群で、正式名は「女王陛下の宮殿にして要塞」。

（一一三五）、娘がひとり残るだけでした。この王女はフランスのノルマンディー公国の南側にあるアンジュー伯に嫁いでいました。ノルマン朝は、このひとり娘マティルダに引き継がれ、彼女が女王となりアンジュー伯のジョフロアが共同君主になるはずだったのですが、このときヘンリー一世の甥に当たるフランスの地方領主のスティーブンが強引にロンドンに乗り込み、王位を簒奪しました。

　これに激怒したマティルダとの間に戦争が起こります。結局、スティーブンの次にマティルダの長男アンリが王位につくことで、事態は解決しました。そして一一五四年にアンリがヘンリー二世となって、新たにプランタジネット朝が始まりました。プランタジネットとはマメ科の植物エニシダのことで、ヘンリー二世の父であるアンジュー伯ジョフロアが出陣するとき、帽子の飾りにしたことに由来すると伝えられています。

ヘンリー二世はアキテーヌ公国の跡取り娘のアリエノールと結婚します。アキテーヌ公国はアンジュー伯領の南に広がる、ボルドーからピレネー山脈までを占める豊かな大国です。この一国だけで、ノルマンディー公国とアンジュー伯領を足し合せた面積の二倍以上もあります。ところがカペー朝のフランス王が直接支配する王室領は、ノルマンディー公国やアンジュー伯領の面積程度しかありません。

ということは、ノルマンディー公国とアンジュー伯領、そしてアキテーヌ公国、さらにはイングランド王国と、四つの国の君主になったヘンリー二世のプランタジネット朝は、フランス側の領土だけでも一気にフランス王家の実質四倍以上の大国になってしまったわけです、そのためこの当時のプランタジネット朝はアンジュー帝国と呼ばれるようになります。

ところでアキテーヌ公国のアリエノールは再婚でした。前夫はフランス王ルイ七世です。離婚したのは男児に恵まれなかったことが主な原因だったのですが、アリエノールが南国の宮廷で自由奔放に育ち、才媛(さいえん)で勝気なお嬢様であったことにも理由があったかもしれません。ヘンリー二世との間には五男三女に恵まれましたが、夫婦仲は必ずしも円満とはいえず、数々のエピソードが残されています。名画「冬のライオン」はこの夫婦を描いたもので、キャサリン・

12世紀のプランタジネット朝(アンジュー帝国)

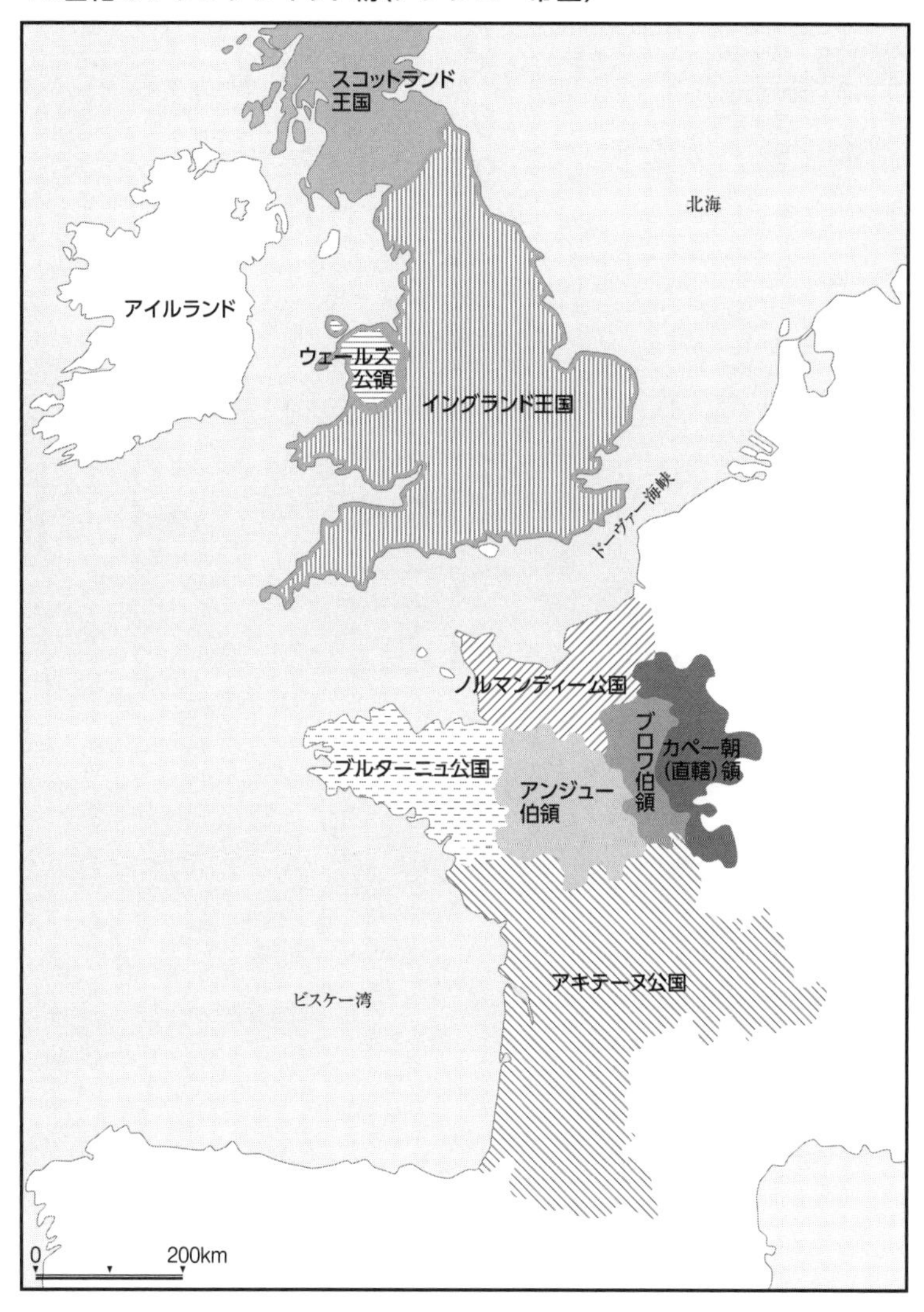

ヘップバーンがアリエノールを演じました。

ヘンリー二世は勇敢でしたが、やや粗暴な人間でもありました。気に入らない聖職者を自分の手で罰したくて、聖職者を裁く権利を教会から奪い取ろうと図りました。そしてそれに反対したカンタベリー教会の大司教トマス・ベケットを暗殺した（一一七〇）ことでも、名前を残しています。

フランス王フィリップ二世に多くの領地を奪われたジョン欠地王

ヘンリー二世の死後、その三男リチャード一世がプランタジネット朝の第二代君主となりました（在位一一八九―一一九九）。彼は獅子心王と呼ばれた猛将です。聖地エルサレムがアイユーブ朝のサラディンに奪回されたとき、留守を母のアリエノールに委ねてリチャードは第三回十字軍に参加しました。このときフランス王フィリップ二世（オーギュスト）も参加しています。彼は先代のフランス王ルイ七世がアリエノールと離婚後に、新しい伴侶を得て恵まれた王子です。彼はクールで知謀に長けた君主に成長していました。

フィリップ二世はパレスチナの戦場に着いてサラディンの戦陣と兵士を観察し、十字軍より圧倒的に強いと判断すると、戦わずしてフランスに帰ってしまい、国内固めを始めました。リチャード一世は一所懸命にイスラム軍と戦いますが、エルサレム奪回はできないまま休戦して帰途に着きました。その際ドイツ皇帝の捕虜になるなど、まさに波瀾万丈の人生です。

帰国したリチャード一世は留守番役の弟ジョンの失政を知りました。ジョンは、先にフランスに帰っていたフィリップ二世の巧みな口車に乗せられ、アンジュー帝国の領地のあちらこちらを掠(かす)め取られていたのです。リチャード一世は怒り心頭、ただちに挙兵しフィリップ二世と戦いましたが、最前線の戦場で雑兵(ぞうひょう)の矢に射(い)られて亡くなりました（一一九九）。

リチャード一世の死後、ジョンが王位につくと、それを待っていたかのようにフィリップ二世は、アンジュー帝国に戦争を仕掛けます。ジョンは完敗し、アキテーヌ南部のわずかな土地を除いて、フランス国内にあったアンジュー帝国の領土はすべて奪われてしまいました（一二〇六）。これがジョン欠地王と呼ばれたゆえんだといわれていますが、本来は父のヘンリー二世がジョンに「兄たちに分けてしまったのでお前に分ける土地がなくなった」と話したことが原義だそうです。

ともあれ、その後のイングランドの君主は、誰もジョンを名乗りませんでした。

1 ジョンに貴族たちはマグナ・カルタを突きつけた

フィリップ二世に敗れてフランスの領土をほとんど失ったジョンは、それでもこりずに再度フランスと戦おうとしました。戦争するにはお金が必要です。ところがフィリップ二世に敗れてフランスの領土を失ったのはプランタジネット朝の王室一家だけではありません。ジョンと共に戦った貴族たちも、もとはといえばノルマンディー公国やアンジュー伯領やアキテーヌ公国の豪族たちですから、彼ら自身もフランスの土地を失ったのです。そのことを考えずにジョンは戦費捻出のため新たな税金を課したので、貴族たちは激怒しました。

彼らは国王に強く抗議し、国王をつかまえると文書を突きつけました。「国王が勝手に課税することは認めない。必ず我われの承認を取ってからにせよ」という内容です。

この貴族の蜂起(ほうき)を、同じように税金を取られる商人たちも支持しました。ジョンは孤立無援となり、しぶしぶサインしました。この文書がマグナ・カルタ（大憲章）と呼ばれ、イングランドの最初の憲法となります（一二一五）。

2 ジョンの失政でロンドンはフランス軍に占領される

ジョンはマグナ・カルタに従う気持はさらさらありませんでした。あれは脅迫されてサインしたものだから無効であると、時のローマ教皇に訴えたり、果ては貴族に対して再度戦いを仕掛けました。こうしてイングランドは実りのない内戦状態に陥りました。

このときジョンにほとほと愛想をつかしたイングランド諸侯たちは、フランスの王太子（フィリップ二世の嫡男、ルイ八世）と連携しようと考えます。ルイ八世の妻は、アリエノールの孫娘ブランシュです。血統的にも申し分ありません。「もうフランスの傘下に入ろうか」、そんな気持ちだったのでしょう。ついに一二一六年、ロンドンはフランス軍によって占領されました。後世のナポレオンもヒトラーもできなかったことが、この時代に実現していたわけです。

しかし同年にジョンが死去すると、彼の長男ヘンリー三世が諸侯と和解しプランタジネット朝を継ぐことになって内戦状態は終結、フランス王太子ルイは帰国しました。この一連の騒動を第一次バロン戦争と呼んでいます。

シモン・ド・モンフォールの議会とエドワード一世の模範議会

プランタジネット朝を継いだヘンリー三世も、ジョン同様マグナ・カルタを軽視し暴政に走りました。このときノルマンディー出身の貴族シモン・ド・モンフォールは、ヘンリー三世を捕えるとマグナ・カルタの実行を迫り、ついに議会を開かせました（一二六五）。この議会がイングランド議会の起源となりました。しかし議会開催に成功したシモン・ド・モンフォールに、「彼は王位を狙っている」という風評が立ち、イングランドは再度、内乱状態を迎えます。シモン・ド・モンフォールは敗死しました。この内乱を第二次バロン戦争（一二六四—一二六五）と呼んでいます。

なお、シモン・ド・モンフォールには同姓同名の父がいました。父はフランスのアルビジョア地方を中心に勢力を持っていた、ローマ教会を厳しく批判する二元論の異端カタリ派の撲滅に活躍しました。

シモン・ド・モンフォールの議会から三十年後の一二九五年、賢王と呼ばれたエドワード一世が議会を開きました。後世に模範議会と呼ばれたこの議会は、高位聖職者や大貴族のほかに各州の騎士や各都市の市民二名ずつで構成されていました。市民の中心となっているのは、もちろんザ・シティの商人たちです。商人の経済力が無視しえないものに成長していたことを示しています。

この議会では国王の独裁的な権力が封じ込められ、開戦も課税も議会と協議することが確認されています。現代の議会政治の原型が早くも成立したのです。

議会に庶民院が生まれ、議長がスピーカーと呼ばれた

一三三七年にイングランドとフランスは百年戦争に突入します。フランス王（カペー家）の直系が途絶えたとき、イングランド王が王位継承問題に介入したことに端を発し、断続的に百年近く続きました。この百年戦争が始まる前夜に、イングランド議会の中から庶民院が分離して誕生します。

庶民院を構成するのはザ・シティの市民に代表される商人たちです。商人たちは従来の議会にも籍を置いていたのですが、同席するのは貴族たちや大土地所有者です。ザ・シティで商売している商人たちとは利害が異なります。そこで庶民は庶民で集まって意見をまとめて議会にかけよう、ということになりました。

貴族たちも認めないわけにはいきません。なにしろ主に税金を払っているのは彼らです。商人たちを無視することはできなくなっていました。ザ・シティでは十二世紀以降、独自の市長を選んでいました。十四世紀半ばには市議会に近い機能を有する、市参事会が成立していきます。こうしてイングランド議会は貴族中心の上院と市民中心の下院（庶民院）に分れていきます。

そして上院で庶民院の考えを発表するのは庶民院議長の役割となりました。市民の代表たちが相談した意見は、王侯貴族の利害とは異なることが多々あります。そのような意見を堂々と発言するのは、勇気と公正な精神が求められる難しい仕事です。そのためにイングランド議会では下院（庶民院）議長のことを、敬意をこめてスピーカーと呼ぶようになりました。

これも百年戦争の渦中に起きた事件ですが、戦費のために重税を課せられた農民たちが一揆を起こしました。その勢いはすさまじく、ついにロンドンを襲い、これを占拠しました。一揆の指導者はワット・タイラーという男でした。彼はロンドンで、時の国王リチャード二世との面会を求めました。国王は面会に応じました。ワット・タイラーは二度、国王との面会を果たし、要望を伝えています。しかし、その後スミスフィールドという所で謀殺されました（一三八一）。

このときの国王リチャード二世は、その後も失政が重なり、従弟のランカスター家のヘンリー四世に王位を簒奪（さんだつ）されます（一三九九）。こうしてプランタジネット朝が終わり、ランカスター朝が始まりました。

薔薇戦争の結果、有力な大貴族が絶える

ランカスター朝の二代ヘンリー五世は、休戦状態にあった百年戦争を再開しました。フランス内部に混乱が生じているのを知り、勝機ありと計算したのです。功を奏して彼は勝利を収めます。しかし疫病にかかり、あえなく死去しました（一四二二）。

結局、いくつかの曲折の後、イングランドの野望は水泡に帰し、百年戦争は一四五三年に終わります。イングランドに残されたものはフランス北部の都市、カレーのみでした。

百年戦争後のランカスター朝はヘンリー六世が病弱だったこともあって血なまぐさい後継者争いに巻き込まれます。争いはプランタジネット朝第七代エドワード三世の四男を祖とするランカスター家と、五男を祖とするヨーク家の間の戦争となりました。薔薇戦争（一四五五―一四八五）です。

ランカスター家の家紋が赤い薔薇、ヨーク家の家紋が白い薔薇だったので、十九世紀になって作家のウォルスター・スコットが薔薇戦争と命名したものです。

薔薇戦争も、マグナ・カルタと同様の理由で起きました。ノルマン朝以来の貴族たちがフランスでジョンがフランス王と成算のない戦争を続けたために、フランス国内に持っていた土地をすべて失ってしまったことが、マグナ・カルタの遠因となりました。薔薇戦争も、ランカスター朝がフランスと戦争を続けたあげく、戦費と兵力を浪費しただけで、貴族たちの得るものは何もなかったことが、内戦が起こった原因でした。

しかし結局、三十年も王位をめぐって内戦を続けた結果、何が起きたでしょうか。貴族たちが二つに分れて、勝ったり負けたりを続けていくうちに、有力な貴族はみんな絶えてしまったのです。そして結局、王権だけが強くなっていきました。イングランドは、最後にヨーク家のリチャード三世を破ったランカスター家と遠い血縁関係にあるヘンリー七世に引き継がれました（一四八五）。このウェールズを出自（しゅつじ）とする新しい王朝はテューダー朝と呼ばれました。

エリザベス一世がロンドンに繁栄をもたらす

1 ヘンリー八世の離婚がもたらしたプロテスタントのロンドン移住

テューダー朝の二代ヘンリー八世（在位一五〇九―一五四七）は、王妃に男児が生まれないことを理由に離婚しようとしましたが、ローマ教皇が許可しないことに激怒し、国王至上法を発布しました（一五三四）。イングランドの教会の首長はローマ教皇ではなく国王であると定め、ローマ教会から離脱して、イングランド国教会をつくったのです。そして堂々と離婚し、再婚しました。その新しい王妃アン・ブーリンから生まれたのがエリザベス一世です。

ヘンリー八世がイングランド国教会をつくった目的は離婚だけではありませんでした。真の狙いは修道院の財産を奪うことでした。修道院は税金を払いません。そこに蓄積されている富はすべて神の所有物、ということでローマ教会の財産です。自分が教会の首長になれば、その富は自分の自由になります。

彼は国王至上法を成立させると、六年の内にすべての修道院をつぶしてしまいました。その役割を担ったのがトマス・クロムウェルという政治家でした。また、ヘンリー八世は、国王至上法に反対した高名な人文学者トマス・モアも刑死させました。ヘンリー八世は、トマス・ベケットを殺害したヘンリー二世と同じように、暴君的な君主でした。国王至上法を成立させたのは強引すぎる側面もありましたが、ロンドンにとっては、次のような効果がありました。

この当時十六世紀前半のヨーロッパでは、カルヴァン派のプロテスタントたちが、聖書を至上とする厳しい教義のために、各国で弾圧されていました。そのプロテスタントたちがロンドンにやってきたのです。

イングランド国教会（Anglican Church）とローマ教会の教義は、さほど変わりません。しかし最高権力者がローマ教皇ではなくイングランド国王であることが、決定的な相違点です。ローマ教会の過激な異端迫害は、ロンドンに及ばなくなったのです。プロテスタントの人たちは、知的レベルも高く勤勉です。彼らが商人の都市ロンドンに集まってくることは、歓迎すべきことでした。交易が盛んになるからです。

なおイングランド国教会の本山になった教会はカンタベリー大聖堂でした。

2 プロテスタントの擁護、海外進出の推進

テューダー朝はヘンリー八世の後、三代エドワード六世（一五四七―一五五三）、四代メアリー一世（在位一五五三―一五五八）と続きます。ふたりともヘンリー八世の腹ちがいの子どもです。三番目の妻の子エドワード六世は国王至上法を支持し、イングランド国教会の教義をプロテスタントの教義に近づけようとしました。しかしヘンリー八世の最初の妻を母とする四代メアリー一世は、徹底したプロテスタント嫌いでした。ローマ教会の狂信的な信奉者であるスペイン王のフェリペ二世と結婚し、プロテスタントを徹底的に迫害しました。そのために「血塗(ちまみ)れのメアリー（ブラディ・メアリー）」と呼ばれたほどです。

メアリー一世の死後、エリザベス一世が王位を継ぎました（在位一五五八―一六〇三）。彼女はヘンリー八世の二番目の妻の子どもです。

彼女はメアリー一世のプロテスタント迫害がロンドン市民にまったく不人気であったことから、国王至上法を復活させました。そして彼女に終生をささげて働いたウィリアム・セシルを中心とする有能な幕僚に支えられながら、優れた政治を行いました。プロテスタントもロンドンに戻り始め、シティは活気を呈(てい)するようになりました。

また彼女は積極的な海外進出を実行しました。当時はコロンの新大陸到達後、スペインが新大陸の金や銀を独占し、イングランドの進出を許しませんでした。女王は対抗策として、金銀

や新大陸の産物を積んでヨーロッパに帰ってくるスペイン船舶を襲撃する目的で、海賊行為を認めました。スペインの新大陸から帰ってくる船は、スペインの港を目指すのではなく、ネーデルランドのアムステルダムやロッテルダムに帰港しました。当時のネーデルランドはスペインの領土だったのです。大西洋側にはポルトガルもあり、スペイン本国に良好な港がなかったため、ネーデルランドの港に帰港していたのです。イングランドの海賊は、ネーデルランドの港に向かうスペイン船舶を襲ったわけです。

この海賊行為は女王が公認したものでした。すなわち海軍としての行動だったのです。非道のようにも思えますが、新大陸に勝手に上陸して先住民を迫害して略奪したスペインと、そのスペインの船を襲うイングランドと、どちらを悪とするか、断言しきれない問題でもあります。海軍は同時に海賊でもあった時代で、別にイングランドに限られたことではありませんでした。

エリザベス1世

テューダー朝のイングランド女王。無敵艦隊を撃破し、イングランド絶対王政の最盛期を築く。

また、スペイン船舶攻撃の口実として、ネーデルランドの大半の市民たちがプロテスタントであることもあげられます。彼らはスペイン王家が狂信的なローマ教会信者であるために、いつも迫害されていることにうんざりし、独立運動を激化させていたのです。エリザベス一世は、ひそかに彼らの独立運動を援助する狙いもあってスペイン船舶を襲っていました。

イングランド海軍（海賊）の行動に怒ったスペインは、ついにアルマダ（無敵艦隊）をドーヴァー海峡に派遣しました（一五八八）。しかし悪天候にも恵まれ、小型艦中心のイングランド艦隊はアルマダに大勝します。この海戦以後、貿易港としてのロンドンの繁栄も顕著となり、それまでは寂しい湿原（しつげん）地帯だったロンドン塔の東側の地域（イースト・エンド）に、港湾労働者の街がつくられ始めました。

そして、エリザベス一世の時代はザ・シティが成長した時代でした。商品や有価証券などの常設市場として王立取引所も建てられました（一五六六）。またインドや中国への進出の中心となる東インド会社も設立されます（一六〇〇）。

エリザベス一世の時代、活況を呈するロンドンにシェイクスピアが登場します。ルネサンス演劇の旗手として、世界に名前を残しました。テームズ川の南岸にシェイクスピア演劇専門の劇場、グローブ座もつくられます。一五九九年の開業でした。なお、同劇場は一九九五年に、創建当時の形態で再建されました。当時と同様、土間になっている立見席には屋根がありません。

エリザベス一世は一六〇三年、ヴァージン・クィーンのまま他界しました。

ステュアート朝から共和制へ、ふたたび王政復古に

子どもがなかったエリザベス一世の死後、イングランドの王位は遠縁に当たるスコットランド王ジェイムズ六世に引き継がれ、彼はジェイムズ一世として即位しました（在位一六〇三―一六二五）。この王朝はステュアート朝と呼ばれます。

当時、スコットランドには議会の伝統がありません。王室はいまだに王権神授説を信奉していました。またエリザベス一世の時代のイングランドは、イングランド国教会の国になっていましたが、スコットランドはローマ教会を信仰していました。ステュアート朝の先行きが案じられます。すでにジェイムズ一世の時代から、ローマ教会を信じるステュアート朝に不安を感じ、ロンドンを離れるカルヴァン派のプロテスタント（清教徒）も現われました。彼ら（ピルグリム・ファーザーズ）は新大陸に向かったのです。

さらに二代チャールズ一世（在位一六二五―一六四九）は、まったく議会を無視し、勝手な政治を始めました。ついに議会は彼に権利の請願十一条を突き付けます（一六二八）。それはマグナ・カルタ以来、イングランド議会が獲得してきた権利をきちんと守るよう、王に要求した文書です。

クロムウェル

三王国戦争を指導し、イングランドに共和制を現出させた。

ところがチャールズ一世は、一度は承認するものの結局は元に戻って暴政を続け、ついに意のままにならないロンドンを脱出すると、反議会の兵を挙げました。こうして国王と議会側は戦争に突入しましたが、議会側にオリバー・クロムウェルという優れた指導者が出現して勝利を収め、チャールズ一世は斬首されて、戦争は終わりました。

この戦争はクロムウェルが熱心な清教徒であったために、「清教徒革命（ピューリタン革命）」と僕たちは学校で教わりました。しかし最近では、この戦争にイングランド、スコットランド、さらにアイルランドも参戦していたことから、「三王国戦争」（一六四二―一六四九）と呼ばれています。三王国戦争の後、イングランドはオリバー・クロムウェルを護国卿（一六五三―一六五八）とする共和国になります。クロムウェルは強権を握って、積極的にイングランドの国益を第一にする政治を展開しましたが、彼の死後、彼の息子が共和制を持続することができず、イングランドは王政復古となりました。

登位したのは斬首されたチャールズ一世の息子、チャールズ二世です（在位一六六〇―一六八五）。この君主はご婦人が大好きでした。認知した子供だけでも一四人を数えます。彼らには王位継承権がありませんので、彼らの家系はすべて貴族となりました。ダイアナ妃もセーラー妃も、このときに誕生した家系の出身です。

チャールズ二世が死去したとき、嫡子がなかったので、王弟のヨーク公ジェイムズ二世が即位することになりました（在位一六八五―一六八八）。しかし彼が王権神授説の信奉者であり、熱烈なローマ教会派であったために、その即位を巡って議会は賛否二つに割れました。賛成した人々がトーリー党（後の保守党）、反対した人々がホイッグ党（後の自由党）になったといわれていましたが、この説はどうやら俗説であるようです。

なお、先のクロムウェルの時代にロンドン最初のコーヒーハウスが誕生しています。

名誉革命の結果、国王に対して一段と強い存在になった議会

ジェイムズ二世はおおかたの懸念どおり、ローマ教会の立場から強引な宗教政策を採りました。それに対してイングランドの議会は彼の暴政を許さず、彼を追放しました。そしてジェイムズ二世の娘でネーデルランドのオラニエ公の妻となっていたメアリーを、女王として招聘しました。このとき夫であるオラニエ公ウィレム三世をも王として認め、メアリー二世とオレン

ジ公ウィリアム（英語名）三世を一緒に王位につけました。

この政変は血を流すことなく行われたので名誉革命（一六八八―一六八九）と呼ばれました。イングランドの議会が強力で安定的なものとなる契機となります。

1 権利の章典と国債の発行、そして中央銀行の設立

名誉革命のとき、ウィリアム三世は権利の章典を発布しました。これは、イングランド議会がウィリアム三世とメアリー二世に対して提出した文書（権利の宣言）を受け入れ、改めて発布したものです。ここには、立法・課税・軍事・言論の自由・王位継承などに関しての議会主権が明記されていました。今日でも連合王国の憲法の一部となっています。

ウィリアム三世はネーデルランド時代から宿敵フランスのルイ十四世と戦い続けており、そのためにネーデルランドから税金を集めていました。イングランドからも徴収したいのですが、お婿さんなので市民に人気のないことは避けたい、もちろんそれだけではなく権利の章典があるので、勝手に課税もできません。

そこで彼は国債を発行しました。国債の前例はネーデルランドにありました。ネーデルランドの中心であるホラント州議会が徴税権を担保に、国債を出したことがあったのです。ウィリアム三世はこの前例に学んで国債の発行を議会に認めさせました。議会は、それに対して国債

の発行をコントロールする機関として、中央銀行すなわちイングランド銀行を設立しました（一六九四）。イングランドは権利の章典によって国王や政府が勝手に税金を課すことを禁じた代わりに、議会が国債を認め、そのチェック機関として中央銀行を設立するという現代の金融政策システムの祖形を、すでにこの時代に成立させていたのです。

2 王位継承法によって国王になる一族を定めてしまった

メアリー二世とウィリアム三世は子どもに恵まれませんでした。二人の死後、メアリー二世の妹アンが女王になりました。しかし彼女は病的な肥満体質で、出産はほぼ不可能でした。事態を放置すれば、その次の王位を主張して、名誉革命で追放したジェイムズ二世の遺子たちが動き出す恐れがあります。事実、彼らはパリにいて、ルイ十四世の援助を受けながら王位復活を求めて蠢動（しゅんどう）を繰り返していました。彼らはジェイムズのラテン語形ヤコブスJacobusに因（ちな）んで、ジャコバイト派と呼ばれました。

プロテスタントの才気あふれる働きで活況を呈するロンドンに、「ブラディ・メアリー」のようなローマ教会派の国王が復活することはごめんです。議会はジャコバイト派対策を考えました。そこで王族の中で、ローマ教会と縁のない一族を探しました。そしてステュアート朝の初代ジェイムズ一世の孫娘で、ドイツのハノーファー選帝侯に嫁いでいるゾフィーを探し出しました。この一族はプロテスタントのルター派です。そこで議会は、今後イングランド国王に登位できるのはゾフィーの子孫でローマ教会派でない者に限ると議決しました（一七〇一）。奇想天外のような合理的なようなこの法律は、王位継承法と呼ばれ、今日でも有効に機能しています。

こうしてついにローマ教会を信奉する一族は、永久にイングランド王に就けなくなりました。この王位継承法によって現代では、王位継承権を有する人々、数千人の順位が決まっているそうです。

アン女王が死去すると、ドイツからハノーファー選帝侯ジョージ一世がやってきてイングランド国王になりました（一七一四）。ところが彼はドイツ語しか話せません。日本の天皇が日本語がしゃべれなかったら、「これでいいのか」となりそうですが、イングランドは全く気にしませんでした。政治は議会が行っています。

「国王は君臨すれども統治せず」

それがこの国の人々にとっての君主の存在意義でした。考えてみると王位継承法というのは、連合王国の特徴であるウィンブルドン現象を、早くも先取りしていたと思います。役に立つこと、それが一番。ジョージ一世の一族はドイツ人同士で結婚を繰り返し、血統の上ではほとんどドイツ人となっていきました。

「ロンドンに飽きた人は、人生に飽きた人だ」

十七世紀後半、スペインから独立して強力な海軍国となったネーデルランドはイングランドと何度も戦争をしましたが、最終的にはイングランドが勝利を収めます。その結果、十八世紀のロンドンは世界貿易の中心地となります。その頃のイングランドを象徴するようなセントポール大聖堂が、ロンドンに完成しました（一七〇八）。この建築物は王室の建築家をつとめたクリストファー・レンの最高傑作といわれ、イングランドを代表するバロック建築です。セントポール大聖堂は六〇四年に創建、その後たびたびの火災で再建されましたが、一六六六年のロンドン大火災で潰滅的被害を受け、一七〇八年によみがえりました。この聖堂は、テームズ川左岸のロンドン塔とウェストミンスター寺院の中間に位置します。ロンドン市内のほとんどの場所から見えて、現代においてもロンドンのシンボル的な存在になっています。

この当時、典型的なロンドン人といわれて人気のあった文学者サミュエル・ジョンソンは、『英語辞典』編集という大事業を完成させました。彼が一七七〇年前後に語った有名なフレイズがあります。

When a man is tired of London, he is tired of Life.（ロンドンに飽きた人は、人生に飽きた人だ）

これほど傲慢なお国自慢も珍しいのですが、当時のロンドンは経済も文化も、十八世紀の世界で突出した都市になっていました。その街を歩けば、時代のすべてが息づいていたのです。

霧のロンドンにホームズが登場

アヘン戦争で中国を大国の座から引きずり降ろし、インドを完全に植民地とした十九世紀の連合王国は、世界最強にして最大の帝国となりました。いわゆる大英帝国の誕生です。その首都ロンドンは、世界でいちばん人口の多い、豊かで華やかな都市となっていきます。ロンドン最大の高級デパート・ハロッズが誕生し、ユダヤ系の国際的な金融資本ロスチャイルド銀行もロンドンで発展していきます。また都市圏の交通渋滞を緩和させるために、世界にさきがけて地下鉄を開通させました（一八六三）。そしてテームズ河畔に国会議事堂と隣り合って立つ時計台ビッグ・ベンが最初の時をロンドン市民に伝えたのは一八五九年のことでした。

また一方で、現代的な都市問題としてスモッグの洗礼も受け、テームズ川の水質汚染も目立ち始めました。「霧のロンドン」と呼ばれるようになったのです。

このロンドンに一八八七年、コナン・ドイルによって名探偵シャーロック・ホームズが登場します。『緋色の研究』がホームズのデビュー作でした。そしてその翌年、ついに迷宮入りとなった連続女性殺人鬼「切り裂きジャック」が、ロンドンの夜を恐怖に陥れました。

セントポール大聖堂

イングランドを代表するバロック建築で、王室建築家クリストファー・レンの最高傑作とされる。18世紀、世界貿易の中心地ともなったロンドンの金融街ザ・シティに完成。創建は604年にまで遡る。チャールズ皇太子とダイアナ妃の結婚式もここで行われた。

文豪夏目漱石は一九〇〇年から一九〇六年までロンドンに留学しています。当時のロンドンの印象を、随筆『倫敦塔』の中で次のように描写しています。

「表に出れば人の波にさらわれるかと思い、家（うち）に帰れば汽車が自分の部屋に衝突しはせぬかと疑い、」（『倫敦塔・幻影の盾』、夏目漱石著、新潮文庫）。

その後、大英帝国は激動する二十世紀へ、世界の中心国として突入していきます。第一次世界大戦、そして第二次世界大戦へ。

第二次世界大戦時、ロンドンはナチスドイツの激しい空爆を受けました。このとき、祖国をナチスに追われてイングランドに亡命していたポーランド空軍が、ロンドンの防衛に貢献しました。ロンドン市民も軍部も、外国の軍隊が首都の防衛に参加することに、いささかもためらわずに協力を求めて感謝しています。人手が足りないのです。面子にこだわっている場合ではないと、考えたのでしょう。

戦争が終わったとき、ロンドン市は破壊され、公園の芝生は畑に変わっていましたが、ロンドンは一九四八年にロンドン・オリンピックを開催し、平和の祭典を世界に届けました。オリンピック開催はロンドン復興の足掛りにもなりました。また一九五六年には大気浄化法を施行し、ロンドンを「霧の都」から大気汚染のない現代都市へと変えていきます。

ウエスト・エンドがユースカルチャーの発信地になった

ロンドン市が金融の中心、ウェストミンスター市が政治の中心。ロンドンは昔からそのように区分されています。また古来から存在するシティ・オブ・ロンドンの東をイースト・エンド、西をウエスト・エンドとする区分もあります。

ウエスト・エンドは現在の地下鉄の駅名でいえば、コベントガーデン駅とピカデリーサーカス駅を中心とする地域です。この地域は昔から芸術関係の施設や、専門店や飲食店がたくさんありましたが、六〇年代になると世界の若者を巻き込むユースカルチャーの発信地となりました。

ミュージカル作曲家ロイド・ウェバーの作品の多くが、ウエスト・エンドで上演されたあと世界の話題をさらいました。「ジーザス・クライスト・スーパースター」「キャッツ」「オペラ座の怪人」などです。モデルのツィッギーも世界のアイドルになりました。ユースカルチャーの代表的な存在はビートルズでした。彼らは音楽史を塗り変えるほどでした。そしてこの時代、実に多くのミュージシャンがロンドンから、世界に飛び立ちました。エルトン・ジョン、デヴィット・ボウイ、ローリング・ストーンズ、さらにパンク・ロックのセックス・ピストルズやザ・クラッシュ。パンク・ロックと一緒にパンク・ファッションも生まれました。いまだにクィーンズ劇場でロングラン公演中の「レ・ミゼラブル」のようなミュージカルもあります。

古い都市から若い文化が生まれることは難しいのですが、ロンドンという都市は、いつの時代にもイデオロギーではなく現実を見すえながら歩いてきました。そのことが、いつも新しいものを認める素地をつくりあげてきたのかもしれません。これもウィンブルドン現象のひとつの側面でしょうか。

イースト・エンドの再開発と二〇一二年のオリンピック・パラリンピック

ロンドン塔の東側の、昔は賑わった港であった地域がイースト・エンドです。当時は港湾労働者の居住地帯でもありましたが、第二次世界大戦のバトル・オブ・ロンドンで破壊された後、船舶の大型化とコンテナ輸送の一般化により、イースト・エンドのスラム化が進んでいました。

イングランド環境省は一九八〇年代から、ドックランズ（船舶のドックが集中する場所）と呼ばれたイースト・エンドの中心部で、大規模なウォーターフロント再開発を進めました。カナリー・ワーフと呼ばれる巨大な商業埠頭(ふとう)だった地域が中心でした。

この再開発の結果、カナリー・ワーフはシティに対抗するほどの新しい金融センターに変身し、ニューヨークを思わせる高層ビルが林立する街となりました。

ロンドンは二〇一二年にもオリンピック・パラリンピック開催都市になりましたが、このとき、中心となる競技会場の多くは、このカナリー・ワーフのエリアに建設されました。都市の再開発と世界の祭典を、うまく連結させたのです。この発想は一九四八年のオリンピックでも、発揮されました。商人の町らしい計算であったと思います。また、ロンドンは世界でただひとつ、オリンピックが三回開催された都市です。一九〇八、一九四八、二〇一二年です。近世以後の世界史にいつも登場していた都市なので、世界中で最も知られている存在になっていることが、三度も選ばれた理由かもしれません。現代でも、世界で最も人が訪れる都市の一つ、といわれています。

なお連合王国は二〇一六年の六月二十三日、国民投票でEU離脱を決めました。欧州随一の金融センターがこれからどのように変化するのか、注目に値します。

最後に、ロンドンについて書かれた三冊の本をご紹介します。特に、昔から因縁浅からぬパリとロンドンの関係が、あざやかに見えてくると思います。

『二都物語』(チャールズ・ディケンズ、加賀山卓郎訳、新潮文庫)、『ロンドン』(エドワード・ラザフォード、鈴木主税・桃井緑美子訳、上下巻、集英社)、『フランスが生んだロンドン　イギリスが作ったパリ』(ジョナサン・コンリン、松尾恭子訳、柏書房)

ロンドンの関連年表

西暦(年)	出来事
43頃	ローマ人が城壁都市ロンディニウムを建設。シティ・オブ・ロンドンの原型となる
410頃	ローマ人が撤退。5世紀中頃にアングル人とサクソン人が七王国をつくる
6世紀末	ロンドンが商業の中心地として発展(宗教の中心地はカンタベリーに)
9世紀	ヴァイキングが侵入し、ロンドンを奪う
878	ウェセックス王国のアルフレッド大王とヴァイキングの総大将グスランが和議を結ぶ
886	アルフレッド大王、ヴァイキングからロンドンを奪回。イングランド王国を名乗る
1013	デーン人の君主スヴェン、全イングランドを制圧
1016	スヴェンの子のクヌート大王、北海帝国を築き、イングランド王国を支配下に置く
1042	エドワード証聖王、イングランド王国を復活させる。1045、ウェストミンスター寺院建立
1066	ノルマンディー公ギョーム、イングランド王国を滅ぼし、ノルマン朝を建国(ノルマン・コンクエスト)。ウィリアム1世となる
1097	ウィリアム2世、ノルマン朝の政治機能の中心ウェストミンスターホールを建設
1154	ヘンリー2世が即位、プランタジネット朝(アンジュー帝国)始まる
1215	貴族がジョンにマグナ・カルタ(大憲章)を突きつける
1216	フランス王太子(ルイ8世)、ロンドンを占領。ジョン死去し、長男ヘンリー3世即位
1295	エドワード1世、市民も交えた議会を召集(後世、模範議会と呼ばれる)
1337	イングランドとフランス、百年戦争に突入
1381	戦費の重税に対し、ワット・タイラーの乱が起こり、農民たちが一時ロンドンを占拠
1399	ヘンリー4世が即位、ランカスター朝が始まる
1455	ランカスター家とヨーク家による薔薇戦争が起こる
1485	ヘンリー7世が即位、テューダー朝が始まる
1534	ヘンリー8世、国王至上法を発布。ローマ教会から離脱。イングランド国教会が成立
1558	エリザベス1世が即位。前王が迫害したプロテスタントを認め、シティが活気を取り戻す
1603	ジェイムズ1世が即位、ステュアート朝が始まる
1628	議会がチャールズ1世に「権利の請願」を突きつける
1642	三王国戦争(清教徒革命、~1649)が起こる
1649	クロムウェルの指導で議会はチャールズ1世を斬首、共和制となる
1660	王政復古。チャールズ2世が即位
1666	ロンドン大火
1688	名誉革命(~1689)により無血の政権交代。権利の章典発布
1708	セントポール大聖堂が完成(創建は604)
1863	世界に先駆け、ロンドンに地下鉄が開通
1908	第1回ロンドン・オリンピックを開催(第2回1948、第3回2012)
2016	国民投票によりＥＵ離脱を決定

●ロンドンの世界遺産（建造物）
ウェストミンスター寺院／ウェストミンスター宮殿（国会議事堂、ビッグ・ベン）／聖マーガレット教会／ロンドン塔

第8章

欧州にきらめく花の都 パリ

ヒトラーの権力をもってしても破壊できなかった美しい街

パリ
サン・ドニ大聖堂
スタッド・ド・フランス
セーヌ川
グランダルシュへ
サクレ・クール聖堂
北駅
東駅
サン・ラザール駅
凱旋門
ブーローニュの森
マドレーヌ寺院
コンコルド広場
パレ・ロワイヤル
ポンピドゥー・センター
オルセー美術館
ルーヴル美術館
エッフェル塔
アンヴァリッド
シテ島
バスティーユ広場
クリュニー美術館
カルチェ・ラタン
ノートル・ダム大聖堂
リュクサンブール宮殿
パンテオン
リヨン駅
ヴァンセンヌの森
モンパルナス駅
オステルリッツ駅
ベルシー駅
セーヌ川
ヴェリエールの森へ
0
2km

「ルテティアは、セクアナ河（現セーヌ河）の島の上にパリシイ族が造った町である」

見出しとなっている文章は、ＢＣ五一年に刊行されたユリウス・カエサルの『ガリア戦記』の一節です（『〈新訳〉ガリア戦記』ユリウス・カエサル、中倉玄喜訳、ＰＨＰ研究所）。

ガリア戦記は、当時はガリアと呼ばれていたフランスで、大反乱を起こしたケルト人をカエサルが制圧した記録です。ローマの人々はケルト人をガリア人（ガリー人）と呼んでいました。「セクアナ河」とは現在のセーヌ川、「ルテティア」とはパリ、パリシイ族とはケルト人の中の一部族の名前です。そして島とは、セーヌ川に浮かぶシテ島を指しています。

前章で、ロンドンの古名ロンディニウムには、「沼地の砦」というような意味があるとお話ししましたが、ルテティアには「泥土の沼地」といった意味があったようです。『ガリア戦記』の中に、セーヌ川とシテ島の周辺が湿地帯であるという記述もあります。大きな川の中洲にある泥っぽい町、のような意味だったのでしょう。

このルテティアにはすでにＢＣ四世紀、人が住んでいたようですが、その人種については不明です。ＢＣ二五〇年ぐらいからケルト人が支配するようになり、カエサルがケルト人を制圧した後、ローマ帝国領となりました。ローマ帝国が支配したのは、ルテティアを中心とするシテ島とセーヌ川の左岸地域が中心でした。今でもローマ時代の公共浴場の遺跡が、クリュニー美術館の横に残されています。

ルテティアという呼び名がパリに変わった時期は明確ではありませんが、ローマ人がガリアの地を支配している間に、「パリシィ族が住んでいた町」という意味合いから、パリと呼ぶようになったと考えられています。それは二、三世紀頃のことであったようです。

こうしてパリは、僕たちの前に姿を現わすのですが、花の都とか世界で最も美しい都市と呼ばれるようになっていったのはなぜだったのか、そのあたりを考えながらパリの話を進めたいと思います。

セーヌ川がパリをつくり育ててきた

パリを支配したローマ人は、セーヌ川のシテ島に拠点となる城塞を築きました。そこから左岸と右岸に橋をかけて支配を拡大しました。セーヌ川は、パリ市内を蛇行しながら北西へ流れ、左岸のエッフェル塔のあたりから南西へと向かいます。

話が現代に飛ぶのですが、パリを代表する建築物の多くはセーヌ河畔にあります。現在のパリは、地方行政体として県と同格の扱いを受けています。パリ県にはパリ市しかないわけで

パリの20行政区

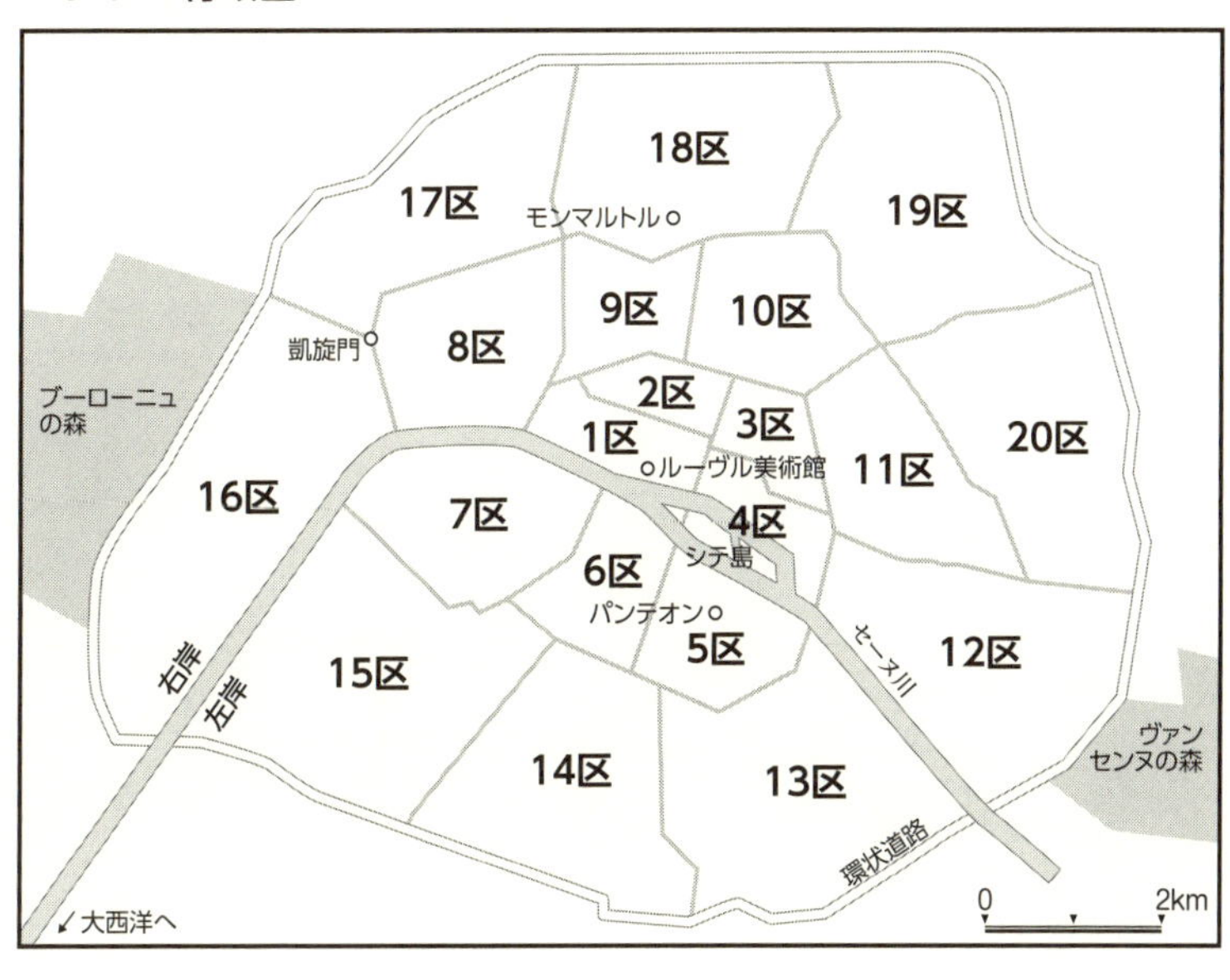

す。全体は二〇の行政区に分かれていま す。その第一区がセーヌ右岸のルーヴル美術館がある地域です。ここを第一区と定めて、ここから時計回りでエスカルゴのように外側へ円を描きながら、右岸の一四区、左岸の六区で構成されています。

パリ市の標高は最高が右岸モンマルトルの一三〇メートル、最低がセーヌ河岸の三五メートルです。セーヌ川の右岸、左岸のどちらにいても、丘をくだるように歩けば、その河畔に行きつきます。

セーヌ川の源流地はフランス北東部のラングル高地です。水量が豊かで流れのおだやかな川です。そのために古代から交易ルートとして発達し、ガリアの中心となる河川でした。パリはセーヌ川の中流にありますが、港として充分にその機能を果してきました。フランス最大の港はマルセイユですが、パリは今でもフランス有数の港のひとつです。ちょっと意外な気がしますね。

ローマが支配していた頃のパリに登場した有名人たち

1 サン・ドニ——その大聖堂はフランス王家の墓所

三世紀半ば、ローマ教会は、ガリアへキリスト教を弘（ひろ）めるために司教を派遣しました。その男はサン・ドニという名前でした。この当時、まだキリスト教はローマ帝国の国教ではありませんでした。サン・ドニは異教徒の手に捕えられて、モンマルトルの丘で斬首されてしまいました。モンマルトルとは「殉教者の丘」の意味です。

斬首されたサン・ドニは、なんと自分の生首を抱えて歩き始めたのです。そしてやや北方の寒村で立ち止まり、そこに自分の生首を埋めさせたと伝えられています。その場所にサン・ドニ修道院が建てられました。現在ではサン・ドニ大聖堂と呼ばれています。この大聖堂はフランス王家の墓所となっています。

2 皇帝ユリアヌス――ルテティアからローマ皇帝へ

ユリアヌス（在位三六一―三六三）については第1章のイスタンブルのところでお話ししました。彼がガリアにとって有名人というか、記憶に留めるべき人であるのは、ガリアからコンスタンティノープルへ攻め上るために、地元の優秀な軍人や官僚をまとめて連れていってしまったからです。

ユリアヌスはローマ皇帝となる前の四年間ほど、ガリアの統治者でした。ユリアヌスの三十年ほど前には、コンスタンティノープルに遷都した皇帝コンスタンティヌスも、統治していたドイツ南西部の地域から優秀な人材をごっそりと東方へ連れ去りました。二回にわたる人材流失が、ローマ帝国の西側のリーダー層を枯渇させました。そのために諸部族が侵入してきたとき、守るべき核となる人材がいなくて、ローマ帝国が西ヨーロッパを失う原因になったと、最近では考えられています。

それはともかく、ユリアヌスが統治していた頃のパリは、ローマ帝国時代のハイライトとなる活気ある時代だったようです。

3 サント・ジュヌヴィエーヴ――パリを見守る女性の守護聖人

パリにはもうひとり、サント・ジュヌヴィエーヴという女性の守護聖人の話が残されています。

ユーラシアの東方で匈奴（きょうど）という大遊牧国家を築いた人々は、ヨーロッパではフン族と呼ばれましたが、フン族の英雄アッティラはハンガリーを征服した後、パリを攻めました（四五一）。このときサント・ジュヌヴィエーヴというキリスト教を信じていた女性が、アッティラを説得してパリ攻略を断念させたと言い伝えられています。彼女の勇気で、パリの人々は逃亡せずに済んだそうです。彼女が葬られた場所は、セーヌ左岸の小さな丘の上です。そこには昔、質素な教会がありましたが、十八世紀後半のフランス革命の後、パンテオン（汎神殿（はんしんでん））と呼ばれる宗教的には自由な教会が建てられました。ヴォルテール、ルソー、ユゴーなど多くの偉人が祀（まつ）られています。この丘のあたりは「サント・ジュヌヴィエーヴの丘」と呼ばれ、今もパリの人々に愛されています。

ところで、アッティラはパリ攻撃を断念した後、イタリア半島に向かい、ローマを侵略しようとしました。しかし今度は時のローマ教皇レオ一世に説得されて、襲撃を断念したと伝えられています（四五二）。けれどもなんとなく話が出来過ぎている感があり、どうやら蛮族の王アッティラを、聖女や教皇を顕彰するための悪役として利用しているようにも思われます。

ローマ侵略をアッティラが断念したのは、実は疫病が流行していたからだという説も伝わっています。

ローマ帝国が衰微した後、フランク族が支配する

五世紀に入ると、フランク族がガリアを支配します。トゥルネー（現在のベルギー）を出身地とする、フランク族の有力な一族サリ族の首領クロヴィス（在位四八一―五一一）は、現在のドイツ西部からフランスの地全体を支配するメロヴィング朝を建てました。そしてパリを首都に定めました（五〇六）。フランク王国の誕生です。

メロヴィング朝は七世紀後半まで分裂と統一を繰り返しつつ続いていましたが、王家の内政を司る秘書官長のような役職（宮宰）についていたピピン一族によってフランク王国を簒奪されてしまいました。これがカロリング朝です。そしてこのピピン一族の中からシャルルマーニュ（カール大帝）が登場し（在位七六八―八一四）、エルベ川からピレネー山脈まで、ほぼ西ヨーロッパ全域を版図とする大帝国をつくりました。しかしシャルルマーニュは八世紀末に、首都をベルギーとの国境に近いドイツのアーヘンに移します。当時のフランク王国の支配は、ドイツ方面に重心があったためです。

ユーグ・カペー

「カペー家の奇跡」といわれた350年続くカペー朝を開いたフランス王。

その後パリは、フランク王国の中でパリ伯と名乗る地方行政官が支配するようになります。しかし、王国の首都ではなくなったので、パリは少しさびれました。八八五年のこと、パリはヴァイキングに襲われます。大河で水量の豊かなセーヌ川を遡ってやってきたヴァイキングは、大包囲網をつくりパリを占拠しようとしました。このとき、パリ伯のウードという人が奮闘し、ヴァイキングを撃退しました。

　このウードの一族は、カロリング朝が絶えたときにフランス国王となります。ユーグ・カペーを初代（在位九八七―九九六）とする、カペー朝です。このときからカペー朝は十四世紀の前半まで、実に三百五十年間、嫡男が生まれ続けて王統を持続させました。このことは「カペー家の奇跡」と言い伝えられています。この間に最初は小さな伯領だったフランスは、少しずつ大国になっていきます。そして再び首都になったパリも、立派な都市になっていきました。

カペー朝の時代、現代に残るパリが誕生し始める

1 カルチェ・ラタン、パリ大学——学生たちの憩いの場

カペー朝が誕生して十一世紀に入る頃から、ユーラシアは気候の温暖化が顕著になります。そのために人口が急増しました。特にヨーロッパでは、三圃式農業（農地を三つに区分する農法）の普及によって農業の生産性が向上したことにも影響されて、一〇〇〇年には二五〇〇万人程度であった人口が一三〇〇年には約七五〇〇万人となりました。

人口の増大を背景に、ヨーロッパでは市民階級が台頭し始め、都市が活気づいていきました。一方で、下級貴族が支配する農村では増大する人口に与えるべき土地も食糧も不足し始めました。特に、財産を相続できない二、三男の失業状態は深刻となりました。そのために、十字軍による東方世界への侵略政策が、ローマ教皇の名において実行されました。当時イスラム勢力が分裂し、弱体化していたことも教皇の計算に入っていたことでしょう。

このような状況下でカペー朝は誕生したわけですが、十字軍については第1章でお話ししましたので、ここではパリ市内で起きた現代につながる出来事について触れていきたいと思います。

この時代に、セーヌ左岸からサント・ジュヌヴィエーヴの丘に続くカルチェ・ラタン地域に、神学や哲学を学びたいという若者や教師が、ヨーロッパ各地から集まってくるようになりました。このカルチェ・ラタンにはローマ時代に、多くのローマ人が居住していました。またパリの守護聖人が埋葬された教会もあって、古来からキリスト教関係の施設がたくさんありました。勉強したくてヨーロッパ各地からやってきた人々は、この地の教会や広場で哲学者や神学者の講話を聴くようになっていきました。

ところでこの時代は、どこの国にも国語はありませんでした。国家そのものも存在せず、君主の住居や有力な部族の集落が中心でした。彼らがそれぞれの方言（自国語）を話していました。唯一、知識階級の間で共通語になっていたのが、ローマ帝国の言語ラテン語でした。そのためにカルチェ・ラタンに勉強にやってきた学生や教師たちは、ラテン語で話し学んでいました。その当時、ラテン語は、いまだリンガ・フランカ（国際語）として生き続けていたのです。カルチェ・ラタンとは、「ラテン語地区」という意味です。

カルチェ・ラタンで学生たちが学んだ場所をスコラ（schola）と呼びました。いうまでもなく今日のスクール（school）の語源です。主にスコラにおいて講義された内容から発展していった哲学を、後にスコラ哲学と呼ぶようになります。

カルチェ・ラタンの教室は学生や教師たちの自治組織で運営されていました。教皇のインノケンティウス三世は、カルチェ・ラタンの学問的繁栄を見て、その宗教的自治組織を公認して大学として認めました。時に一二一五年、パリ大学の誕生です。

パリ大学は、イタリアのボローニャ大学（一〇八八年創設）に次いで、ヨーロッパで二番目に古い大学です。ボローニャ大学は、キリスト教の教会法を学ぶ学生たちが、学生組合を結成したことから誕生しました。ちなみにボローニャで学生たちが結成した組合も、カルチェ・ラタンの自治組織も、ラテン語では同じウニウェルシタス（universitas）です。現在のユニバーシティ（university）の語源となりました。

昔も今も、貧乏な学生はたくさん存在しました。パリ大学も例外ではありません。学業半ばで断念する若者もいました。彼らを救うために、宮廷司祭のロベール・ド・ソルボン（一二〇一―一二七四）は、自費を投じて「ソルボンヌの家」と呼ばれる学生寮を建設しました。「ソルボンヌの家」は、貧しい学生ばかりではなく、貧しい教師も利用できました。やがてこの学生寮はパリ大学神学部そのものの名称となりました。そして今日では、四つの学区に分れたパリ大学の第四大学となり、ソルボンヌ大学と呼ばれています。

カルチェ・ラタンは今も学生の街です。そして今も中世のパリが、入り組んだ路地に顔をのぞかせている街でもあります。

2　ノートル・ダム大聖堂──フィリップ二世がパリを形づくる

人口が急増し、都市が活性化し始めたこの時代にマリア信仰が盛んになりました。赤ちゃんがたくさん生まれたことで、母性に対する信仰が高まったのです。そして多くの聖母マリアを祀るノートル・ダム聖堂が、フランス各地につくられました。その代表的な存在がシテ島のノートル・ダム大聖堂です。一一六三年、フランス王ルイ七世の時代に起工されました。完成は一三四五年です。ノートル・ダムは英語で言えば、ノートルがour、ダムがladyです。「私たちの貴婦人」、つまり聖母マリアの呼び名です。

ところでルイ七世という君主は前章にも登場しましたが、フランス領国内のアキテーヌ公国の後継者、公女アリエノールと結婚し、その後離婚した君主でした。そのアリエノールがイングランド王のヘンリー二世と再婚したために、イングランドのプランタジネット朝が、フランス領内にとてつもなく広大なアンジュー帝国をつくってしまったことも、前章でお話ししました。そうはいっても、この当時のパリには、ノートル・ダム大聖堂を起工するほどのパワーはあったのです。

このルイ七世を継いだ名君がフィリップ二世です（在位一一八〇―一二二三）。彼はオーギュスト（尊厳王）というニックネームを持っていました。あのローマ帝国初代皇帝アウグストゥスのフランス語読みがオーギュストです。そして彼は、オーギュストの名前にふさわしくフラ

ノートル・ダム大聖堂

パリのシテ島にあるローマ教会の大聖堂。ノートル・ダムとは「私たちの貴婦人」という意味のフランス語で、聖母マリアに捧げられた大聖堂である。

ンス国内のイングランド領を、みごとに奪回したのでした。

この名君は、現代のパリにつながる都市計画を実行しました。彼はセーヌ川右岸にレ・アール（中央市場）をつくりました。それは東京の築地市場のような存在で、一一八三年頃から一九六九年までパリの胃袋の役割を果してきました。またフィリップ二世は、セーヌ左岸で金融業を営んでいたユダヤ人の居住地と織物商たちの住居を、右岸に移しました。

フィリップ二世によってセーヌ右岸は、商工業の中心となっていきました。そして左岸はカルチェ・ラタンに代表される学問や芸術の中心地となっていきます。セーヌ川の中洲であるシテ島は、ノートル・ダム大聖堂を核として宗教的な中心地になっていきました。

また彼は当時のパリを城壁で囲みました。そしてその中心としてセーヌ右岸の川辺近くに、ひとつの要塞をつくりました。これが後のルーヴル宮殿の出発となります。

パリの中央市場は現在ではパリの南郊外、オルリー空港近くに移転しました。レ・アールの跡地は「フォーラム・デ・アール」(中央市場広場)というショッピングプラザになっています。ルーヴルの語源は、オオカミ狩りの猟犬の小屋(ルパラ)といわれています。ヴァンセンヌの森やブーローニュの森は、もともと王家の狩場となっていた場所でした。

百年戦争後のジャックリーの乱で市民が立ち上がる

三百五十年間、直系の血筋が絶えなかったカペー朝は十四代シャルル四世で終わります(一三二八)。彼の父である十一代フィリップ四世には三人の男子がいたのですが、三人とも後継すべき男子を残さなかったためです。そこで、フィリップ四世の弟のシャルル・ド・ヴァロワの長子がフランス王フィリップ六世となりました(在位一三二八―一三五〇)。このときからフランスの王朝はヴァロワ朝となります。イングランドなどに比較すればごく真っ当な王位の継承でカペー朝と呼び続けても何の不思議もありません。

ところが、この王位交代のときに起きたのが、前章でお話しした百年戦争でした（一三三七―一四五三）。フィリップ四世はル・ベル（美男子）と異名を持つほどの二枚目でした。彼にはイザベルという美しい娘がいました。その彼女に惚れて妻に迎えたのが、イングランド王エドワード二世です。二人の間にエドワード三世が生まれました。このエドワード三世が、次のような理由でフランス王位継承権を主張し、それが認められなかったために引き起こしたのが百年戦争でした。エドワード三世の主張とはこういうものです。

「私はフランス王フィリップ四世の孫である。それに対してヴァロワ家のフィリップ六世は甥である。私のほうが血縁は近い。したがって王位継承権は私にある」

エドワード三世はノルマン人の家系です。ノルマン人は女性の王位継承権を認めますから、当然エドワード三世の母（イザベル）も王位継承者です。けれどもフランス王家はフランク族のサリ族です。彼らの生活を律するサリカ法典は女性の王位継承を認めていません。したがってカペー朝からヴァロワ朝への王位継承は、フランスにおいては至極当然のことだったのです。

こうして、両国は泥沼のような戦いに入ります。しかし喧嘩しているのは貴族です。迷惑するのは市民と農民です。ロンドンでは重税に抗議した農民たちがワット・タイラーの乱を起こしましたが、百年戦争の戦場はフランスでした。田畑は荒され収穫物は奪取され、商工業者は商品を略奪されます。これに対して北フランスでは農民と手工業者が反乱を起こしました。ジャックリーの乱です（一三五八）。その当時、農民の通称がジャックであったそうです。貴族の横暴に対してパリの市民も立ち上がりました。パリで実質的に市長と同等の権利と自治権を握っていた、セーヌ川のパリ水上商人組合長（商人頭）エティエンヌ・マルセルらです（一三五七）。彼らは国王に対して、勝手な徴税や政策の禁止を申し入れました。しかし受理されることなく、弾圧され、マルセルは暗殺されました。

フランスを中央集権国家として強化したシャルル五世

ヴァロワ朝第三代の王、シャルル五世は賢王と呼ばれました（在位一三六四—一三八〇）。百年戦争の前半に登場し、フランスを優位に導いた君主です。一三五六年に彼の父ジャン二世がイングランドに大敗し、捕虜になった後、摂政（せっしょう）を経て王位につきました。彼は国力や人口においてイングランドにまさるフランスが負けるはずはないと信じ、戦略を立て直しました。まず国の財政基盤を強化するため、人頭税、消費税、塩税の三本柱を確立させます。

この政策はみごとに成功し、後世に彼は「税金の父」と呼ばれます。また中央集権を徹底さ

ヴァロワ朝の系図

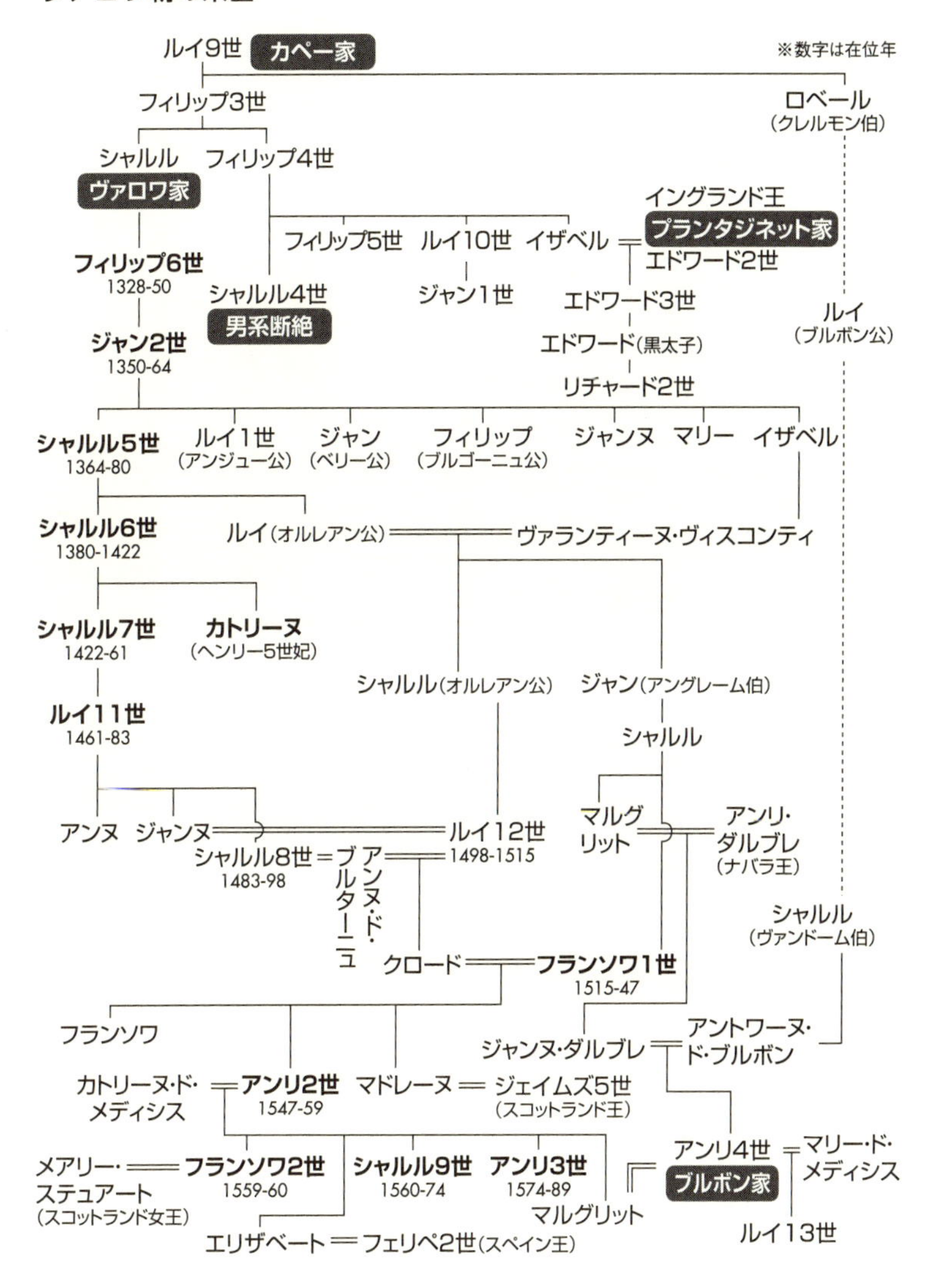

※数字は在位年
ルイ9世
カペー家
ロベール
（クレルモン伯）
フィリップ3世
シャルル
ヴァロワ家
フィリップ4世
イングランド王
プランタジネット家
エドワード2世
フィリップ5世
ルイ10世
イザベル
フィリップ6世
1328-50
シャルル4世
男系断絶
ジャン1世
エドワード3世
ルイ
（ブルボン公）
ジャン2世
1350-64
エドワード（黒太子）
リチャード2世
シャルル5世
1364-80
ルイ1世
（アンジュー公）
ジャン
（ベリー公）
フィリップ
（ブルゴーニュ公）
ジャンヌ
マリー
イザベル
シャルル6世
1380-1422
ルイ（オルレアン公）
ヴァランティーヌ・ヴィスコンティ
シャルル7世
1422-61
カトリーヌ
（ヘンリー5世妃）
シャルル（オルレアン公）
ジャン（アングレーム伯）
ルイ11世
1461-83
シャルル
アンヌ
ジャンヌ
ルイ12世
1498-1515
マルグリット
アンリ・ダルブレ
（ナバラ王）
シャルル8世
1483-98
ブルターニュ
アンヌ・ド・
シャルル
（ヴァンドーム伯）
クロード
フランソワ1世
1515-47
フランソワ
ジャンヌ・ダルブレ
アントワーヌ・ド・ブルボン
カトリーヌ・ド・メディシス
アンリ2世
1547-59
マドレーヌ
ジェイムズ5世
（スコットランド王）
アンリ4世
ブルボン家
マリー・ド・メディシス
メアリー・ステュアート
（スコットランド女王）
フランソワ2世
1559-60
シャルル9世
1560-74
アンリ3世
1574-89
マルグリット
ルイ13世
エリザベート
フェリペ2世（スペイン王）

せ、絶対王政のさきがけとなるような政治を行いました。たまたまデュ・ゲクランという名将にも恵まれ、軍隊も強化しました。あのバスティーユの牢獄を建てたのも、エティエンヌ・マルセルのパリ反乱を鎮圧したのもシャルル五世で、強力な君主でした。

ところでフランスでは王太子のことをプリンス・オブ・ドルフィンと呼びます。それは百年戦争の初期に、ヴァロワ朝初代フィリップ六世が、敗北続きの苦戦の中で当時のドイツから分捕った南フランスのドーフィネ地方を、後に王太子となる孫のシャルル五世に与えたことに始まります。これ以後、フランスの王太子はドーフィネ地方にちなんで、ドーファンと呼ばれるようになります。ドーファンはドルフィン、イルカです。その紋章には二頭のイルカが描かれています。シャルル五世はドーファンと呼ばれた最初の王太子でした。

なおイングランドでは今日でも王太子のことをプリンス・オブ・ウェールズと呼びます。これはウェールズを占拠したプランタジネット朝のエドワード一世（在位一二七二―一三〇七）が、ウェールズの人々を懐柔（かいじゅう）するために、身重のお妃をウェールズに連れていき、その地で長男を出産させてプリンス・オブ・ウェールズと名付けたことに始まりました。イングランドの君主になるのはウェールズ生まれのプリンスである、そう言明してウェールズの人心を宥（なだ）めたのでした。

王太子をイルカと呼ぶフランスと、いかにも政治的配慮を感じさせるイングランドのネーミングは、おもしろい対比を見せています。

フランソワ一世がルーヴル宮殿の造営を開始

長く続いていた百年戦争は「税金の父」と称されたフランス王シャルル五世が勝利した後、しばらく平和が続きましたが、シャルル五世を継いだシャルル六世に精神疾患(しっかん)の兆候が現われ、これを機に王権をめぐる争いが深刻化しました。王族のブルゴーニュ公が介入して、フランスのお家騒動は一触即発の状態になりました。このあたりも前章と重複するのですが、イングランド王のヘンリー五世はブルゴーニュ公と手を結んで百年戦争を再開し、勝利してパリを支配しました。しかし勝利後二年で彼は病没しました。

結局、百年戦争はジャンヌ・ダルクの活躍もあってフランスが勝利し、イングランドは大陸から撤退しました（一四五三）。ヴァロワ朝では、シャルル六世とヘンリー五世のトロワ条約によって廃嫡(はいちゃく)された王太子がシャルル七世となり、王位を継承しました。それから五十数年後、第九代フランソワ一世が登場します（在位一五一五―一五四七）。

フランソワ一世は誇り高いフランス王でした。ヨーロッパの覇者はフランスでなければならないと考えていたのでしょう。彼は当時の文化的先進地域イタリアに執着しました。彼の曾祖父の妃がミラノ公ヴィスコンティ家の血をひいていることを理由に、ミラノ公の継承権を主張し、ミラノを占領しました。そのときミラノにいた天才レオナルド・ダ・ヴィンチを連れて帰ります。ダ・ヴィンチは、フランソワ一世の居城アンボワーズ城（ロワール県）近くのクルーの館（クロ・リュセ）に邸宅を与えられました。ダ・ヴィンチは、この地で没します（一五一九）。そしてモナ・リザをフランスに残しました。

フランソワ一世には不倶戴天（ふぐたいてん）の敵が存在しました。ハプスブルク家のカール五世です。彼はオーストリア、ドイツ、フランドル地方（現在のネーデルランド）、さらにはスペインまでをも支配する君主でした。フランスからみると、国境を接する陸地はスイス以外すべてカール五世の支配下です。しかもカール五世もオーストリアの南にあるイタリア支配に強い意欲を持っていました。

フランソワ一世は、ミラノを基地としてイタリアの戦場で、幾度となくカール五世の軍勢と戦い続けました。このように戦争ばかりをやっていたフランソワ一世でしたが、パリを愛する君主でもありました。彼はシャルル五世が築いたルーヴル城塞を本格的な宮殿として改築し、造営を開始しました。ルーヴル宮は彼の後、多くの君主たちが手を加え、ナポレオン三世の時代に完成します。そのおおよその姿を現出させたのは、フランソワ一世でした。

サン・バルテルミの虐殺などを契機にヴァロワ朝が絶え、ブルボン朝が始まる

フランソワ一世の死後、彼の次男アンリ二世がフランス王となりました（在位一五四七—一五五九）。王妃はフィレンツェのメディチ家出身のカトリーヌ・ド・メディシスです。

この当時のフランスでは、カルヴァン派のプロテスタントの信仰者が増加しており、ローマ教会派との対立が目立ち始めていました。ローマ教会派はカルヴァン派をユグノーと呼びました。この呼称には、さげすみのニュアンスが含まれています。アンリ二世が、馬上の槍試合で事故死した後、王太后となったカトリーヌ・ド・メディシスは幼い息子フランソワ二世（即位一年で死去）、シャルル九世（在位一五六〇—一五七四）を国王とし、摂政の立場で国政を預かっていました。彼女はローマ教会派とユグノーの対立を憂慮し、和解を図りますが受け入れられず、ついにユグノーの人々がギーズ公によって殺害される事件（ヴァシーの虐殺）が起きました（一五六二）。この事件からフランスは、おおよそ四十年、ユグノー戦争に巻き込まれます。

カトリーヌは、戦いを解決させるために娘のマルグリット（マルゴー）を、ユグノーの指導的立場にいたブルボン家のナバラ王アンリに嫁（とつ）がせました。その結婚式のために、ユグノーも

ローマ教会派も多数、パリに参集しました。しかし結婚式が終わった数日後の一五七二年八月二十四日、サン・バルテルミの祝日に、ローマ教会派によって数千人のユグノーたちがパリで殺されました。このサン・バルテルミの大虐殺によって、ユグノー戦争は泥沼化します。

争乱は「三アンリの戦い」と呼ばれる形で進みました。

ユグノー派のブルボン家のナバラ王アンリ、フランス王アンリ三世（シャルル九世の弟）、そしてローマ教会派の名門貴族ギーズ公アンリです。三人の争いでは、フランス王アンリ三世がギーズ公アンリを暗殺し、次にフランス王アンリ三世がギーズ公一派に暗殺されました。そして残ったユグノー派のブルボン家のナバラ王アンリがフランス王位を継いで、ブルボン朝初代アンリ四世となりました（在位一五八九―一六一〇）。

ヴァロワ朝は、アンリ二世とカトリーヌ・ド・メディシスの王子三人に世継ぎの男子が生まれず断絶しました。このあたり、奇しくもカペー朝のフィリップ四世の三人の王子に世継ぎが生まれずに、断絶したことと酷似しています。

カトリーヌ・ド・メディシスとアンリ四世がパリに残したもの

カトリーヌ・ド・メディシスはフィレンツェの名門中の名門、メディチ家のロレンツォの直系で、その最後の曾孫に当たる女性でした。当時のヨーロッパで最高の文化を誇っていたイタリアから、まだまだ片田舎であったパリに嫁ぐ彼女のために、遠戚関係のローマ教皇クレメンス七世は、美味しい食事ができるようにと、イタリアの料理人をパリまで帯同させました。

当時のフランスでは宮廷の食事でも、テーブルの前に長椅子があり、そこにずらりと並んで腰かけて料理を手で摑(つか)んで食べ、肉は短刀で切り取っていました。イタリアの宮廷ではすでにナイフとフォークを使用し、一人一人が自分の椅子に腰かけて食べていたのです。

この食事作法はイスラム文化圏のバグダードの宮廷からシリアを経てイタリアの都市貴族へと伝わり、彼らのマナーになったものです。そしてカトリーヌの料理人たちによって、後に世界的名声を勝ち取るフランス料理が誕生することになります。

ブルボン朝初代の王となったアンリ四世は、現在のセーヌ川にかかる最古の橋ポン・ヌフ橋をつくりました。ポンは「橋」、ヌフは「新しい」の意味で、かけられた当時は一番新しい橋でした。新しいといわれるわけは、この橋があの時代では珍しいタイプの橋だったからです。当時の大きな橋はその上に民家が建ち並ぶのが普通でした。今でもその好例が、イタリアのフィレンツェのアルノ川にかかる橋ポンテ・ヴェッキオに残っています。それに対してポン・ヌフの橋上には一軒の家もありませんでした。初めて人が歩いて渡るためだけに作られた橋が、ポン・ヌフだったのです。橋上は人々の語らいの場にもなりました。

また、形に残ることではありませんでしたが、パリにとっての彼の大きな業績は、ナントの勅令を出したことです（一五九八）。

血で血を洗うユグノー戦争の後でフランス王になった彼は、パリやフランス全土ではローマ教会派が多数派である現実を重視しました。そして自分がプロテスタントであることが、また宗教戦争のきっかけになることを恐れて、ローマ教会に宗旨替えをしてしまったのです。そして同時にナントの勅令を発布しました。

この勅令は、ローマ教会をフランスの国家的宗教であると認めると同時に、プロテスタントにもローマ教会と同等の宗教上の権利を認めたものです。この勅令で、フランスにおけるローマ教会とプロテスタントの対立は解消に向かい、四十年近く続いていたユグノー戦争に終止符が打たれました。そしてこの知らせがヨーロッパ全域に広がると、賢くて働き者のカルヴァン派のプロテスタントたちがパリに参集しました。パリは商人や職人の活躍する都市となり、活況を呈し始めました。後にルイ十四世がナントの勅令を廃止したとき、失意の彼らはパリを去りました。優れた時計職人たちがスイスに移り、現在の時計産業を起こしたのも、このときでした。

アンリ四世は、今もフランスで人気のあるリーダーです。歴史上の元首たちの人気投票をやると、一位がド・ゴール、二位が皇帝ナポレオン一世、三位がアンリ四世となり、この順番はほぼ定番となっているそうです。

アンリ四世の最後の妻は、メディチ家出身のマリー・ド・メディシスでした。彼女が郷里のフィレンツェを懐かしんで建てた宮殿と庭園がセーヌ左岸に残るリュクサンブール宮殿と公園です。宮殿は現在、フランス議会の上院になっています。公園はパリでも最も美しい公園の一つとして定評があります。

彼女とアンリ四世の子どもがルイ十三世です。彼の時代の宰相にして枢機卿であった智謀の人、リシュリューが建設した自宅、後のパレ・ロワイヤルが、ルーヴル宮殿の北側に残っています。

ルイ十四世の登場、フランス革命、そしてナポレオン

ルイ十三世が亡くなってルイ十四世が後を継いだとき（在位一六四三―一七一五）、彼はわずか五歳の子どもでした。このようなときは、家督相続をめぐるお家騒動が起きがちなのですが、ルイ十三世の宰相であったリシュリューは、自分が世を去る前に次の宰相になる人物を指名して混乱を避けようとしました。ところがその人物、マザランがイタリア人で、しかもリシュリューと同じくローマ教会の枢機卿の職にあるお坊さんであったので、フランスの貴族た

マドレーヌ寺院

パリ８区にある聖女マグダラのマリアを守護聖人とするローマ教会。高い天井を有し、外観からは考えられないほど荘厳な雰囲気の教会らしい空間が広がっている。

ちが怒りました。プライドを傷つけられたし、幼いルイ十四世を利用しようと思ったのに、当てがはずれてしまったからです。ついに彼らは反乱を起こし、ルイ十四世は一時パリを追われました。フランス貴族の最後の反乱といわれたフロンドの乱です（一六四八—一六五三）。

この乱の平定後、フランスはルイ十四世が君臨する時代を迎えます。彼はヴェルサイユ宮殿をつくると、首都をパリから移転しました。しかし、彼は偉大なるフランスを追い求める覇権戦争を次々と起こし、フランスは疲弊しました。そのことが導火線となって、やがてフランス革命が起こり（一七八九）、王政が倒れて第一共和政が成立します（一七九二）。しかしそれも革命暦テルミドール（熱月）九日の反動によって倒れます（一七九四）。そしてナポレオン一世の時代（第一帝政）となります。ナポレオンが失脚するまでの事件の数々は西洋史のメインステージですが、ここではマドレーヌ寺院のエピソードだけに留めます。

マドレーヌ寺院はコンコルド広場の北、ほぼパリの中央にある教会です。マドレーヌとは聖女マグダラのマリアのことです。この教会はブルボン朝の末期に建設が始まりましたが、フランス革命で工事は中断されました。皇帝となったナポレオンは、建築途中のマドレーヌ寺院を見て、これを「我が大陸軍の栄光のシンボル」となる大殿堂にすることを命じました。そのために今日に見られるような、およそ教会には見えない、パルテノン神殿のような建築となりました。しかしナポレオンが失脚した後、もういちど教会となりました。内部は伝統的な教会のたたずまいで、優れた美術品や彫刻が飾られています。

エトワール広場の凱旋門を完成させたルイ・フィリップ王の治世

ヨーロッパ諸国は、フランス革命とナポレオン戦争後のヨーロッパの体制についてウィー

ナポレオン1世

第一帝政皇帝。自由・平等・友愛を旗印に国民国家を標榜した軍事力でヨーロッパを席巻した英雄。

ンで会議を開き（一八一四―一八一五）、すべてをフランス革命前の姿に戻す（正統主義）という反動的なウィーン体制が生まれました。その結果フランスでは、ブルボン朝が復活しました。しかし王位についたルイ十八世とその後を継いだ弟のシャルル十世の反動的政策は市民各層の不満を高め、パリ市民を中心に七月革命（一八三〇）が勃発しました。シャルル十世は追放され、オルレアン家のルイ・フィリップが新しい王朝を開きました（一八三〇―一八四八）。

オルレアン家はルイ十四世の弟の家系です。しかしルイ・フィリップの父親は、フランス革命で倒されたブルボン家のルイ十六世が、死刑になることを容認するような自由人でした。ルイ・フィリップも自由を愛する人柄で、彼の時代にエトワール広場の凱旋門が完成しました。この有名な凱旋門は、もともとはナポレオンが、シャンゼリゼ通りがあるエトワール広場に勝利者の門として建設を命じたものでしたが、ようやく一八三六年になってルイ・フィリップの手で完成されたものです。セーヌ左岸にアンヴァリッドと呼ばれる建物があります。ルイ十四世が、負傷兵の収容施設として建てたもので、「廃兵院（はいへいいん）」と和訳されています。

ナポレオンは一八二一年に南大西洋のセントヘレナ島で死去しましたが、その遺言で自分はセーヌ川近くの場所を永遠のやすらぎの地にしたいと言い残しました。その遺言をルイ・フィリップがかなえたのです。

一八四〇年の十二月、ナポレオンの遺体は凱旋門をくぐりシャンゼリゼ大通りを経て、アンヴァリッドの地下祭室に安置されました。厳寒の日だったそうです。それでもシャンゼリゼ通りには一〇万人近い人々が集まって、英雄の柩(ひつぎ)を見送ったといわれています。

七月革命によってフランスは、ブルボン朝からルイ・フィリップを戴く立憲君主国(七月王政)になりましたが、さらに市民の権利を求める声は普通選挙の実現を要求しました。この運動は大きくなり、ついに一八四八年、二月革命が起きてルイ・フィリップは退位、フランスは第二共和政の時代に入ります。

二月革命の影響は、ドイツやオーストリアにも飛火し、三月革命が起こります。この二国では君主制は残りましたが、その権限は大幅に弱くなりました。この年一八四八年は、後世、ヨーロッパ革命の年と呼ばれました。

この年に諸国で起きた政変によって、反動的なウィーン体制は実質的に消滅しました。言い換えれば、王政打倒を目指したフランス革命は、一八四八年革命によって最終的に成就したのです。国民国家(ネーション・ステート)の時代が始まりました。

ナポレオン三世時代のパリで特筆すべき二つのこと

1 オスマンによるパリの大改造計画

一八四八年の二月革命で共和政に移行したフランスでは同年十二月、世界初の男子普通選挙によって、ナポレオン一世の甥であるルイ・ナポレオンが大統領になりました。偉大なる英雄の記憶がフランス国民によみがえったかのように、彼は抜群の人気を集めました。彼はその人気を利用してクーデターを敢行して政府を倒し、国民投票によって皇帝ナポレオン三世となりました（在位一八五二―一八七〇）。第二帝政の誕生です。

ナポレオン三世は病的な女性好きであったり、伯父（おじ）のナポレオン一世の不倶戴天の敵であった連合王国に好意を持っていたり、帝政と空想的社会主義の両立を本気で考えるなど不思議なキャラクターの持主でしたが、富国強兵を目指して産業革命を積極的に推進しました。またパリを豊かで美しい首都とするために尽力しました。金融業を発展させ、世界初の百貨店ボン・マルシェを開店させています。また中世的な曲りくねった路地の多かったパリを、近代的な都市に改造する計画に着手しました。そのためにナポレオン三世は、当時のパリを含めたセーヌ県の知事に敏腕の行政官僚オスマンを任命し、十七年間にわたりパリ改造計画を全面的に託しました。

オスマンは、パリを東から西へ、北から南へ、まっすぐに走る並木のある道路をつくりました。その典型がエトワール広場の凱旋門を真ん中にして四方八方へ放射状に走る道路です。中でも凱旋門から一直線にコンコルド広場を抜け、ルーヴル宮殿の正門まで結んだ広い道路が圧巻です。シャンゼリゼ大通りです。この直線は、後にパリの歴史軸として完成されます。さらにオスマンは市街地の建物の高さを一定にし、壁面の色調や開口部の形態にも統一を求めました。オペラ座（現在のパレ・ガルニエ）やパリ市庁舎なども建設しました。ガス燈を灯し、上下水道を整備したのも彼でした。

パリは中世から近世へ、オスマンの手を借りて美しく脱皮しました。今日のパリが姿を現したのです。なお、フランスワイン（ボルドーワイン）の格付けを始めたのもナポレオン三世です（一八五五年、パリ初の万国博覧会で）。

2 プロイセンに敗北、パリ・コミューンの成立

パリの都市計画に多くの貢献をしたナポレオン三世でしたが、プロイセンの鉄血宰相ビスマルクの挑発に乗せられて、プロイセン・フランス戦争（一八七〇―一八七一）を起こして大敗

しました。

パリはプロイセン軍に包囲され、市民たちは銃を取りパリ防衛戦を戦いましたが、フランスはプロイセンに降伏、その支援を受けて第三共和政を樹立しました。しかし、この屈辱的な降伏に反対のパリ市民はなおも抗戦を続け、世界で初めてのプロレタリアートの政府、パリ・コミューンをつくりました。パリ・コミューン政府はおよそ二カ月間存在しましたが、第三共和政政府とプロイセンの連合軍によって潰されました（一八七一）。パリ・コミューンが成立したとき、ほぼ同時期にマルセイユやリヨンなど七つの都市でもコミューンが成立しましたが、すべて鎮圧されました。ただし、政教分離や無償の義務教育などの優れた政策はそのまま第三共和政に引き継がれました（女性の参政権は一八九三年のニュージーランドに引き継がれます）。

フランス革命から百年、パリはベル・エポックの時代へ

プロイセン・フランス戦争の結果、フランスはプロイセンに豊かな地域であるアルザス・ロレーヌ地域を割譲し、多額の賠償金を支払いました。しかし十九世紀後半のフランスは、ナポレオン三世が主導した産業革命が実を結び、豊かな国力を有していました。たった二年でプロ

イセンに賠償金を完済しています。
フランスは一八八九年、フランス革命百周年を記念して、パリで四回目となる世界万国博覧会を開催しました。この年にエッフェル塔がセーヌ左岸に建てられました。ギュスターフ・エッフェルが設計した鉄製の塔は完成当初、モーパッサンなどの文化人から、「醜悪な塔である」との非難が集中したそうです。けれど万博が開催されると、世界中の人々が押しかけて大人気となりました。
パリは一九〇〇年にも五回目の世界万国博覧会をオリンピックと同時に開催しました。それに合せてメトロ（地下鉄）が開通しました。またセーヌ左岸に新しくオルセー駅もつくられました。このオルセー駅は落成当時、「美術館のようなすてきな駅だ」と評判でしたが、後に本当に美術館になってしまいます。

ナポレオン3世

ナポレオン1世の甥。共和政下の国民投票で英雄伝説を蘇らせ、皇帝に就任。パリの改造と経済発展に寄与。

十九世紀末から第一次世界大戦が勃発する一九一四年までのパリは、「ベル・エポック」（美しい時代）と呼ばれた時代でした。フランス革命によって、世界に先駆けて君主がいなくなった都市。市民の手でコミューンをつくり、侵略軍と戦い、血を流してきた都市。パリには熱い自由の息吹が燃え盛っていました。ナポレオン三世とオスマンの合理的で美しい都市計画の果実も、成熟し始めていました。成長した並木通りの緑や同じ高さの建物の色や形がつくる陰影や色調が、新しい都市の美しさを創造しました。

世界中から、この魅力的な都市に新しい時代を夢見て、芸術家たちが集まってきました。遠く離れた日本の前橋市で、詩人の萩原朔太郎はパリへの熱い想いを次のように詠（うた）いました。

「ふらんすへ行きたしと思へども　ふらんすはあまりに遠し　せめては新しき背広をきて　きままなる旅にいでてみん。」（『愛憐詩篇』「旅上」より）。

ヒトラーの「パリを燃やせ」を拒否したドイツの将軍

一九一四年から一八年までの第一次世界大戦、続いて一九三九年から四五年までの第二次世界大戦。この二つの世界大戦で、フランスは戦勝国になりましたが、国力は衰えました。

二つの世界大戦の中で大量破壊兵器のほとんどが登場しました。特に第二次世界大戦は、飛行機の発達により、空爆の被害が甚大になりました。このためにヨーロッパの主要都市は、ほとんど潰滅（かいめつ）状態となりました。しかしパリは空爆による破壊をまぬがれました。

第二次世界大戦はナチス・ドイツの電撃的なポーランド侵攻により開始されましたが、フランスは敗れてパリもまたたくまにドイツ軍の占領下に置かれました。フランスでは中部ヴィシーに対独協力政権が樹立される一方、ド・ゴール将軍がロンドンに拠点を置き、対独レジスタンス運動「自由フランス」を指導し、パリ市民たちのレジスタンス運動が続いていました。このためにノルマンディー上陸作戦が成功してから優勢になった連合国軍も、パリのドイツ軍を空爆することを避けました。こうしてパリの貴重な文化遺産は、空爆の危険をまぬがれることになったのです。

戦況が不利となり、ついにパリを撤退せざるを得なくなったとき、ヒトラーはドイツ軍のパリ防衛司令官だったディートリヒ・フォン・コルティッツ将軍に命令しました。

「パリ全域に爆弾を仕掛けて瓦礫の山とし、しかるのち撤退せよ」

しかしコルティッツ将軍は、この美しい都を破壊することがどうしてもできずにパリを無傷のまま残して、連合国軍に投降しました。

後につくられた「パリは燃えているか」(一九六六年製作、米仏合作映画)という映画の中で、コルティッツを始め全ドイツ軍が去った後のドイツ軍防衛司令官室の、はずされたままの受話器の向こうから、ヒトラーの叫ぶドイツ語が繰り返し響く場面がありました。「パリは燃えているか? パリは燃えているか?」。その部屋は、ナチス・ドイツ軍が接収していた、ホテル・ムーリスのスイートルームでした。

みごとな都市計画の構想力を、パリで発揮した三人のフランス大統領

第二次世界大戦後のフランスには第四共和政の政府が樹立されましたが、多党分立による不安定で短命な内閣が続いて、不手際な政治を進め、アルジェリア問題ではフランス軍のクーデター事件まで招来し、ついに第二次世界大戦の英雄ド・ゴールに全権を委ねました（一九五八）。ド・ゴールはみごとな手腕でクーデターを鎮静化させると、新しい憲法を国民投票にかけて、第五共和政を発足させました。

第五共和政の大統領となったド・ゴールは、大きな権力をもってフランスの政局を安定させ、アルジェリアの独立を認めました。フランスの強大化と栄光のために、多くの政治的業績を積み重ねたド・ゴールは、パリのためにもすばらしい仕事を残しました。

1 ド・ゴール大統領――ラ・デファンス計画を立案し、新凱旋門を建設

エトワール広場の凱旋門はナポレオン一世が建設を命じ、七月王政のルイ・フィリップによって完成されました。しかしナポレオンは、もうひとつの凱旋門をつくっていました。それ

はルーヴル宮殿の正門にあるカルーゼル凱旋門です。エトワール広場の凱旋門は高さ五〇メートル、カルーゼル凱旋門は一九メートル。小ぶりですが、優美な凱旋門です。オスマンのパリ改造計画は、エトワール広場の凱旋門、コンコルド広場、カルーゼル凱旋門、そしてルーヴル宮殿を一直線の道路（パリの歴史軸）で結ぶことでした。高さ五〇メートルの凱旋門上に立って東方を眺めれば、それらの歴史的メモリアルが一望できるようにしたのでした。

ド・ゴールはオスマンのパリ改造計画に結びつけて、新たなパリ改造計画を考えました。その計画はラ・デファンスと呼ばれました。この名称は、改造計画の対象となる地域にプロイセン・フランス戦争当時、パリ防衛（デファンス）戦を戦った記念碑があったからです。その地は、パリの西北部へ蛇行するセーヌ川を渡った地点にあります。

ラ・デファンス地域は、オスマンがつくったルーヴル宮殿からエトワール広場の凱旋門につながる「パリの歴史軸」を、そのまま一直線に西へ、一〇キロメートルほど延長した場所に当たります。ド・ゴールの構想は、オスマンの「パリの歴史軸」上に新しい凱旋門をつくり、その広場の西に高層ビル街を建設することでした。一二〇〇年代に砦として誕生したルーヴル宮殿から現代に至るまでのパリの歴史軸をさらに延長させることで、パリの栄光と誇りを、ひいてはフランスの誇りを形にすることをド・ゴールは考えたのだと思います。

2 ポンピドゥー大統領――現代芸術の拠点をセーヌ川右岸に建設

一九六八年五月、パリの学生たちが政府の大学改革案に抗議したことを発端として、全国的政治運動となった五月革命を契機に、ド・ゴールが退任した後、ポンピドゥーが大統領になりました（一九六九）。パリの芸術界を愛していた彼は、第二次世界大戦後、世界の芸術の中心がニューヨークに傾きがちな現実を憂慮していました。

彼はパリの中心地、セーヌ右岸にさまざまな現代芸術を一堂に集めた、一大芸術センターを創設しました。ポンピドゥー・センターです（一九七七年開館）。むき出しのパイプとガラス面で構成された建築途上のような形態をしたこの建物に、現代美術や音楽、ダンスや映画など、第一次世界大戦後の芸術的成果が集められ、今も作品群は増え続けています。世界中から訪れる人も増え続けています。

3 ミッテラン大統領――大改造計画がパリに残した多くの果実

一九八一年にフランス大統領となったフランソワ・ミッテランは、一九八三年から一九八九年にかけて大掛かりなパリの改造計画を推進しました。一九八九年はフランス革命二百周年に当たります。

その年、ド・ゴールが構想した新しい凱旋門「グランダルシュ」が完成しています。グランダルシュは「大きな門」の意味です。高さが一一〇メートルある巨大なガラスと白い大理石の門です。この門に登って西方を見れば、そこにはニューヨークのように林立する超高層ビル群が望めます。東方を見ればセーヌ川の向こうに凱旋門が見え、空気の透んだ日にはルーヴル宮殿まで望見できます。時の流れが停止したような「パリの歴史軸」の景観です。

次にルーヴル美術館の完成があげられます。ルーヴル宮殿はルイ十四世がヴェルサイユ宮殿に移るまでは王宮でしたが、その後は王室の美術品の貯蔵と管理に主として使用され、フランス革命後は国立美術館となりました。しかし財務省が宮殿内に残されていました。ミッテランは財務省を移転させて、ルーヴル宮殿を完全な美術館として完成させました。それと同時に美術館のエントランスに、ガラスのピラミッドを建設しました。この斬新(ざんしん)なピラミッドは美しいオブジェであると同時に、それまでは狭すぎた入り口にいつも並んでいた来場者の行列を、大幅に緩和させる新しい入場門でもありました。

ミッテランはオルセー美術館もつくりました。あの鉄道駅だった建物の吹き抜け構造をそのまま巧みに生かしています。ミッテランはオルセー美術館に、新しい役割を与えました。彼はこの美術館に、一八四八年のヨーロッパ革命から第一次世界大戦の始まる一九一四年までの芸術作品だけを展示させたのです。ベル・エポックといわれ、印象派から後期印象派に代表される数多くの作品が、ルーヴルを始めとする他の美術館から集められました。

一方でミッテランは、ルーヴルに陳列する美術品を、一八四八年以前の作品だけに限定しました。一八四八年以前のフランスには君主が存在していましたから、ルーヴルは君主がいた時代の芸術品だけを収蔵するようになったのです。そして第一次世界大戦以後の芸術作品は、すべてポンピドゥー・センターに集めるようにしました。

このような水際だった芸術作品の整理は、いかにもフランス人らしく洗練されていて、パリを訪れる人を喜ばせてくれます。ミッテランは、一九八九年に、バスティーユ広場にオペラ・バスティーユを建設しました。昔の監獄があった広場に建てられた超モダンな建築のオペラ・ハウスは、オスマンの時代に建てられた豪華絢爛(ごうかけんらん)なオペラ座（パレ・ガルニエ）と好対照となりました。

4 なぜ、パリは美しい都市になったのか

三人の大統領の残した業績は、オスマンが構築したパリの基本設計をほとんど壊さず、それを充実させる方向で実現されました。

パリは今も世界で最も人気のある都市で、常に世界最多の観光客を集めています。フランスの歴史に出てくる多くの有名人がつくった建物や公園が、きちんと残っている珍しい都市です。それぞれの歴史上の人物たちが、「我がパリ」を愛した結果が、具体的に残されているよ

うに思います。そしてその代表がナポレオン三世とオスマンの都市計画で構想された建物や道路でした。パリはヒトラーの破壊からも逃れました。そこに、ド・ゴールやポンピドゥー、ミッテランの新しい成果が加わって、今日の世界のパリが出来上がったのです。

考えてみると、パリの幸運は強い権力者が出現して、都市計画を果断に実行したことにあると思います。現実に人が住んでいる地域を大改革するには、住民の自由勝手を許さない強大な権力が不可欠です。

たとえば、昔から市民の都市であったロンドンでは、何事も議会で決めます。都市全体をひとつの理想に合わせて改革するという発想は、なかなか出てきません。住民の居住地域の利害が絡（から）んできます。七世紀に完成してロンドン市のシンボル的存在になったセントポール大聖堂が、どこからでも見えるように配慮する、といったようなスケールの都市計画に限られがちでした。

サン・ルイ島の小さなホテルとセーヌ川から見上げるパリの風景

パリはフランス革命により世界にさきがけて共和国の都となりました。フランス革命のとき、王室が倒れたことで王宮に召し抱えられていた宮廷料理人たちが失業し、パリ市内でレストランを開店したことが、パリを美食の都にしました。また王室や貴族の衣装をデザインしていた人たちもパリ市内にブティックを出さざるを得なくなり、ファッションの都パリが誕生する契機となります。このように共和政になったことで、パリの市民文化はいち早く豊かになりました。

そして多くの芸術家たちもパリに集まってきました。それはなぜかといえば、パリには、他の皇帝や君主がいる街にはない、市民だけの街の自由があったからです。芸術家に一番大切なのは心の自由です。そして権力に押さえられない自由は、ふつうの人々にとっても貴重です。

シテ島の東にサン・ルイ島があります。目立った建物の少ない静かな住宅地が多い中洲で、食堂の設備もない簡素なホテルが数軒あります。僕はパリに行くと、ときおりこの島のホテルに泊ります。

暖かい季節、窓を少し開けて眠ると、朝早くノートル・ダム大聖堂の鐘の音で目が覚めます。寝ぼけ眼(まなこ)で起床し、数百メートルほど歩いてノートル・ダム大聖堂にお参りします。その後、サン・ジェルマン界隈(かいわい)のカフェでミルクコーヒーとクロワッサンの朝食をとります。この行動の間、ほとんど何も考えてはいません。けれど後になってみると、なんだかとても充実した時間を過ごしたように思えるのです。

それから今でもときおり、セーヌ川のバトー・ムーシュ(遊覧船)に乗ります。初めて乗っ

パリの街並み

「花の都」として世界中の人々から愛されているパリ。サン・ジェルマン・デ・プレ教会やノートル・ダム大聖堂など、当時建てられたゴシック様式の教会が今も残る。

たときの新鮮さが、いまもよみがえってきます。パリの主だった名所は、セーヌ川を見下ろすように建っているのです。フランスにやってきたお上りさんがたくさん乗っています。ニューヨークは空中から、あの都市が実感できますが、パリは水上から実感できるように思います。

昨今のパリは、過激派によるテロの標的となって、しばしば戒厳令下に置かれています。この都市に数多くある、文字どおり世界中から愛されている世界遺産の数々が、どうか破壊されませんように。パリはいつまでも、「花の都」であって欲しいと思います。

パリの関連年表

西暦（年）	出来事
BC250頃	パリシィ族（ケルト人）がセクアナ川（セーヌ川）の中洲や周辺に集落をつくる
BC52	カエサルがルテティアに入り、ローマ帝国領になる
2〜3世紀	ルテティアがパリ（パリシィ族の町）に改名される
361	ユリアヌスがルテティアから攻め上がり、ローマ皇帝になる（361〜363）
451	フン族のアッティラがパリ攻略を図るも、サント・ジュヌヴィエーヴが断念させる
506	サリ族（フランク族）のクロヴィスがメロヴィング朝を建て、パリを首都にする
8世紀末	西ヨーロッパを支配したシャルルマーニュ、都をアーヘンに移す
885	ヴァイキングがセーヌ川を遡り、パリを包囲。パリ伯ウードが撃退する
987	ウード一族のユーグ・カペーが王位に就き、カペー朝が始まる
1163	シテ島のノートル・ダム大聖堂が起工される（1345完成）
1328	フィリップ6世が即位（〜1350）、ヴァロワ朝が始まる
1337	百年戦争が始まる（〜1453）
1358	農民や手工業者によるジャックリーの乱が起こる
1420	イングランド王ヘンリー5世、パリを支配
1515	フランソワ1世が即位（〜1547）。ルーヴル城塞を宮殿にする改築を始める
1572	サン・バルテルミの虐殺。ユグノー（カルヴァン派プロテスタント）が多数殺される
1589	アンリ4世が即位（〜1610）、ブルボン朝が始まる
1598	ナントの勅令でローマ教会とプロテスタントの対立解消、ユグノー戦争終了
1610	ルイ13世が即位（〜1643）。リュクサンブール宮、パレ・ロワイヤルが建設される
1648	フランス貴族によるフロンドの乱が起こり（〜1653）、ルイ14世がパリを追われる
1682	ルイ14世、ヴェルサイユ宮殿を建て、パリから首都を移す
1789	フランス革命が起こる。1792、王政が倒れ、第一共和政発足（〜1794）
1804	ナポレオン1世、第一帝政を始める。マドレーヌ寺院を完成させる
1815	ワーテルローの戦いでナポレオン敗退。ウィーン体制によりブルボン朝復活
1830	七月革命。ルイ・フィリップ、立憲君主政（七月王政）を始める
1836	エトワール広場の凱旋門が完成
1848	二月革命。ルイ・フィリップ退位、第二共和政が始まる
1852	ナポレオン3世、第二帝政開始。オスマンに命じ、パリ改造計画に着手（〜1870）
1870	プロイセン・フランス戦争（〜1871）。パリにプロイセン軍が入る。第三共和政に
1871	パリ・コミューン成立。プロイセンと第三共和政に対抗するも約2カ月で鎮圧される
1889	パリ万国博覧会。エッフェル塔が建設される
1900	パリオリンピックと万国博覧会。メトロ（地下鉄）が開通する
1940	第二次世界大戦中、ナチスがパリを占領（〜1944）
1958	ド・ゴールによる第五共和政発足。ラ・デファンス開発（パリ改造計画）に着手
1983	ミッテラン大統領、パリ大改造計画に着手（〜1989）

●パリの世界遺産（建造物）
パリ市庁舎／ルーヴル宮殿（ルーヴル美術館）／カルーゼルの凱旋門／マドレーヌ寺院／シャイヨー宮／オルセー美術館／ブルボン宮殿／アンヴァリッド／陸軍士官学校（エコール・ミリテール）／エッフェル塔／ノートル・ダム大聖堂／パレ・ド・ジュスティス（裁判所）／サント・シャペル／コンシェルジュリー／サン・ルイ・アン・リル教会／ポン・ヌフ橋／アレクサンドル3世橋

第9章

二十世紀を演出した都 ベルリン

森と川のある片田舎の集落から生まれた

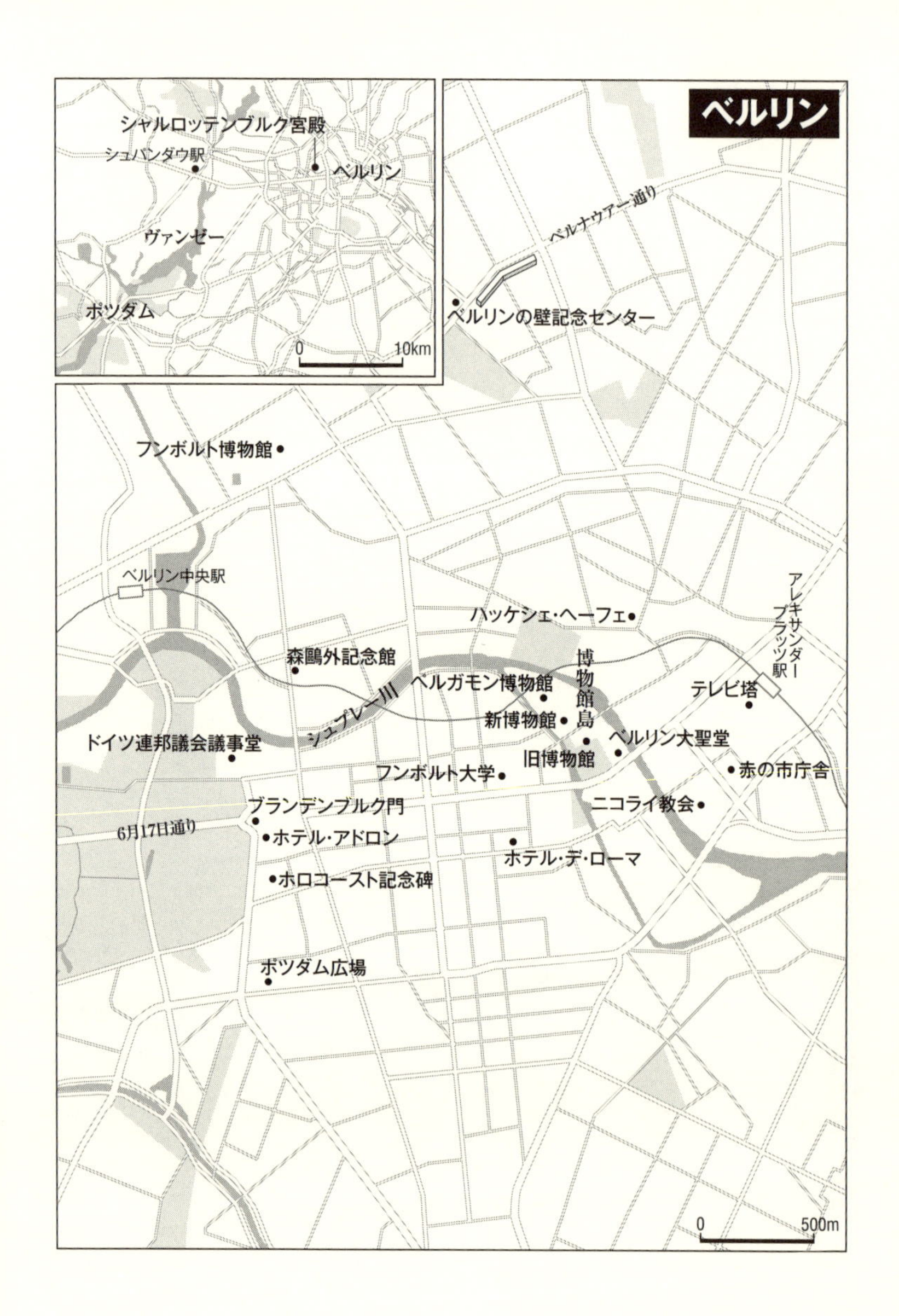
ベルリン
シャルロッテンブルク宮殿
シュパンダウ駅
ベルリン
ヴァンゼー
ポツダム
0
10km
ベルナウアー通り
ベルリンの壁記念センター
フンボルト博物館
ベルリン中央駅
アレキサンダープラッツ駅
ハッケシェ・ヘーフェ
森鷗外記念館
博物館島
シュプレー川
ペルガモン博物館
テレビ塔
新博物館
ドイツ連邦議会議事堂
ベルリン大聖堂
旧博物館
フンボルト大学
赤の市庁舎
ブランデンブルク門
ニコライ教会
6月17日通り
ホテル・アドロン
ホテル・デ・ローマ
ホロコースト記念碑
ポツダム広場
0
500m

ローマ皇帝とドイツ王

第一次、第二次世界大戦。東西両陣営の戦火なき戦い、冷戦時代。その冷戦の終結をシンボリックに語った事件、ベルリンの壁崩壊。そういえば、「ベルリン・天使の詩」という名画もありました。

現代史の中で際立って存在感のあるベルリンですが、文献に登場する最初は一二四四年。パリやロンドンに比較するとかなり新しい都市です。本章ではそのあゆみを追っていきたいのですが、初めにベルリンが存在するドイツ連邦共和国の北東地域の話から始めたいと思います。

現在のベルリン市内には大きな森林公園があります。シュプレー川という水量豊かな川も流れています。古来この地域は森と川と湖が多く、山脈や高い丘陵地帯の少ない平原でした。十二、三世紀の頃は、毛皮や獣肉(じゅうにく)、木材などを扱って交易に従事する部族が、大小の河川を流通経路として生活していました。まだまだ都市はありませんでした。

当時、この地方の支配者はローマ皇帝の冠(かんむり)を被(かぶ)ったドイツ王でした。

フランク王国（カロリング朝）が十世紀に終焉を迎えた後、現在のドイツに当たる地域では諸侯と呼ばれた豪族たちが割拠(かっきょ)していました。その中で秀(ひい)でた軍事力や統率力を有する人物を、諸侯間でリーダーとして選び、ドイツ王としていました。これはフランスと事情は同じです。フランスのカペー家に先んじて九一九年からはザクセン家がドイツを治め始めたのですが約百年で嫡子が絶え、ザーリアー朝、ホーエンシュタウフェン朝と約百年ずつ続きます。つまり、ドイツではカペー家の奇跡が起きなかったのです。フランク王に対して、ローマ教皇がイタリア内のローマ教皇領を軍事力で守る役割と引き換えに、伝統あるローマ皇帝の冠を授けてローマで戴冠するバーター取引がカロリング朝のシャルルマーニュの時代に成立していました。もちろん、皇帝固有の領土はありません。このバーター取引がフランク王国の主要な部分を継承したドイツ王、オットー一世（在位九六二―九七三）に対しても適用されたのです。

コンスタンティノープルを本拠とする本来のローマ帝国が激しく反発したことはいうまでもありません。このドイツ王の冠は、ローマ教皇との関係が希薄になるにつれ、神聖ローマ皇帝という名称に変貌していきます。神聖ローマ帝国という名称が具体的に歴史文書に登場するのは十三世紀半ば以降のことです。十五世紀半ばになると、ローマ支配とまったく関係がなくなるので、名称は「ドイツ国民の神聖ローマ帝国」と変わり、まったくの冠となりました。

十三世紀半ば、ベルリンが歴史に登場する

ローマ皇帝・ドイツ王がホーエンシュタウフェン朝のフリードリヒ一世であった時代、彼は

ブランデンブルク辺境伯（伯は地方統治の要職）にアスカーニエン家のアルブレヒト熊公を任命しました（一一五七）。

ブランデンブルクは現在のベルリンの西に位置する小都市です。この地方の名前でもありました。十二世紀当時は、スラヴ系の異民族の居住地でしたが、ドイツ人たちも多少居住していました。森と川のある平原を背景にして存在する小都市を、新領地を開発する前線基地にすることを考えて、フリードリヒ一世はアルブレヒトを辺境伯に任命したのでしょう。

江戸時代の蝦夷（えぞ）に松前藩が置かれたのと、ブランデンブルク辺境伯領の配置は似ているかもしれません。松前は北海道のほぼ南端に位置し、津軽海峡を渡れば本州ですから、ぽつぽつと日本人もいたのでしょう。そこに江戸幕府は藩を置き、どこまで広いかわからない蝦夷地への橋頭堡（きょうとうほ）を築き、前線基地としました。ブランデンブルク辺境伯領が置かれたことで、さらに東方のシュプレー川流域へ入植するドイツ人も増加しました。ドイツの中心部であるライン川流域の先進地域で食いはぐれた人々が、入植者の中心だったと思います。

現在のベルリン市で最も西にある区、シュパンダウはシュプレー川とハーフェル川という両河川が合流する地点にあるのですが、ベルリンの歴史と関連して最初に古文書に登場する地名がシュパンダウです。一一九七年のことでした。シュパンダウは一二三二年、ホーエンシュタウフェン朝のフリードリヒ二世から都市特権を授与されています。この時代に、人口が増加して都市と認識されるほどに成長したことを物語っています。

さらにブランデンブルクの大聖堂博物館に存在する古文書の、一二三七年の記述にシュプレー川中洲のケルンという都市名が、一二四四年の記述にシュプレー川右岸にベルリンという都市名が登場します。そして一三〇七年になるとベルリンとケルンは双子都市として統合され、ブランデンブルク辺境伯領の都市として発展し始めます。

余談ですが、現代のベルリン市旗や市章には立ち上がった熊が描かれています。もしかすると初代ブランデンブルク辺境伯アルブレヒト熊公と関係があるのかもしれません。ベルリンが、「熊」を表すドイツ語の Bär につながるからだともいわれています。また、今日のベルリン一帯が昔は湿地帯が多かったことから、スラヴ系の古語で湿地を意味する berl から berlin という地名になったという説もあります。これだと、ロンドンやパリと同じですね。人類は水が近くにある湿地帯に最初の都市を造ります。そして文明が発達すると、伝染病の恐れの少ない高地へと移っていくのです。

ホーエンツォレルン家によってベルリンが「首都」となる

ブランデンブルク辺境伯となったアスカーニエン家は、一三二〇年、後継者に恵まれず断絶しました。そして当時のローマ皇帝・ドイツ王、ヴィッテルスバッハ家のルートヴィヒ四世（在位一三一四―一三四七）が、辺境伯を受け継ぎました。ヴィッテルスバッハ家はミュンヘンに代表される南部ドイツ、バイエルン地方の強力な諸侯です。その次のローマ皇帝・ドイツ王に選ばれたのは、ルクセンブルク家で、ブランデンブルク辺境伯も受け継ぎました。

ルクセンブルク家は現代のルクセンブルク大公国の前身ですが、その当時はボヘミア（現在のチェコ共和国）を取り仕切っていました。ルクセンブルク家のローマ皇帝がカール四世（在位一三四七―一三七八）です。

カール四世は一三五六年に金印勅書を出したことで、歴史に名が残っています。

君主の金印が捺印してある金印勅書によってカール四世が決定したことは、ローマ皇帝やドイツ王を選ぶ権限を七人の諸侯に限定することでした。この選帝侯の内訳は次のとおりです。ドイツの三つの大きな教会であるマインツ、トリーア、ケルンの大司教（聖職諸侯）と、ライン宮中伯（プファルツ選帝侯、ハイデルベルク拠点）、ザクセン公（ザクセン地方ライプツィヒ拠点）、ブランデンブルク辺境伯、ボヘミア王（世俗諸侯）の七名でした。

この選帝侯の決定基準は必ずしも、実際の実力評価にはなっておらず、当時の有力諸侯であったハプスブルク家（オーストリアのウィーン拠点）やヴィッテルスバッハ家（バイエルンのミュンヘン拠点）が除外されています。自身が皇帝であるルクセンブルク家のカール四世は、ライバルとなる横綱級の二家をはずして、NO2クラスで選帝侯を選んだのです。特にブランデンブルク辺境伯が選ばれたのは、かなりの格上げといえます。たとえて言えば、松前藩を老中候補の藩に指名したようなものでした。

さらにカール四世は、ブランデンブルク辺境伯領をヴィッテルスバッハ家から買収して、ルクセンブルク家の領地にします（一三七三）が、わずか七年後の一三八〇年、ベルリンは大火災に見舞われ、市庁舎も教会も焼失してしまいました。

一四一五年、時のローマ皇帝・ドイツ王だったルクセンブルク家のジキスムントは、ブランデンブルク選帝侯にホーエンツォレルン家のフリードリヒ一世を指名しました。ホーエンツォレルン家はドイツの最南部シュヴァーベン地方の出身で、ホーエンシュタウフェン家に仕えていた一族です。ボヘミア公でもあるジキスムントが、プラハの宗教改革者ヤン・フスを異端として火刑台で殺害したとき、それに怒った市民が大反乱を起こしました。このとき、ジキスムントに加勢して戦ったのがホーエンツォレルン家でした。ジキスムントはその功に報いたのです。フリードリヒ一世が選帝侯となったことで、ホーエンツォレルン家はブランデンブルク辺境伯領という、大領国を支配することになりました。

この一件は小領主に過ぎなかったホーエンツォレルン家にしてみれば、望外の歓びであったでしょう。フリードリヒ一世はブランデンブルク選帝侯として、首都をベルリンに移しました（一四一七）。そして次代の領主となったフリードリヒ二世は、ベルリンの地にホーエンツォレルン家の新宮殿を建築しようとしました。ところがそういうことは、ベルリンの市民に

七選帝侯と周辺国(15世紀)

は関係のないことです。王族たちの勝手で権力者が入れ替わっても、彼らの交易中心の生活には無関係です。城を新築するための税金など真っ平ごめんだよ、ということでフリードリヒ二世は市民の反乱を招いてしまいました(一四四三)。

当時のベルリンは、まだまだ小さな田舎町でした。シュプレー川を交易ルートにして生活していましたが、ほど近い下流にあったシュパンダウの町と競合する形で存在していました。共同で河川工事をしたり、時には小競り合いをしたりしながら、成長していったようです。お互いの伝統や武力を競い合う殴り合いのような祭りもやっていました。ところがこの祭りは、ある時期から、必ずシュパンダウが負けるという約束になり、それにシュパンダウが不満を表明して、ついには本気になって殴り合いの戦争を始めてしまったそうです。三日間続いたこの小さな戦争は、棍棒戦争という名前で伝承されています（一五六七）。

この伝説めいた戦争は、シュパンダウにベルリンの手が伸びたことを意味していると思います。ともかく十六世紀頃までのベルリンは、のどかで牧歌的な田舎町だったのでしょう。

ドイツ騎士団領がプロイセン公国の原型となる

ベルリンを首都にしたブランデンブルク選帝侯ホーエンツォレルン家は、棍棒戦争などを経ながらドイツ東北の地を治めていましたが、十七世紀に入るとドイツの地はプロテスタント派とローマ教会派の間で、宗教対立が深まっていきました。

そしてついに一六一八年、ドイツ全土は三十年戦争と呼ばれた宗教戦争に巻き込まれました。三十年戦争は、後にデンマークやスウェーデンそしてフランスが介入して長い戦争となりました。この一六一八年に、ホーエンツォレルン家はプロイセン公国の君主にもなります。プロイセン公国はやがてプロイセン王国となり、その首都となるベルリンが飛躍的に発展するのですが、プロイセン公国の由来からお話しします。

話は十字軍の時代に遡（さかのぼ）ります。第一回十字軍がエルサレムやトリポリなどにつくった十字軍国家には、教皇から武装を認められた騎士修道会と呼ばれる宗教騎士団が存在しました。主な役割は聖地への巡礼者を守ることです。フランスの聖ヨハネ騎士団やテンプル騎士団、そしてドイツのドイツ騎士団（チュートン騎士団）などが有名です。

　ドイツ騎士団の四代総長ヘルマン・フォン・ザルツァは、優れた政治家でもありました。時のローマ皇帝・ドイツ王、ホーエンシュタウフェン家の開明的な名君、フリードリヒ二世（在位一二一五―一二五〇）の重臣としても働いていましたが、彼は十字軍国家の多くの領地が、巻き返し始めたイスラム軍によって次々と奪回される状態から判断し、早々に十字軍国家の将来に見切りをつけました。しかし武力も資金もあるので、どこかに領土を得ようと考えました。異教徒の土地なら別にイスラム教徒の土地であろうとなかろうと、攻め取ってしまえばいい。乱暴な話ですが、これが当時の当り前の発想でした。

ヘルマン・フォン・ザルツァ

ドイツ騎士団第４代総長。ドイツ騎士修道会のプロイセンにおける地位を確保した。

　その彼が最終的に目をつけたのが、バルト海沿岸地方です。現在のリトアニア共和国とポーランド共和国の間に、カリーニングラード（旧名ケーニヒスベルク）という都市を中心とするロシアの飛地があります。この辺りの地域にはその当時、プルーセン人と呼ばれた人々が住んでいました。ヘルマン・フォン・ザルツァは、彼らからすればどこの王国にも属さないこの地を、未開の地として攻略することにしました。そして、プロの軍団であるドイツ騎士団が無防備なプルーセン人を攻略して、この地域を占領しました。

プルーセン人はどのような人々だったのか、どのような宗教を信じていたのか、今では全く不明です。ただ、この地域はプルーセン人が住んでいたのでプロイセンと呼ばれることになりました。ドイツ騎士団はプロイセンにドイツ騎士団領を樹立しました。そしてケーニヒスベルクを建設し、この都市を首都と定めました（一二五五）。

ドイツ騎士団は十四世紀に入ると、ケーニヒスベルクとバルト海の湾を隔てて西側の都市ダンツィヒに近いマルボルクに大きな城を築きました。マルは「聖母」、ボルクは「町」の意味で、ローマ教会を信じるドイツ騎士団のシンボルとした城塞です。現在では世界遺産となっています。さらにドイツ騎士団は、北ドイツのバルト海や北海の沿岸に商業圏を確立した都市同盟、ハンザ共同体に唯一の諸侯として加盟しました。こうしてドイツ騎士団領は順調に成長するかに思われましたが、大きく挫折することになります。

ドイツ騎士団領の東には十三世紀に成立したリトアニア大公国があり、西には十一世紀に成立したポーランド王国がありました。この二国は勢いをつけ始めたドイツ騎士団領に警戒を強めていました。おりもおり、ポーランドの女王とリトアニア大公が結婚し、両国は人的同君

マルボルク城

14世紀、ドイツ騎士団がプロイセンに建設した城で、中世の要塞としてはヨーロッパ最大級。「マル」は「聖母」の意味で、騎士団のシンボルとなった。世界遺産。

連合の関係となりました。そしてついに、この連合軍とドイツ騎士団はポーランドの北方、タンネンベルクで戦い、ドイツ騎士団は大敗しました（一四一〇）。

この敗戦によりドイツ騎士団はポーランドに宗主権を奪われました。内政や外交についてポーランドに支配される従属的な国となってしまったのです。ドイツ騎士団領は、このときからプロイセン公国という名称となりました。

一六一八年、三十年戦争が勃発した年、ドイツ騎士団の総長の家系が断絶しました。プロイセン公国はその後継を選帝侯ホーエンツォレルン家に依頼しました。もともとドイツ騎士団はホーエンツォレルン家と同じく、ホーエンシュタウフェン家に仕えていましたから、そのようなゆかりもあって依頼したのでしょう。こうして選帝侯ホーエンツォレルン家の当主は、ブランデンブルク辺境伯とプロイセン公を兼ねるようになったのです。ポーランドを間に挟んで、ケーニヒスベルクとベルリンという二つの都市が首都になりました。ただプロイセン公国の宗主権は、いまだポーランドにありました。

フリードリヒ・ヴィルヘルム大選帝侯がベルリンの基礎をつくる

三十年戦争も終幕に近づいて、フランスと北欧の強国スウェーデンが主役になった頃、ホーエンツォレルン家のフリードリヒ・ヴィルヘルムがブランデンブルク選帝侯となりました（在位一六四〇―一六八八）。彼はケルンの生まれです。若い頃に当時の先進地域ネーデルランドに留学しました。彼は租税制度の改革や常備軍の整備を進め、国力の増強に努めました。そして三十年戦争においてドイツ全体がプロテスタント派とローマ教会派の殺戮の舞台となる中、ベルリンをしっかりと守り、戦場にはさせませんでした。

さらにポーランドやスウェーデンと戦ったり手を結んだりしながら、ついにプロイセン公国の宗主権をポーランドから奪取することに成功しました。ホーエンツォレルン家は名実ともに、ブランデンブルク辺境伯とプロイセン公になったわけです（一六六〇）。

また、フリードリヒ・ヴィルヘルムはポツダム勅令を出して、フランスから避難してきた大量のユグノーを受け入れました（一六八五）。

前章で触れましたが、ルイ十四世は一六八五年に、アンリ四世が出したナントの勅令を廃止しました。このことによって身の危険を感じたユグノーたちは、雪崩を打つようにパリを去っていきました。その避難民たちを、フリードリヒ・ヴィルヘルムは積極的に受け入れたのでした。

知識欲が旺盛でよく働くユグノーたちは、高い技術水準と洗練された文化をベルリンにもたらし、森と川と湖の田舎町を都会に変えていく、大きな原動力になりました。「大選帝侯」と尊称で呼ばれるフリードリヒ・ヴィルヘルムは、ベルリンを国際都市に成長させていくきっかけを作った最初の君主だったと思います。

フリードリヒ一世がプロイセン王国初代王となる

一七〇〇年、スペインのハプスブルク家のカルロス二世が世を去りますが、カルロス二世は子どもを残しませんでした。ところで、フランス王ルイ十四世の王妃は、カルロス二世の妹です。二人の間に男子があり、その子どもにも男子がいました。後のフェリペ五世です。ルイ十四世は、この孫をスペイン王にしようと画策しました。

当時のフランスはヨーロッパで最大最強の国家でした。スペインも新大陸に広大な領土を持っています。もしも二国がひとつになったら、ヨーロッパで隔絶した大国が生まれます。

「とんでもないことだ。それを許すな」

ということで、イングランドのウィリアム三世が同君連合のネーデルランドと結び、オーストリア・ハプスブルク家の神聖ローマ皇帝レオポルド一世に働きかけて、フランスとスペインに宣戦しました（一七〇一）。このスペイン継承戦争は、新大陸におけるイングランドとフランスの戦争にも拡大します。結局、一七一三年にユトレヒト条約が結ばれて終わります。

ルイ十四世の孫フェリペ五世はスペイン王を継承しましたが、スペインは多くの領土を失い、フランスは北米の広大な植民地をイングランドに割譲しました。この戦争でいちばん得るものが多かったのはイングランドで、フランスの野望は半ば潰えました。

さて、プロイセン公国に話を戻しますが、スペイン継承戦争を遂行するに際し、神聖ローマ皇帝レオポルド一世は、ホーエンツォレルン家の選帝侯フリードリヒ三世に援軍の出動を要請しました。ところがホーエンツォレルン家が支配するのは北東ドイツやプロイセンの飛地です。わざわざスペインやフランスに出兵したところで得になりそうもありません。ぐずぐずと返答を伸ばしていると、レオポルド一世が条件を出してきました。

「プロイセンの王位を授けるから出兵せよ」

フリードリヒ三世は即座に応諾すると、ベルリンからケーニヒスベルクに駆け込んで戴冠式を済ませ、プロイセン王国を成立させました。そして出陣していきました。出兵させるためのインセンティブとして、王位を授与するのは効果がありました。けれどもハプスブルク家は、それまで公の位でしかなかったホーエンツォレルン家を、自分と対等の王位につけてしまったのです。やがてハプスブルク家は、ホーエンツォレルン家に苦汁を飲まされることになります。

フリードリヒ三世は初代プロイセン王フリードリヒ一世となりました（在位一七〇一―一七一三）。なお、彼はプロイセン公であった時代の一六〇〇年代末に、ベルリンにシャルロッテンブルク宮殿を建設しています。愛する王妃ゾフィー・シャルロッテのために建設された、優しいたたずまいの宮殿です。第二次世界大戦時の空襲で焼失しましたが、今は復元されています。

発展と強化をめざした二代と三代のプロイセン王

プロイセン王国第二代のフリードリヒ・ヴィルヘルム一世（在位一七一三―一七四〇）は、後世になると兵隊王の異名を取りますが、国庫の充実のためにまず徹底した倹約をすすめました。そして徴兵制を完成させ、強大な軍隊を築きました。彼はまた、それまで防衛のために存在していた、ベルリン市街地を囲む星形要塞を撤去させました。その代わりに、二十四年の歳月を費(ついや)してさらに広範に市街地を取り囲むベルリンの城壁をつくりました。

そしてベルリンから四方に伸びる街道と壁が交差する場所に一四カ所の関税門を設け、関税を徴収しました。どの門も、その街道の先にある都市名をその名称としていました。「ハンブルク門」「ポツダム門」といった具合です。現代ベルリンのシンボル的存在になっているブランデンブルク門も、最初はそのような役割でつくられました。

三代プロイセン王フリードリヒ二世(在位一七四〇―一七八六)は、父フリードリヒ・ヴィルヘルム一世が育成した軍事力を背景に富国強兵策を取りました。オーストリア・ハプスブルク家で、女性のマリア・テレジアが相続したときオーストリア継承戦争を起こして(一七四〇)、当時オーストリア領であったボヘミアのシュレージエンを占領しました。

ブランデンブルク門を正門にしたらナポレオンが入ってきた

四代プロイセン王フリードリヒ・ヴィルヘルム二世(在位一七八六―一七九七)は、ブラン

ブランデンブルク門

ベルリンのシンボルとされている門。正面部はパリ広場の東に面しており、ミッテ区に属している。頂部には勝利の女神像が載り、ドーリア式円柱が並ぶ、ドイツにおける古代ギリシャ様式の先駆的作品。

デンブルク門を立派な門にしようと考えました。ベルリンからこの門を出て西に行けば、街道の先にあるのはブランデンブルクです。ホーエンツォレルン家が出世する足掛りとなったブランデンブルク辺境伯領の本貫地です。ですからホーエンツォレルン家にしてみれば、この門は特別です。

フリードリヒ・ヴィルヘルム二世は一七八八年から三年の歳月をかけてブランデンブルク門を完成させました。門はドーリア式円柱が並ぶ古代ギリシャ様式です。門の上には四頭立ての馬車に乗った勝利の女神像が置かれました。格調が高く、プロイセン王国の首都にふさわしいみごとな門となりました。しかしブランデンブルク門の竣工式もやらないうちに、フランス革命が始まりました。そしてその後にナポレオン一世が登場してきたのです。

ナポレオンは自由・平等・友愛の旗を掲げ、国民国家（ネーション・ステート）という新しい思想で統一された強力な軍事力をもって、ヨーロッパを席巻しました。ナポレオン軍といっても、実際はフランスの軍事独裁政権の侵略軍であるわけですが、彼らが掲げた自由・平等・友愛という革命の精神は世界中に、麻疹のように広がりました。

イングランドとロシアとプロイセンは、一八〇六年に第四次対仏大同盟を結び、強大化するナポレオンの勢力を阻止しようとしたのですが、いとも簡単に同盟軍は打ち負かされ、ベルリンは占領されました。そして、まだ真新しいブランデンブルク門を、白馬に乗ったナポレオンが、きらびやかな軍隊を引き連れて入城してきたのでした。

しかもプロイセンは一八〇七年にナポレオンと講和条約を結んだとき、領土は半減され、兵力制限や莫大な賠償金を課せられました。しかし、このナポレオン・ショックがプロイセン改革の劇薬になったのです。

ナショナリズムが燃え上がり、産業革命の追い風が吹いた

ベルリンの人たちはナポレオン軍の勢いに圧倒されましたが、その強靭さの原因が自由・平等・友愛というフランス革命の精神とネーション・ステートという新しい思想にあることを学びました。そして国勢挽回のために、すぐに動き出した人々がいました。

一八一〇年、言語学者で政治家のフンボルトはベルリン大学（第二次世界大戦後は、フンボルト大学と改称）を創設しました。ベルリン大学の初代総長になった哲学教授のフィヒテは、プロイセンの人々に向かって「ドイツ国民に告ぐ」という演説を行いました。その回数は十数回に及びます。彼はともすれば自分たちの伝統ある領邦にこだわってしまうドイツ人に向かって、すべての教育はドイツ国民に対してドイツ語で行われるものでなければならないと訴えました。ひとつの国としてのドイツを考える大切さを訴えたのです。

ナポレオンによって点火されたナショナリズムの炎はベルリンで燃え上がり、初めて「ベルリン夕刊新聞」が発行されるなど、新しい国民意識が芽生え始めたところへ、イングランドよりも少し遅れて産業革命の風が吹いてきました。石炭が量産され鉄鋼業も始まりました。やがてベルリン―ポツダム間に鉄道も開通し、ベルリンは鉄道の街として急速に発達します。十九

世紀前半にはベルリンの人口は四〇万人にも及び、ロンドンやパリやロシアのサンクトペテルブルクに次ぐ、ヨーロッパで四番目に人口の多い都市へと発展していきました。

この十九世紀前半にナポレオンの時代は終わり、ヨーロッパはウィーン会議によって共和制国家を否定し、反動的な時代に入ります。冠にすぎなかった神聖ローマ帝国は姿を消し、ドイツ連邦とプロイセン王国とオーストリア帝国が並立するようになりました。

十九世紀前半のプロイセンの国王は、五代フリードリヒ・ヴィルヘルム三世（在位一七九七―一八四〇）と六代フリードリヒ・ヴィルヘルム四世（在位一八四〇―一八六一）でした。二人とも反自由主義・反立憲主義の反動的君主でしたが、プロイセンに一度燃え上がったナショナリズムの火は消せませんでした。そして前章で触れたとおり、一八四八年のヨーロッパ革命によって再び自由・平等・友愛の火が燃え盛り、プロイセンでも三月革命によって、フリードリヒ・ヴィルヘルム四世の君主としての権限は大幅に減らされました。

やがてプロイセンは第七代君主ヴィルヘルム一世と宰相ビスマルクによる、最強の時代へと向かっていきます。

ナポレオンがベルリンに入城したとき、プロイセン王は五代フリードリヒ・ヴィルヘルム三世でした。

彼はナポレオンと敗戦条約を結ばなければなりませんでした。損な役割です。事実、大幅に国力を削減された条約を結ぶことになりました。

ウィーン会議後のヨーロッパ

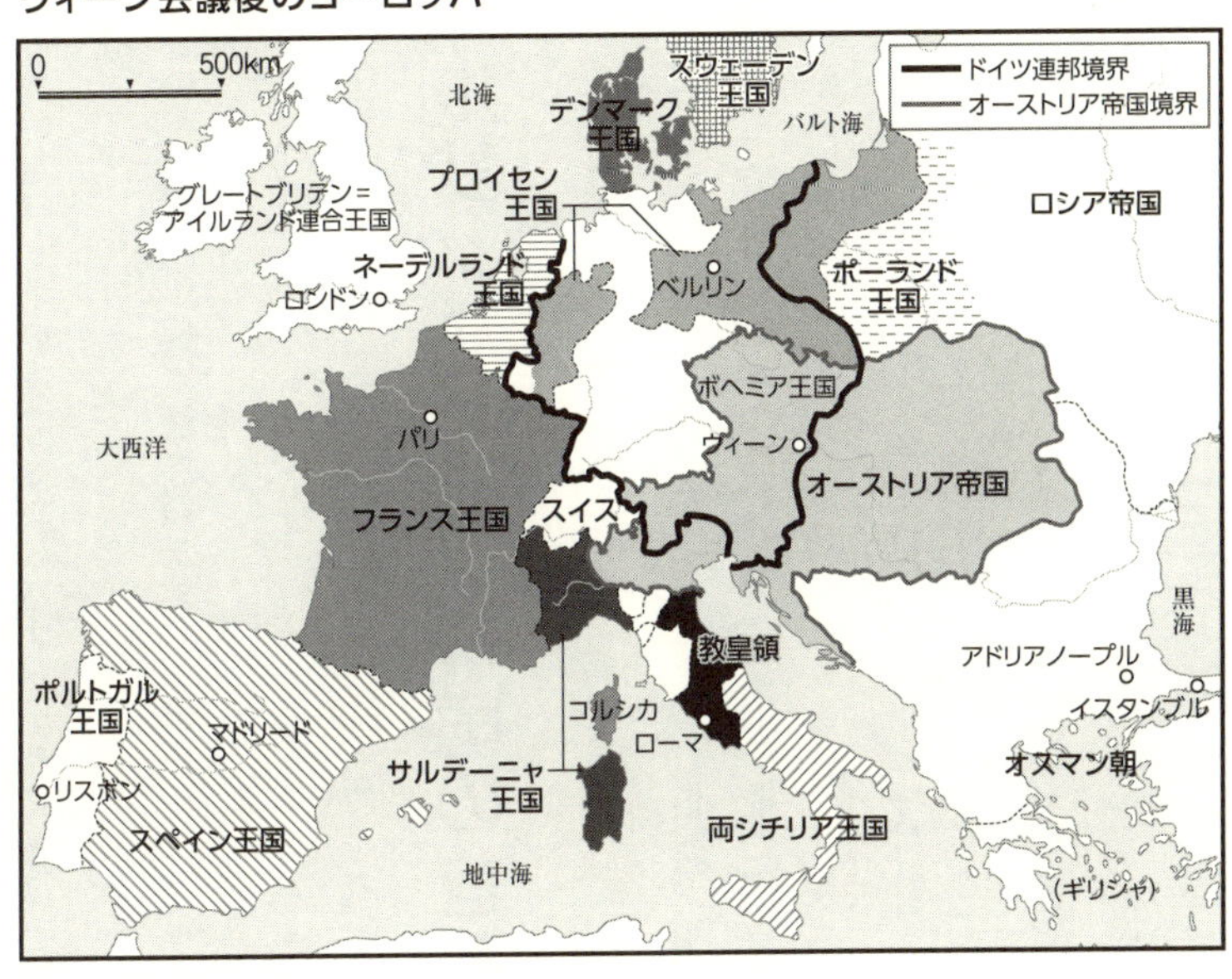

時のプロイセン王妃ルイーゼは、絶世の美女と評判でした。そして自分の美貌に自信を持っていました。彼女は講和条約締結に悲観的になっている夫に言いました。

「私がナポレオンと会って、条件を甘くしてくださいってお願いしてあげる。任せて」

彼女はある夜、ひそかにナポレオンの部屋を訪れました。透けるように優雅な絹のドレスを身につけていたことでしょう。秘薬の香水もつけて。

けれどナポレオンは、ルイーゼの必死の誘惑を退け、講和条約で一切妥協はしませんでした。

「ナポレオンも、多くの英雄たちと同様に色を好んだ男である。侵略した各国で艶聞も残している。しかしさすがに私利私欲とフランスの国益を混同することはなかったのだ」

という自慢話が残されています。ナポレオンはルイーゼを「プロイセンの雌豹（めひょう）」と呼んだそうです。

ベルリンがドイツ帝国の首都となる

プロイセン王国の第七代目がヴィルヘルム一世です（在位一八六一―一八八八）。

彼には三人の優れた部下がいました。自信家で頑固者だが祖国を人一倍愛した卓抜した才能の持ち主、宰相ビスマルク、富国強兵策を推進する陸軍大臣ローン、軍事戦略の天才、参謀総長モルトケです。

もちろん最高のパートナーは鉄血宰相と呼ばれたビスマルクでした。彼の外交上の戦略目標は三つありました。フランスの封じ込めと孤立化、連合王国と敵対しないこと、ロシアを封じ込めつつ味方にすることです。前章で触れましたが、ビスマルクの挑発に乗せられて、ナポレオン三世はプロイセン・フランス戦争を起こし、自分自身が捕虜となるほどの完敗を喫してしまいます（一八七〇）。

ドイツ皇帝の即位布告式

フランス・ヴェルサイユ宮殿の鏡の間でドイツ皇帝として宣言されるヴィルヘルム１世。ナポレオン１世によってベルリンが蹂躙されたことへの報復となった。

フランスに完勝した頃のプロイセンは、すでに工業力や軍事力においてフランスを凌ぐ大国になっていました。またプロイセンはフランスに勝利する前に、ドイツ領邦圏内の大国オーストリアに戦争を仕掛け、大勝しています（一八六六）。したがってフランスに勝利したとき、プロイセンはヨーロッパ大陸において最強の存在となりました。ヴィルヘルム一世は、一八七一年、ヴェルサイユ宮殿でドイツ帝国の初代皇帝に就任します。ここにオーストリアを除いたドイツの統一が、ついに実現したのです。ベルリンはドイツ帝国の首都となりました。

しかし、フランスの仇敵ともいうべきドイツが、その皇帝の戴冠式をわざわざヴェルサイユ宮殿で挙行したことは、フランス市民にドイツ許すまじの感情を残しました。第一次世界大戦後のヴェルサイユ条約でドイツに課せられた苛酷な賠償金には、このときの怨念も含まれていたと思われます。

ドイツ帝国にやってきた岩倉使節団と森鷗外の話

一八六八年に明治維新を成立させた日本は、幕末期に欧米列強との間で締結してしまった不平等条約の改正の予備交渉と、欧米諸国の諸制度と国情視察を目的として、右大臣岩倉具視を全権大使とする使節団（岩倉遣外使節）を派遣しました。使節団員の中には、木戸孝允・大久保利通・伊藤博文らの新政府の首脳も含まれていました。一八七一年から一八七三年の間に欧米十二カ国を歴訪しています。

この使節団は最初にアメリカを訪ねています。続いて連合王国からフランス、それからベルギーやネーデルランドを経て一八七三年にプロイセンを訪れました。この順番は、運命のいたずらとでもいいますか、いち早く近代化した民主主義国家から順番に回っていることになりました。

岩倉使節団員に随行した歴史学者の久米邦武は、『米欧回覧実記』を著しています（久米邦武編、田中彰校注、岩波文庫、全五冊）。

この実記によると使節団一行は、一八七三年三月九日にベルリンに入っています。そしてブランデンブルク門に通じる菩提樹（ぼだいじゅ）の並木が美しいウンテルデン・リンデン街の「ホテル・デ・ローマ」に宿泊したと記録されています。彼らはベルリンに三月二十八日まで滞在しました。その間、ドイツ皇帝に謁見（えっけん）したり、皇帝の宮殿で皇后・皇太子夫妻、ビスマルクやモルトケと共に、会食もしています。またビスマルクの招宴にも臨（のぞ）んでいます。そしてその席でのビスマルクの演説を、詳細に載せています。そこには、弱肉強食のヨーロッパ国際政治の世界を、いかに彼らが必死に泳ぎ抜いてきたかが熱っぽく語られており、傾聴している日本人たちの感動が伝わってきます。

彼らは先に訪れたパリで、パリ・コミューンの内戦の傷跡を見てきました。美しく文化の香り高いパリには感動しましたが、社会主義勢力が強いフランスには、一線を引いて対していたようです。二十日間ほどのベルリン滞在中、彼らは驚くほど精力的にベルリンの諸機関、諸施設を見学しています。電気器具製作工場から病院、動物園から水族館にまで及んでいます。

大久保利通や伊藤博文たちは、ヨーロッパで一番遅く統一を果し、急速に近代化を進めるドイツ帝国が、鎖国と封建制から抜け出し欧米に追い付くことを緊急の課題とする日本にとって、最高のモデルになることを現地を視察しながら確信したことでしょう。明治憲法はドイツ帝国憲法の構造を基本にしてつくられています。また陸軍の手本もドイツでした。

近代化への脱皮を目指す明治政府がお手本としたドイツへは、アメリカ、連合王国に次いで多くの官費留学生が訪れました。森鷗外もそのひとりです。東京大学医学部を卒業し、陸軍軍医となった彼はドイツへの官費留学を命ぜられています（一八八四）。彼はベルリンで高名な細菌学者コッホの衛生試験所に入所することを許されるなど、優れた才能の片鱗を示すとともに、そのドイツ語に対する高い学識と語学力によって、ベルリンで高い評価を得ています。

彼は一八八八年に帰国しますが、一八九〇年に『舞姫』という短編小説で文壇にデビューしました。この小説はベルリンへ官費留学した若者が、盛り場で踊る若い舞姫エリスと熱烈な恋に落ちる話です。官費留学で外国人と恋をして学業をおろそかにした彼は、紆余曲折の後に断腸の思いでエリスと別れます。けれどエリスはその痛手に耐えきれず、心の病いを得ます。「精神の作用はほとんど全く廃して、その痴なること赤児のごとく」なってしまうのです。しかし若者は、そんなエリスと別れて帰国するのでした。彼女の胎内に赤ちゃんを残したまま、いくばくかのお金を残して。

この小説は若者が、帰途の船中で書いた形を取っています。若者太田豊太郎の、自分は許されぬ罪人として祖国に帰るのだと想う気持も切々と伝わってきますが、この小説に描かれたベルリン市の貧民街の描写や真冬のベルリンの厳寒の夜の描写は、当時のベルリンを想い浮かばせてくれます。

文豪森鷗外の青春の真実についてはともかく置くとして、当時の日本は現在の我われが想像する以上に、深くベルリンと親しんでいたのでしょう。

第一次世界大戦の敗北、ホーエンツォレルン家の時代の終わり

ドイツ帝国では一八八八年に初代皇帝ヴィルヘルム一世が死去し、聡明な長男フリードリヒ三世が即位しますが、病に冒されていたため三カ月で早世します。そして彼の長男ヴィルヘルム二世が皇帝となりました（在位一八八八―一九一八）。

ドイツ帝国の興隆をもたらしたものは、宰相ビスマルクの高度な外交戦略と現実的な国内政策の展開でした。そしてビスマルクの難解な政治戦略を、すべて信頼して実現させた、ヴィルヘルム一世の優れた統治者としての度量でした。

しかし三代皇帝となった二十九歳のヴィルヘルム二世には、ビスマルクの高度な国際戦略を理解する能力も許容する度量もありませんでした。彼はビスマルクを罷免します。新航路政策と名づけて、自らが信奉する外交・軍事路線を押し進めました。その手法はいささか強引であり、しばしば短慮に過ぎました。

ヴィルヘルム二世が即位した頃のベルリンは人口も八〇万人を超えるほどの大都市になって

いました。一八九六年になると、輸送力増強のために地下鉄の建設も始まります。ベルリンの盛り場は活気にあふれ、新聞や雑誌が数多く刊行されていました。ベルリンは近代都市として発展の一途にあったのです。ペルガモン博物館の建設計画が始まったのは一九〇七年のことでした。

ドイツ帝国はすでに国力においてヨーロッパ第一となり、世界の覇権国家、大英帝国を脅(おびや)かしつつありました。しかも、ヴィルヘルム二世は自分の裁量と政治力によって、先行する大英帝国に競り勝つことを目指します。そのために、大英帝国やフランスとの摩擦が絶えなくなりました。またドイツと同じように遅れてきた東の大国ロシアとの利害の衝突も増加します。

そしてついに、オーストリア・ハプスブルク家の時代遅れで愚かな政治を引き金として勃発した第一次世界大戦に、ヴィルヘルム二世はみずから望むように突入していきます。ドイツ、オーストリア、オスマン朝を中軸とした中央同盟国側と、英仏露の連合国側の戦いです。両者は総合的な国力ではほぼ拮抗していましたが、アメリカは既に一国の国力で、双方に匹敵していました。アメリカが連合国側についたことで勝敗は決しました。

第一次世界大戦（一九一四―一九一八）を、都市を主人公にして語ってみれば、それはベルリンとロンドンによるヨーロッパの覇権争奪戦であり、パリは史上最多の戦死者を出し、ニューヨークは世界断トツのＧＤＰを背景に戦争の帰趨(きすう)を決めた、ということになるのでしょう。また一九一八年の五月に、アメリカを発生地とするスペイン風邪がヨーロッパでも多くの人命を奪い、その死者の数は第一次世界大戦の死者数よりも多いといわれるほどでした。スペイン風邪の猛威は兵士たちの厭戦気分を高め、休戦を早めました。

ヴィルヘルム二世の政府が休戦協定を結ぼうとしたとき、戦争責任を回避し体制を維持しながら休戦しようとする政府に対して、バルト海のキール軍港で水兵の反乱が起き、その波は全国に及んで、過激化していきました。ここに至ってヴィルヘルム二世は退位して、貨物列車いっぱいの家財を積んでネーデルランドに亡命しました。こうしてドイツもオーストリアに続いて休戦協定に署名し、ここに第一次世界大戦は終結しました（一九一八年十一月）。

しかしキール軍港に端を発した内乱の波は高まるばかりで、ついにベルリンに人民委員政府が樹立されるに至りました。その中の最左翼に位置していたのが、スパルタクス団です。この政治集団は第一次世界大戦中に、ポーランド生まれの女性革命家であり経済学者であるローザ・ルクセンブルクとドイツ生まれの革命家カール・リープクネヒトを中心に結成されました。

スパルタクス団は人民委員政府が設立された一九一八年末に、ドイツ共産党の創立に参加しました。こうして内乱はドイツ革命と呼ばれるまでに拡大しました。休戦時の中心勢力であった社会民主党は、ロシア革命のような急進派の拡大を恐れてブルジョワ勢力や旧軍部官僚と手を組み、革命の進展を阻止しました。この過程でローザ・ルクセンブルクやカール・リープクネヒトは虐殺されました（一九一九年一月）。社会民主党を中心とする政府は、ヴァイマール国民会議を結成すると、パリで戦勝国の英仏米三カ国が主導する講和会議が決定したヴェルサイユ条約を受諾しました（一九一九年六月）。同年八月、ヴァイマール国民会議は、新たにヴァイマール憲法を公布します。この憲法は国民主権を確認した民主的なものでした。

ヴェルサイユ条約の内容には国際連盟やＩＬＯ（国際労働機関）の設立といった、世界平和に貢献する決定もありましたが、本質をなす部分は、英仏の既得権の保護とドイツに対する苛酷にすぎた講和条件でした。ドイツは多くの国土と人口を奪われ、軍備を制限されました。いちばん苛酷であったのは天文学的数字といわれた賠償金額でした。

ドイツは戦争に敗けましたが、他国の兵士は一兵もドイツに侵入していません。内乱に端を発した休戦でした。それだけにヴェルサイユ条約に対するドイツ人の怒りには大きいものがありました。このような苛酷な講和条件や常軌（じょうき）を逸（いっ）する賠償金額が決定されたことには、フランスの「ドイツ憎し」の思いが強く影響しています。

ドイツ帝国が崩壊したことで、ベルリンを世界的大都市に押し上げたホーエンツォレルン家の時代が終わりました。

大ベルリンとなって「黄金の二〇年代」へ

ドイツに課せられた賠償金額は一三二〇億金マルクでした。現在の邦貨に換算すると、日本人一人当たり約一〇〇〇万円の賠償金を課せられたことになります。

「俺たちが百年働いても払いきれないぜ」

そのような嘆きの声が決して誇張ではない金額でした。当時のドイツ人は、新しい市民的自由を保障された憲法を享受する一方で、国家にかぶさってきた巨額の借金を背負わされてしまいました。自由があっても貧しいわけです。こういう状況の中で、市民たちの不満を反映して急進的な社会主義・共産主義勢力が増大する一方で、「誰が戦争を止めさせたのか」と問いかけ、もう一度強いドイツを求める国家主義的な勢力が台頭してきました。一九一九年一月にドイツ労働者党が結成され、九月にアドルフ・ヒトラーが入党してきます。翌一九二〇年、ドイツ労働者党は国家社会主義ドイツ労働者党、略称ナチスと改称しました。すなわち第一次世界大戦終結からわずか二年で、第二次世界大戦の芽生えが生じたのです。二つの世界大戦はつながっているといわれる所以です。

一九二〇年代のベルリンは、このように騒然としていました。この状況の中でベルリン市は周辺の市や町を合併して、大ベルリンをつくります。ベルリンは以前から、増大を続ける都市人口問題を解決するために、合併による市域の拡大を考えていましたが、難航していました。しかしドイツ帝国が崩壊したことで計画が実行しやすくなりました。その結果、大ベルリンの人口は三八〇万人を超えて、ロンドンとニューヨークに次ぐ人口世界第三位の都市になりました。

都市の規模は拡大し、人口は増大し、自由にあふれ、政治的主張は入り乱れ、理不尽な講和条約を課せられてやけくそにもなっている。当時のベルリンの気分は、活力はありましたが退廃的にならざるを得ない一面がありました。逆にそのことがベルリンを魅力的にし、さまざまな文化の花を咲かせる要因になりました。果実も肉も腐敗する直前が一番おいしいのと似ているような気がします。

バウハウス（造形芸術・技術学校）の創設者で校長でもあった建築家ヴァルター・グロピウス、理論物理学者のアルバート・アインシュタイン、小説家のシュテファン・ツヴァイク、劇作家・詩人のベルトルト・ブレヒト、ベルリン・フィルハーモニーの常任指揮者でもあったヴィルヘルム・フルトヴェングラーなど綺羅星（きらぼし）のような人々が、ベルリンを舞台に活躍していました。ブランデンブルク門に隣接したホテル・アドロンは不夜城と化し内外の貴賓（きひん）を集めました。なお、当時のベルリンの空気をみごとに描いたミュージカルが『キャバレー』です。一九六六年にブロードウェイで初演され、一九七二年にライザ・ミネリが主演して映画化されました。ライザ・ミネリはアカデミー賞の主演女優賞を受賞しています。

一九二四年、あまりにも天文学的な数字であった賠償金額は、アメリカの仲介によって軽減されました。そしてアメリカ資本がドイツに導入されるようになり、ドイツ経済は一息つきました。ベルリンの街は活気にあふれ、諸外国からの訪問者への対応の必要性もあって、ベルリン南部の郊外に新しくテンペルホーフ国際空港が開かれました。しかし一九二九年、ニューヨークの株式市場暴落で始まった世界大恐慌によって、ドイツ経済は再び暗転しました。

ベルリンオリンピックが輝いた第二次世界大戦の前夜

世界恐慌で再び不況の泥沼に入った一九三二年の国政選挙で、ナチスは第一党になりました。一九三三年一月、大統領ヒンデンブルクは、ヒトラーを首相として指名します。しかしナチスからの入閣者はヒトラーを含めてわずか三名で、副首相のパーペンが政府を実質的に領導するものと見られていました。ところが首相となったヒトラーは強引に国会を解散します。するとその二月、ベルリンで国会議事堂放火事件が起き、現場近くで共産党員が逮捕されました。ヒトラーは直ちに二つの緊急大統領令を出させると、言論の自由を制限させ、次いで共産党を非合法化しました。そして総選挙を実施した後の国会で、ヒトラーへの全権委任法が可決され、ヒトラーは独裁政権を樹立します。ヴァイマール共和国は終焉を迎えたのです。次いで一九三四年にヒンデンブルク大統領が死去すると、ヒトラーはその後継者として総統を名乗りました。総統すなわちフューラー（Führer）は、指導者を意味します。特にヒトラーに使用された用語です。ここにヒトラーの第三帝国が成立しました。神聖ローマ帝国、ビスマルクのドイツ帝国に次ぐ第三の帝国、という意味です。ところで、先述の共産党員による国会議事堂放火事件は、今日ではナチスのでっち上げだったという説が有力になっています。

こうしてヒトラーは、ヴェルサイユ体制に不満を持つ大衆をうまく乗せてナチズムの道へ、ひた走りに進み始めます。

一九三六年の八月にはベルリンオリンピックが開催され、ヒトラーの権威を全世界に知らしめる絶好の機会となりました。彼は、ベルリンオリンピックの記録映画、『民族の祭典』と『美の祭典』をレニ・リーフェンシュタールの監督・脚本・製作で完成させ、斬新な映像美で世界中から絶賛を浴びました。一九三七年、ヒトラーはベルリン市に属するケルンの名前が一二三七年の古文書に登場したことを記念して、ベルリン七百周年の祭典を開催しました。それと併せて天才的な建築家アルベルト・シュペーアに命じて、ゲルマニアプランを打ち出しました。当時のベルリンの四倍も五倍も大きいゲルマニアという新しい首都をつくろう、という発想です。この誇大妄想めいた発想は、結局、実現しませんでしたが、この頃がヒトラーの得意の絶頂期だったのかもしれません。

翌一九三八年十一月初旬、シナゴーグ（ユダヤ教の会堂）やユダヤ人の商店、居住地が破壊される事件が多発しました。破壊された窓ガラスの破片のイメージから、「水晶の夜」事件と名づけられました。

そして一九三九年、ナチス・ドイツはポーランドに侵攻し、これに対して英仏がヒトラーに宣戦を布告して第二次世界大戦が始まりました。

ヒトラーの自己破壊的な狂気

一九四一年、それまで第二次世界大戦に対して直接介入せず一歩引いていたアメリカが、明確な連合国側支援に踏み出し、武器貸与法を制定しました。これによって戦局は、連合国側の勝利に向かって大きく傾き始めました。そのような状況下で一九四二年一月、ベルリン郊外のヴァンゼー公園に近い貴族の別荘で、ヴァンゼー会議が開かれました。ナチス親衛隊の実力者ラインハルト・ハイドリヒを中心とするこの会議で決められたことは、ユダヤ人のホロコースト（大虐殺）計画でした。

ヒトラーとナチスのユダヤ人嫌いは、第三帝国当初から存在しました。そのために、ベルリンの黄金の二〇年代に集まっていたユダヤ人の科学者や芸術家は、みんなアメリカに逃避しました。このときからアメリカのノーベル賞受賞者が急増したといわれています。ただし当初は、ユダヤ人に意地悪をして住みにくくし、ドイツから追い出してしまおう、といったレベルであり、殺害が主目的ではありませんでした。しかし戦局が思いどおりに展開しなくなったとき、ヒトラーはユダヤ人の絶滅を決意したようです。そしてヴァンゼー会議以降、ユダヤ人絶滅収容所がフル稼働を始めたのです。

ヒトラーはパリから退却するときに「パリを燃やせ」と叫び、ベルリン陥落のときは「ドイツ全土の機械を壊せ」と命じました。彼は破壊的な狂気を帯びた性格だったのです。ヒトラーは愛人と自殺し、一九四五年五月、ドイツは無条件降伏しました。

敗戦によって都市を分断されたベルリン

第二次世界大戦末期から、ソ連を中心とする共産主義陣営とアメリカを中心とする自由主義陣営の対立が、深まっていました。

ドイツは一九四五年の敗戦によって、米英仏ソによって分割占領されることになります。この分割によって、ドイツの東側半分をソ連が占領し、西側を米英仏が占領しました。首都ベルリンの位置は東ドイツ側にありましたが、ベルリン自体も東西に分割され、西ベルリン地区は米英仏で統治しました。この地区はトライゾーンと呼ばれました。

1 スターリンが西ベルリンを封鎖

一九四七年、アメリカは欧州復興計画（マーシャル・プラン）を立て、西ベルリン地区（トライゾーン）でも実行しようとしました。反撥したスターリンは、西ドイツから西ベルリンに通じている道路と鉄道を完全に封鎖しました。

しかしアメリカは断固たる空輸作戦で対抗しました。幸いなことに二〇年代に開港したテンペルホーフ空港は、西ベルリン地区にありました。アメリカは数分おきに西ドイツ地区からテンペルホーフ空港へ、食料品を含めた生活必需品を徹底して空輸し続けました。

空からの支援という着想とアメリカの断固たる決意が勝利を収め、一九四九年、ソ連は封鎖を解きました。

2 西ベルリンにベルリン自由大学が誕生

ベルリン大学は東ベルリン地区に存在しました。ソ連当局は大学に対する統制を強めていましたが、空輸作戦が続行する中で、学生や教授たちの自由を求める声が大きくなりました。そして一九四八年、西ベルリン地域に新たな分校開設を勝ち取りました。ベルリン自由大学の誕生です。この大学は学費も安く、西側から優秀な先生も参加しました。共産圏の陸の孤島となったベルリンに自由大学があって充実した学問の場になっている、このことが世界的に評判になりました。僕が学生だった六〇年代後半、ベルリン自由大学ってかっこいいなとみんなが思ったものです。ベルリン自由大学は東側の中に孤立しながら、西側の文化のショーウィンドウにもなっていたと思います。ベルリン空輪が西側の物質文明の豊かさを見せつけたように。

ベルリンの壁の崩壊、冷戦の終結、東西ドイツ統一

お互いに強力な核兵器を持ったアメリカとソ連を中心とする東西両陣営の対立は、力を競い合いながら外交を軸に武器なき戦いを行う時代をつくりだしました。このような対立状態を、アメリカの評論家リップマンが「冷戦」(cold war)と名づけたのは、一九四七年のことでした。ベルリン空輸作戦も、その冷たい戦争のひとつでした。冷戦体制はドイツの他ヴェトナムや朝鮮半島に分裂国家をつくりつつも、世界大戦を起こさずに持続していきます。そのような情勢下で西側にはドイツ連邦共和国が、ボンを首都として成立しました(一九四九年五月)。これに対抗するように東側ではドイツ民主共和国が、東ベルリンを首都として成立しました(一九四九年十月)。

一九六一年一月、ケネディがアメリカの大統領になりました。同年四月、ソ連は人類初の有人宇宙飛行に成功しました。スターリン亡き後の指導者となったソ連共産党第一書記のフルシチョフは日の出の勢いにあり、ソ連の国力がアメリカを抜く日は遠くはないと豪語していましたが、アメリカに一歩先んじていたのは、宇宙開発と原子力開発の側面であり、国民の生活水準や消費財に対する政策は後回しになっていました。結果として東側の貧しさは隠し切ることができず、東ベルリンから西ベルリンへ、生きるための職を求めて流入してくる市民の数は増

ベルリンの壁

経済成長の高い西ベルリンへの逃亡者が増えたため、ソ連の命令で東ベルリンが1961年に境界線を封鎖し、西ベルリンを囲む形で壁を作って交通を遮断。1989年に取り壊された。

大する一方でした。

　一九六一年六月、フルシチョフとケネディは初めてウィーンで会談しました。この席で、西ベルリンへの東からの逃亡者についても話し合いがもたれましたが、ケネディは西ベルリンを守り抜くと宣言し、流入してくる東からの逃亡者を黙認しました。これに対してフルシチョフに命じられた東ドイツ政府は、この年の八月、ベルリンに壁をつくり始めました。東西ベルリンの境界線に全長一五五キロメートルに及ぶ壁を建設し、主要道路には検問所を設けました。

　この移動の自由をさえぎる壁によって、東から西への流入人口は減少します。

一九八五年、ソ連共産党書記長に就任したゴルバチョフは、ペレストロイカ（改革）とグラスノスチ（情報公開）をスローガンとして大胆な構造改革路線に踏み出し、かつてのように（ハンガリー動乱やプラハの春）、東欧諸国の民主化運動を武力によって妨害しないことを明言しました（一九八九年の「欧州共通の家」宣言）。この発言を信じて次々と東欧革命が起こり、共産党政権が倒れましたが、ゴルバチョフの宣言通りソ連の戦車はやってきませんでした。

この情勢を見て、一九八九年十一月、東ベルリン市民はベルリンの壁に殺到し、西ベルリン側からも人々が押し寄せました。東ドイツ政府はベルリンの壁を開放し、市民たちは壁を破壊しました。翌十二月にゴルバチョフとジョージ・ブッシュ大統領（父）は、冷戦の終結を確認し合いました。そして一九九〇年十月、東西ドイツは統一され、国名はドイツ連邦共和国となり、首都はベルリンとなったのです。

二十世紀のベルリン、二十一世紀のベルリン

ドイツは連邦共和国です。すなわち独立性の強い十六の州（二つの自由ハンザ都市を含む）が、ひとつの国家主権の下に統合されている国家です。特にドイツでは、諸侯が分立していた時代の伝統もあり、中央集権は強くありません。たとえば南部のミュンヘンに行くと、市民た

ちは、「俺たちはババリアン（バイエルン人）なのだ」と言いますし、北部のハンブルク州に行くと、今でも自動車のプレートはＨＨです。「自由ハンザ都市ハンブルク」の頭文字なのですね。

第二次世界大戦中のドイツでは、どこかの都市が空襲によって破壊されても、ベルリンからの指示を待たずに、地方自治体の意志で勝手に修復を行いました。日本では太平洋戦争末期、大本営発表ばかりを聞かされ、どこかが破壊されても東京の命令を待つばかりで、地方自治体は何もできないのが一般的でしたが。

ビスマルク時代に参謀総長モルトケが下士官クラスの教育を徹底させ、自分で考え自分で戦いを指揮する能力を高めたことが、中央の命令がなくても事態を解決すべく対応する力を市民の身につけさせた経緯もあったと思います。しかしもともとドイツは、自立性の高い地方が競い合う形で、今日に至った国なのです。

ロンドンやパリに比較すると新しい都市ベルリンは、その性格においてもそれらの都市とかなり異なります。現在のヨーロッパではＥＵが揺れています。多発するテロや押し寄せるシリア難民が深刻化する中で、ＥＵの動向に大きな影響力を有するのは盟主のドイツです。

二十世紀、戦争の時代にはからずも主役になってしまったベルリンが、二十一世紀のヨーロッパでどのようにドイツやＥＵをまとめ平和の主役になっていくのか、メルケル首相のリーダーシップを含めて注目したいと思います。

ベルリンの関連年表

西暦(年)	出来事
1157	ホーエンシュタウフェン朝のフリードリヒ１世がブランデンブルク辺境伯にアスカーニエン家のアルブレヒト熊公を任命
1197	シュパンダウという地名が古文書に登場(1232に都市特権)
1237	シュプレー川中洲にケルンという都市名が文献に登場
1244	シュプレー川右岸にベルリンという都市名が文献に登場
1255	十字軍国家のドイツ騎士団、プルーセン人の住むプロイセンに騎士団領を樹立
1307	ベルリンとケルンが双子都市に統合、ブランデンブルク辺境伯領の都市になる
1320	アスカーニエン家が断絶し、ヴィッテルスバッハ家が辺境伯を受け継ぐ
1356	ルクセンブルク家のカール４世、金印勅書で７人の選帝侯を決定。1373、辺境伯領を買収
1380	ベルリン大火災。市庁舎や教会が焼失
1410	タンネンベルクの戦いでドイツ騎士団がポーランド・リトアニア連合軍に敗れ、騎士団領はポーランド支配下のプロイセン公国となる
1415	ホーエンツォレルン家のフリードリヒ１世、ブランデンブルク辺境伯になる
1417	ベルリンが辺境伯領の首都となる
1567	ベルリンとシュパンダウで棍棒戦争が起こる
1618	プロテスタント派とローマ教会派による三十年戦争勃発
1640	フリードリヒ・ヴィルヘルム、ブランデンブルク辺境伯となる(～1688)。ベルリンが国際都市に生まれ変わっていく
1701	スペイン継承戦争が勃発(～1713)。プロイセン王国が誕生し、フリードリヒ３世が王位に就く(フリードリヒ１世)
1791	フリードリヒ・ヴィルヘルム２世がベルリンのシンボル、ブランデンブルク門を完成
1806	ナポレオンによるベルリン占領
1810	言語学者で政治家のフンボルト、ベルリン大学(現フンボルト大学)を創設
1871	プロイセン・フランス戦争(1870～)でプロイセンが勝利。ヴィルヘルム１世、ヴェルサイユ宮殿で初代ドイツ皇帝に就く。ベルリンはドイツ帝国の首都に
1914	第一次世界大戦が勃発(～1918)。戦後、ドイツ帝国崩壊、ホーエンツォレルン家終焉
1919	スパルタクス団の乱。ヴァイマール憲法が発布される
1920	ベルリン市、周辺の市や町を合併し、「大ベルリン」をつくる。ロンドン、ニューヨークに次ぐ人口世界第３の都市へ。この年、前年成立したドイツ労働者党がナチスと改称
1934	ヒトラーが総統を名乗り、第三帝国が成立
1936	ベルリンオリンピックが開催される
1939	第二次世界大戦が勃発(～1945)
1945	米英仏ソの４カ国がドイツを分割占領。ベルリンも東西に分割される
1949	西側にドイツ連邦共和国(首都ボン)、東側にドイツ民主共和国(首都東ベルリン)成立
1961	東ドイツ、東西ベルリンの境界線に壁を建設
1989	東ドイツ、境界線の壁を開放。ベルリンの壁が取り壊される
1990	東西ドイツが統一され、ベルリンを首都としたドイツ連邦共和国が誕生

●ベルリンの世界遺産（建造物）

ムゼウムスインゼル（博物館島）／近代集合住宅群／グリーニケ宮殿と庭園／グリーニケ狩猟館

第10章

昔も今も永遠の都 ローマ

古代ローマから続くヨーロッパの憧れと誇り

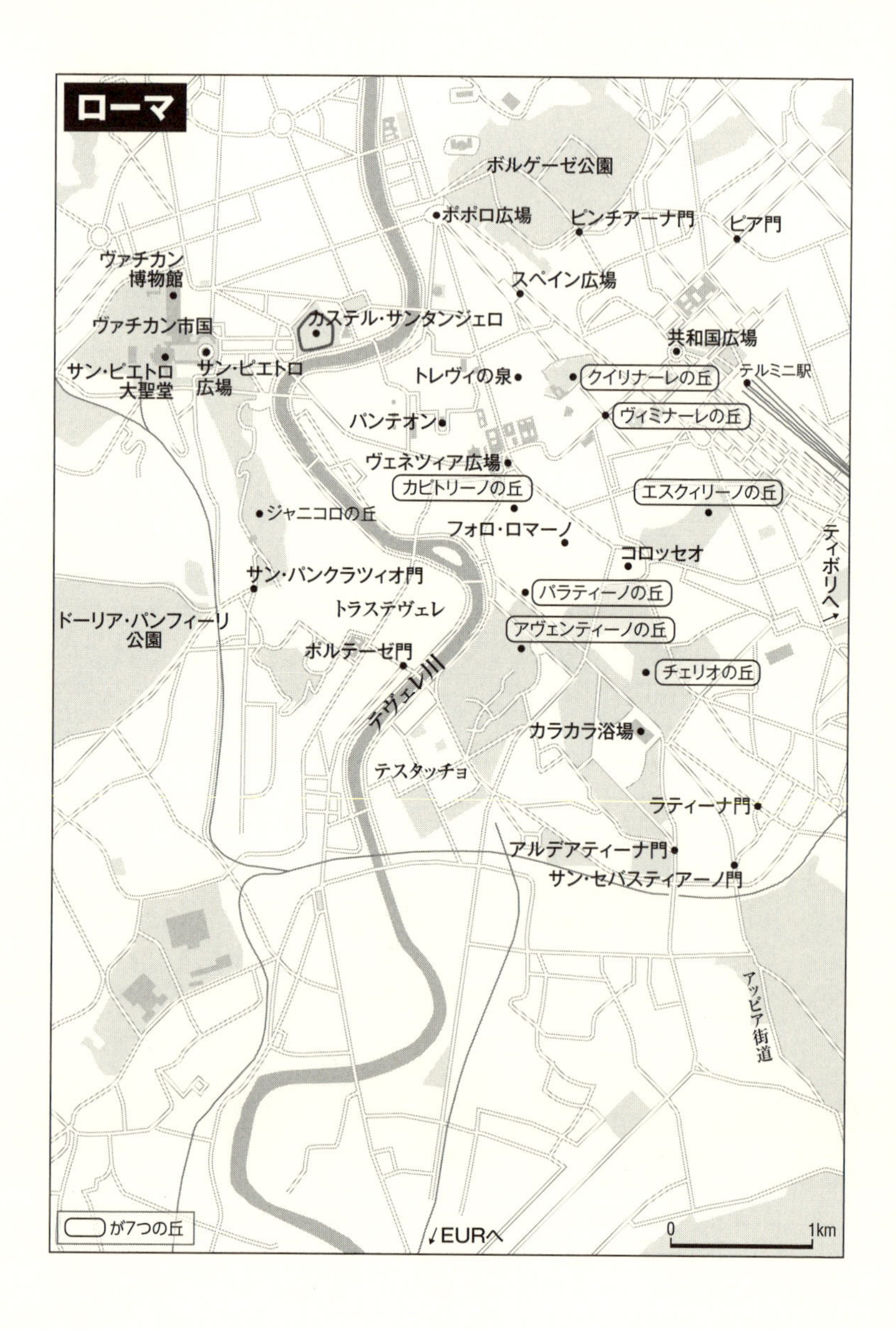
ローマ
ボルゲーゼ公園
ポポロ広場
ピンチアーナ門
ピア門
ヴァチカン
博物館
スペイン広場
ヴァチカン市国
カステル・サンタンジェロ
共和国広場
サン・ピエトロ
大聖堂
サン・ピエトロ
広場
トレヴィの泉
クイリナーレの丘
テルミニ駅
ヴィミナーレの丘
パンテオン
ヴェネツィア広場
カピトリーノの丘
エスクィリーノの丘
ジャニコロの丘
フォロ・ロマーノ
ティボリへ
コロッセオ
サン・パンクラツィオ門
パラティーノの丘
トラステヴェレ
ドーリア・パンフィーリ
公園
アヴェンティーノの丘
ポルテーゼ門
チェリオの丘
テヴェレ川
カラカラ浴場
テスタッチョ
ラティーナ門
アルデアティーナ門
サン・セバスティアーノ門
アッピア街道
が7つの丘
EURへ
0
1km

この都市をいちばん身近にしてくれた映画『ローマの休日』

ハリウッド映画『ローマの休日』が全米で公開されたのは一九五三年、日本では一九五四年のことでした。

ヨーロッパの由緒ある王国の王女アンが、ヨーロッパ各国を表敬訪問します。そして最後の訪問国イタリアのローマにやってきたとき、彼女は過密なスケジュールと形式ばかりが優先される会議や舞踏会にうんざりし、ついに宿泊先のお城から逃げ出しました。ところが彼女は疲労回復と精神安定の目的で、鎮静剤を服用していたため、とある路傍(ろぼう)のベンチで、うとうとと眠ってしまいます。そこに通りかかったアメリカ人の新聞記者ジョー・ブラッドレーは、見るに見かねて介抱(かいほう)するうち、ついに自分のアパートメントのベッドで眠らせることになります。

翌朝、彼女の素性(すじょう)に気づいたジョーは、友人のカメラマン、アーヴィングと二人、王女の「秘密のローマ体験」というスクープ記事をつくろうと大作戦を展開します。ジョーは職業を隠し、彼女をスクーターの後部座席に乗せて、ローマの名だたる名所を巡り、アーヴィングがそれをカメラに収めたのです。

王女アンと新聞記者ジョーが展開する、自由で楽しいRoman Holidayの出来事が、この映画のシナリオでした。

王女アンを、当時はまったく無名の新人だったオードリー・ヘプバーン、新聞記者ジョーを当時の大スター、グレゴリー・ペックがそれぞれ演じました。この映画はあの頃のアメリカ映画には珍しく、ほとんどのシーンをローマでの現地ロケで撮影しています。撮影スタッフも中心はイタリアの映画人、登場するスクーターや自動車もイタリア製でした。

二十世紀後半のアメリカや日本で、ローマという伝統ある都市への人気を一気に拡大させた『ローマの休日』は、なによりもみごとなローマの名所旧跡案内になっていることで注目を集めました。もともと街全体が観光名所のようなローマです。街をひと巡りするだけで観光スポットは目白押しです。この映画に登場する観光名所は、数え上げると二十数カ所に及びます。その中で代表的な場所を挙げますと、次の七カ所です。

パンテオン、コロッセオ、カステル・サンタンジェロ、真実の口、サン・ピエトロ大聖堂、トレヴィの泉、スペイン広場。この内、真実の口までがローマ帝国時代、サン・ピエトロ大聖堂はルネサンスの中心地がローマに移った時代、残りの二カ所は十七、十八世紀のバロック芸術様式の時代につくられたものです。なお、バロックとは形のゆがんだ真珠の意味で、自由で形にとらわれない華麗な造形美を形容した言葉です。

ところでローマという都市は、ローマ帝国の首都としての輝かしい歴史があるために、ともすればローマ帝国と同列に考えられがちです。けれども現実は、かなり異なります。ディオクレティアヌス帝（在位二八四―三〇五）はローマ帝国を東西に大きく分割し、次いで四分割統治（テトラルキア）を実現すると、東の正帝として、ニコメディアに遷都しました（二九二）。なお、西の正帝の都はミラノです。このとき以来、ローマは帝国の首都には二度と戻りませんでした。そして三三〇年からはコンスタンティノープルが、新しいローマになりました。

ローマ市とローマ帝国のあゆみは決して同一ではありません。本章では、都市ローマの歴史を振り返っていきたいと思います。

ロムルスとレムスの建国伝説がつくられた頃のローマ

現在のローマのあたりに人が住み始めたのは、BC九世紀から八世紀頃のことでした。ユーラシア大陸から移動してきた人々が東ヨーロッパから小アジアやバルカン半島を経て、順番に南下してきました。そのような諸民族がローマのあたりに定住します。彼らはヨーロッパの古語であるラテン語を話していたので、彼らのことをひとまとめにしてラテン民族と呼ぶようになりましたが、ラテン民族と呼ばれる固有の民族が存在したわけではありません。

伝説としては、トロイの英雄アイネイアースの子孫である双子の兄弟ロムルスとレムスがオオカミの乳を飲んで育ち、後にローマ市を建国したと語り継がれています。この二人が最初にローマを建国しようとした場所は、ローマ市を流れているテヴェレ川の河口から二五キロメートルほど遡（さかのぼ）った左岸地域の、七つの丘と呼ばれる場所であったそうです。

ただ、この左岸地域は、テムズ河畔やセーヌ河畔と同様に低湿地帯でした。その中に小さな丘が散在していたので、七つの大きな丘だけがあった、というのではありません。物語として七つの丘という伝承が生まれた、と理解していいと思います。

さて、七つの丘地帯を征服したロムルスとレムスは、どの丘を居住地の中心とするか議論しますが、決着がつかないので鳥占いを行いました。解き放した鳥が飛んでいった方向にある丘に住もう、と決めたのです。そしてその丘がパラティーノの丘でした。ロムルスとレムスの一族は、ここに住むようになります。しかし双子の兄弟は、結局は深刻な対立関係に陥ってしまい、兄のロムルスがレムスを殺害し、彼がローマの建国者となりました。

今日では、このパラティーノの丘の北に広がる地域がフォロ・ロマーノと呼ばれ、古代ローマ時代の遺跡が数多く残っています。

僕は中学生の頃に、ローマ建国の年はBC七五三年と学びました。「紀元前の七五三（しちごさん）」と憶（おぼ）えたのですが、実際にはそれ以前から、この地方に先住していた人々がいたことが明らかになっています。彼らとの外交や戦争を通じて、ローマが形成されていきます。

フォロ・ロマーノとコロッセオ

フォロ・ロマーノは、ローマにある古代ローマ時代の遺跡。コロッセオ（右上）は、ローマ帝政期に造られた円形闘技場で観光名所となっている。

サビニ戦争やルクレーティア事件からローマ共和国が生まれる

パラティーノの丘に住みついたロムルスと部下たちは、自分たちの町をつくろうとしましたが、次の世代となる子どもたちを産み育ててくれる女性が不足していました。

ローマの北東にサビニという地域があります。ローマの男たちがそこに住むサビニ族を襲って、若い女性を誘拐すると、怒ったサビニの男たちがローマに攻めてきます。このような争いが幾度も繰り返されました。そのうちに歳月が流れると、ローマに連れてこられたサビニの女たちに子どもが産まれます。そうなると彼女たちは自分の夫と自分の父や兄が殺し合うことを、必死に止めるようになりました。このあたりを題材にした「サビニの女たち」という絵画が、数多く残されています。

サビニ戦争（BC七五二）はサビニ族がローマに併合されていく過程での出来事だといえます。この戦争前後からおおよそ二百五十年ほど、ローマは王政の時代が続きます。王政といっても、大きな部族の首長（しゅちょう）のようなスケールであったと思いますが。そしてルクレーティア事件が起こります。

ローマがほかの部族と戦っているとき、ルクレーティアという美しい人妻が、戦場から夫が

サビニの女たち

サビニの女たちが、ローマ人と戦うサビニの男たちの間に割って入り、必死に戦いを止めようとする場面を描いた絵。ダヴィッド作、ルーヴル美術館蔵。

帰還するのを待っていました。彼女の美貌に魅せられていたローマ王は、彼女を襲うと暴力で我が物にします。ルクレーティアは自害しました。この伝承も多くの絵画となって残されています。古代のローマは、ヨーロッパの絵画に数多くの素材を提供しました。

さて、ローマ王の野蛮な行為に怒ったローマの人々は、王の一族を七つの丘から追放しました。このときに王政が終わりました（BC五〇九）。

ところで、この二百五十年続いた王政の君主の名前を分析してみると、最初の四名がラテン・サビニ系の人々で、残りの三名はエトルリア系であったことが判明しています。ローマには先進国であったエトルリア人の支配下にあった時代が存在し、やがてローマ人が勢力を拡大するにつれて、エトルリア人を同化させ、自分たちが権力を握ったのではないか、と考えられています。

エトルリア人は、イタリア半島中西部トスカーナ地方にBC一〇〇〇年頃から居住していたと推測される人々です。美的感覚に優れた金属加工技術や土木技術は、ローマ人に多くの影響を与えました。

ローマの内在する矛盾が顕在化してくる

王の一族が追放された頃のローマは、部族集団の集落というスケールから、七つの丘を中心に治める都市国家としての規模にまで発展していました。彼らはここで共和政へ移行します（BC五〇九）。

このときから、SPQRというローマの略号が登場します。Senatus Populusque Romanus（元老院とローマの人民）の略称です。ローマは人民（市民）と元老院によって構成される、と明示したのです。具体的には自作農を中心とする平民と建国の伝統を有する貴族たちが競い合い、それを元老院が取り仕切って政治を進める、というのが共和政の実態でした。元老院は貴族出身の知識人や資産家たちの集団でした。

共和政ローマはBC三九〇年にガリア人に侵略されます。アッリアの戦いでローマは徹底的に叩かれて、ローマは略奪されます。ようやく敵を追った後、ローマは北からの侵略に備えて最初の城壁をつくりました。やがてローマは、ローマ街道やローマ水道をつくり始めます。道路造りは、東方の世界帝国アカイメネス朝ペルシャの道路網に学び、土木技術はエトルリア人に学んだものでした。

ローマから四方へ伸びる道路がつくられたということは、この都市国家の勢力圏がイタリア半島全域に及び始めたことを物語っています。

次第に強国化したローマは、BC二六四年頃から地中海の覇権をかけてフェニキア人と戦います。フェニキア人はかつては本拠地をシリアやレバノンに置いていた海洋民族で、この当時の拠点は現在のチュニジア北部に位置するカルタゴにありました。この戦争が有名なポエニ戦争です。ポエニとはラテン語でフェニキアのことです。ポエニ戦争は三次にわたって戦われ（BC二六四―BC一四六）、戦場はイタリア半島からアフリカ北部に及びました。ローマはポエニ戦争に続いてマケドニア戦争も戦いました（BC二一五―BC一四八）。マケドニアはバルカン半島のギリシャ北方にあったギリシャ人の大国です。アレクサンドロス大王が登場し、世界帝国アカイメネス朝を滅ぼした国です（BC三三〇）。こちらの戦争は四次に及び、その戦場はバルカン半島でした。

ローマはこの二つの戦争に勝利を収め、飛躍的に領土を拡大させて地中海の大国となりました。

さて、ＳＰＱＲのローマはギリシャと同様の都市国家でした。都市国家においては市民権を有する男たちが、原則的に全員、兵役の義務を課せられていました。ギリシャの哲学者ソクラテスでさえ、戦場に臨(のぞ)んでいます。この兵士の中核をなす人々が、日常は自分の農地を耕す自作農でした。

普段は自作農で戦争になったら兵士になる。ローマ市民はそのように戦い、ＳＰＱＲは強大化していきました。しかしたとえば戦場が北方のポー川付近であったり、南のコルシカあたりであったら、農地を離れる期間も短くて済みます。けれどカルタゴは北アフリカ、マケドニアはギリシャです。そんな遠くまで自作農の兵士が出かけていたら、どうなるでしょう。帰還してみると農園は荒れ果てていたり、ひどい場合は誰かに略奪されているケースが続発するようになりました。

戦場が遠くなり、遠征期間が長くなると、自作農である市民が全員兵士であるという意味牧歌的な制度は崩壊せざるを得ません。その結果、戦争に勝って大国化したローマでは、ローマを支えていた平民層（中間層）が落ちこぼれていき、みんなが土地を手放してしまうようになりました。土地は大貴族の手にわたり、中間層は農奴化していきます。貧富の二極化が進み始めたのでした。

平民層の没落が内乱の時代を招き寄せてしまった

中間層が落ちこぼれることを止めようと、立ち上がった政治家がグラックス兄弟です。彼ら兄弟は、土地を独占した貴族たちから土地を奪い返し、平民たちに分け与える政策を採ろうとしました。そうすることで、兵士でもある中間層の復活を意図したのです。

しかしこの政策は、元老院と有力貴族の猛烈な反対を受けました。そして兄のティベリウスが暗殺され（BC一三三）、その志を継いだ弟ガイウスも凶刃に倒れます（BC一二一）。

中間層の救済ではなく、軍制そのものを改革し、共和政ローマの危機を救おうと考える政治家が、次に登場してきました。平民出身の軍人政治家、マリウスです。

彼は没落して農奴化する中間層（平民）を中心に志願兵を採用し、軍制改革を実行しました（BC一〇七）。ところが志願兵に対しては、賃金を支払う必要があります。その結果、賃金を払える財力を持つ貴族たちは、競って私兵を持つようになりました。狙いは自分がローマを制覇することです。

このような貴族の典型がスッラでした。彼はマリウスの副官から出世した、野心あふれる男でした。平民の側に立ったマリウスと逆に、貴族の利益を重視していました。必然的に二人は対立し、両派の闘争がローマ市内で展開される事態となります。

マリウスとスッラによって交わされた市街戦は、マリウスが病死し（BC八六）、後を受け継いだ平民側に立つキンナも事故死（BC八四）、ついにスッラが独裁官の地位を奪取しました（BC八二）。彼が病死して、ようやくローマは私闘の恐怖から逃れることができました。

ローマを変革したカエサルと遺志を引き継いだオクタウィアヌス

スッラの死の数年後、ローマは剣闘士スパルタクスを首領とする剣闘士の奴隷集団の大反乱に襲われました（BC七三―BC七一）。この反乱を制圧したのは、貴族の実力者であるポンペイウスとクラッススでした。この二人に加えて、天才的な軍略家で平民の兵士たちから絶大な支持を受けていたユリウス・カエサルの三人は、頑迷で失政を重ねている元老院を抑えて三頭政治体制をつくりました（BC六〇）。

このあたりからカエサルの治世、オクタウィアヌスの治世と続く歴史は、ローマ帝国史の序章で最も色彩に富んだ部分なので既に多くのことが語り尽くされています。ここでは大きな歴史の流れのみ、見ていきたいと思います。

三頭政治の実態は何かというと、広大なローマを三人で分割して支配することでした。カエサルは西（ガリア地方中心）、ポンペイウスはイタリア半島と北アフリカ、クラッススは東方のパルティアです。しかし三頭政治はクラッススの戦死によって崩壊します。ガリアを中心とするヨーロッパで大きな戦力を蓄えたカエサルを警戒したポンペイウスは、元老院を味方につけてカエサルとの協力関係を破ったのです。ガリアの地でこれを知ったカエサルは、決然としてルビコン川を渡河し、ローマを制圧しました（ＢＣ四九）。

カエサルはエジプトに逃げたポンペイウスを追撃して、これを討ち独裁官になります（ＢＣ四六）。終身任期の独裁官になったという行動自体は、私兵を擁して終身独裁官となった軍閥政治家スッラと同じです。

カエサルが意図したことは何であったのか。彼は、すでに地中海を制する大国となったローマを、市民皆兵を前提とする直接民主政の都市国家の体制のままでは、もはや統治することは不可能になっていることに気づいたのだと思います。これからのローマを統治していくためには、国の中央に君主を置き、官僚組織と専門の軍人組織を有する中央集権国家体制にすることが不可欠であると、考えたのでしょう。たとえばペルシャのアカイメネス朝のように。

ユリウス・カエサル

共和政ローマ期の政治家。第１回三頭政治の後、終身独裁官となる。共和政一派によって暗殺される。

しかし彼は道半ばにして、元老院においてブルータスたちによって暗殺されました。そのために、二度目の三頭政治体制がつくられました（BC四三）。構成員はカエサルの部将であったアントニウスと、カエサルの姪の子どもで養子になっていたオクタウィアヌス、この両者が中心でもうひとり、やや力量に欠ける政治家レピドゥスが選ばれました。元老院は、この三名に国家再建を託しましたが、ここでもアントニウスとオクタウィアヌスが対立し、第二回三頭政治も早々に崩壊しました。

プトレマイオス朝のエジプトの女王クレオパトラ七世と結んだアントニウスは、バルカン半島の沿岸に近いアクティウムの海戦でオクタウィアヌスに敗れます（BC三一）。翌年にアントニウスは自殺、それを伝え聞いたクレオパトラも自死しました。オクタウィアヌスの勝利が確定し、エジプトはローマの属領となりました。

このとき、グラックス兄弟が暗殺されて以来、ローマを巻き込んでいた内乱の一世紀が終わりました。

元老院はオクタウィアヌスに、「アウグストゥス」（尊厳なる者）の称号を贈り、共和政のほとんどの権限をオクタウィアヌスに委ねました。ローマ共和国はこのときから、国の名称はSPQRのままでしたが、実質的には帝政の時代に入ります。そして、彼は初代ローマ帝国皇帝アウグストゥスと呼ばれるようになります（BC二七）。

振り返って考えてみると、大土地所有者である富裕な貴族を抑え、元老院の権力も抑えて、中間層をつくるという政策それ自体は、グラックス兄弟からマリウスに引き継がれ、カエサルにおいてさらに計画的に継承されたという経緯がありました。そしてカエサルの死後、優れた資質を有するアウグストゥスによって、ローマ帝国として甦(よみがえ)った。そのように考えてよいかと思います。

なお、カエサルとマリウスやスッラの間にも浅からぬ因縁がありましたが、本章はローマという都市の物語ですので、帝国の首都ローマの話に軸足を戻したいと思います。

暴君ネロがフォロ・ロマーノを区画整理

ローマ帝国第五代皇帝ネロ(在位五四―六八)は、「暴君」の異名をつけられました。しかしその非道な行為の伝承は、必ずしもすべてが史実ではなかったようです。彼が皇帝時代、ローマの中心部フォロ・ロマーノは未曾有(みぞう)の大火に襲われて、ほとんどの家屋が全焼しました。逆にこの火災を、人家が密集しすぎていたフォロ・ロマーノの区画整理の機会として利用したネロは、地域の再整備に尽力しています。それが今日のフォロ・ロマーノのたたずまいの原形をつくっています。八〇年には皇帝ティトゥスが、今も残る大闘技場コロッセオをフォロ・ロマーノ地区の東側に完成させました。

なおフォロ・ロマーノのフォロは、現代の「フォーラム」の語源です。

このフォロ・ロマーノに隣接する数多い遺跡の中に、パンテオン（万神殿）があります。この建築物はローマ建築の完全な遺構として有名で、世界最大の石造り建築（ローマン・コンクリートと併用）でもあります。現存するパンテオン（二代目）は、半円球のドームが覆い、頭頂に開口部（明かりとり）があります。年間降雨量の少ないローマならではの建築物です。

ローマを永遠の都と呼んだ皇帝ハドリアヌス

ネロの時代から三十年近くが経過した頃から、ローマ帝国は五賢帝時代と呼ばれる平和な時代に入り、それが百年近く続きます。

注目すべきことは、五人続いた皇帝たちがみんな養子だったことです。昔の日本の商家でも、跡取り息子の出来が悪いと、娘を賢い番頭さんと一緒にさせ、後継者とすることがよくありました。

五人のうち二人目のトラヤヌス（在位九八―一一七）の時代にローマ帝国の版図は最大になりました。

三人目のハドリアヌス（在位一一七―一三八）は、大きくなりすぎた帝国のタガを締め直し、領土の保全に力を注ぎました。その生涯の大半をローマ帝国の巡察に費やしていたハドリアヌスを、友人の詩人フロルスが冷やかしています。

「寒いヨーロッパを回って、まずい食事と粗末なベッド。旅のどこがおもしろいんだ。皇帝なんてつまらないね」

ハドリアヌスも負けていません。詩で反論しています。

「居酒屋で酔っ払って、シラミに食われて眠るんだろう。フロルスみたいな自堕落な生活はごめんだよ」

ローマの上流階級には、美女に囲まれて美酒美食の日々を過ごすというイメージがあります。しかしほんとうのローマの上流階級は、ギリシャ以来のストア派の哲学を生活の規範とし、質素な衣食で心身を鍛え、人民を守ることが指導者の役割である、という理念を持っていました。禁欲的であり、特定な宗教に傾倒することも少なかったのです。ハドリアヌスもそのような皇帝の一人でした。

ハドリアヌスはローマの東北郊外のティボリに、別荘を持っていました。ティボリはローマに程近い、今も緑と噴水が美しい小都市です。ハドリアヌスはこの別荘の一角に、彼が巡ってきたローマ帝国内のさまざまな建築物のミニチュアを並べました。今日のテーマパークに似ています。彼は自分だけの小さなローマに、「永遠の都」と名前をつけました。このことから、ローマは永遠の都と呼ばれるようになったのです。

話が前後するのですが、先述のパンテオンを最終的に完成させたのはハドリアヌスでした。またローマのテヴェレ川の右岸に、今でも大きな円型の城があります。聖天使城（カステル・サンタンジェロ）と呼ばれていますが、ここはもともとハドリアヌスの霊廟で、彼自身が建てさせたものです。この聖天使城とローマ教皇のヴァチカン宮殿は近いのですが、実は、この二つの建築物は秘密の通路でつながれていて、教皇は危機のときには城に逃げ込んだといわれています。聖天使城という名の由来は、六世紀の後半、ペストが猛威を振るった頃、このお城の上空に天使が現われたという逸話によります。

ハドリアヌスは、後世、ユルスナールの傑作「ハドリアヌス帝の回想」によって永遠の命を得たように思います。彼を継いだアントニヌス・ピウスは二十三年に及んだ長い治世の間、一度もイタリアを離れませんでした。また特筆すべき事件も起きていません。退屈な時代と揶揄する向きがないでもありませんが、逆に言えば、ローマ帝国がいかに平和を謳歌していたかの証左でもあります。まさに「人類史上最も幸福な時代」（ギボン）が現出していたのです。

「世界の復興者」と称された皇帝アウレリアヌス

五賢帝時代のローマが、平和な時代であったのは、当時のユーラシアが温暖な気候に恵まれていたことが主因でした。しかし二世紀半ば頃から気候は寒冷化に向かい、そのために北方に居住する民族の南進が活発になり、それが玉突き現象となって、広大なローマ帝国の治安に影響を与え始めました。

現在のトルコ南東部エデッサの地でペルシャのサーサーン朝軍に襲われたローマ軍は、時の皇帝ウァレリアヌスが捕虜になってしまうほどの惨敗を喫しました（二五九）。

皇帝が捕虜になったと知って、ガリア地方を治めていたローマ帝国の将軍は、自分がローマ皇帝であると名乗り、勝手に独立してしまいました。また現在のシリアやパレスチナ地方にあったパルミラ王国の女王ゼノビアも、ローマ帝国の属国の立場から独立し、彼女の息子にアウグストゥス（皇帝）を名乗らせました。

三世紀半ば、ローマ帝国は三分割される形になってしまったわけですが、このときに登場したローマ皇帝が名君アウレリアヌスです（在位二七〇―二七五）。彼はまたたくまに女王ゼノビアをユーフラテス河畔で捕えました（二七二）。取って返すとガリアへ進軍し、ガリア皇帝を名乗っていた将軍を降伏させました（二七四）。こうしてアウレリアヌスは、あっというまに、ローマ帝国を再統一しました。元老院は喜び、彼に「世界の復興者」の称号を与えました。

アウレリアヌスは、それでも断続的にローマ帝国領内に侵入してくる異民族に備えて、ローマを囲む城壁をつくりました。その城壁は今日まで残っています。

アウレリアヌスもハドリアヌスのようにストア派の哲学を信奉し、質実剛健に生き、皇帝の職務を全うした帝王でした。しかしその規律の厳しさが災いしたのか、部下に暗殺されました。在位わずか五年、彗星のような生涯でした。

ローマ帝国がローマを捨てた後、教皇が「ローマ市長」になった

アウレリアヌスの奮闘によって、一時は勢力を挽回したローマ帝国も、異民族の乱入による帝国全体の弱体化は避けられませんでした。ディオクレティアヌスはローマ帝国を分割統治して帝国を救おうとして果せず、コンスタンティヌスはコンスタンティノープルを新しいローマとして、重心を東方に移して、帝国全体の再建を試みます（三三〇）。

このとき、ローマに在住していた貴族や官僚や商人も、すべてコンスタンティノープルへ移りました。しかしローマ教会は残りました。日本でも平城京から平安京に遷都したとき、奈良の仏教寺院のボス的存在であった興福寺は残りました。なぜなら朝廷の実質的な支配者、藤原一族が氏神様を春日大社に祀り、それは奈良に留まったので、興福寺はその祟りを恐れて動けなかったのです。それと同じです。ローマ教会も宗教的な理由で残りました。キリストの一番

弟子であるペテロのお墓を守ることはローマ教会の仕事だったので、引っ越しは許されないことでした。

奈良は京都に都が移ってから、文字どおりの古都となってしまいましたが、ローマは残されたローマ教会の統領である教皇が頑張り、フランク王国の武力などをうまく利用して、盛り返しました。ローマ皇帝が去った後のローマでは、ローマ教皇が、現在でいえば市長のような立場でさびれていくローマを盛り上げた、といえると思います。

それではローマ皇帝が去った後のローマを、古代から近世まで統治してきたローマ教皇たちの中で、注目すべき人物を選んで話を進めていきます。

「大教皇」と呼ばれた二人の教皇の話

コンスタンティノープルへ遷都した後、ローマ帝国はイタリアを統治する拠点としてラヴェンナに総督府を設けました（三九五）。ラヴェンナはイタリア半島の東海岸にあり、海路を利用すればローマよりもコンスタンティノープルに近い距離にあります。現在のラヴェンナを訪れると、サン・ヴィターレ教会内部の美しいモザイク模様などが、栄えていた当時の面影を残しています。

ローマ帝国の最大版図

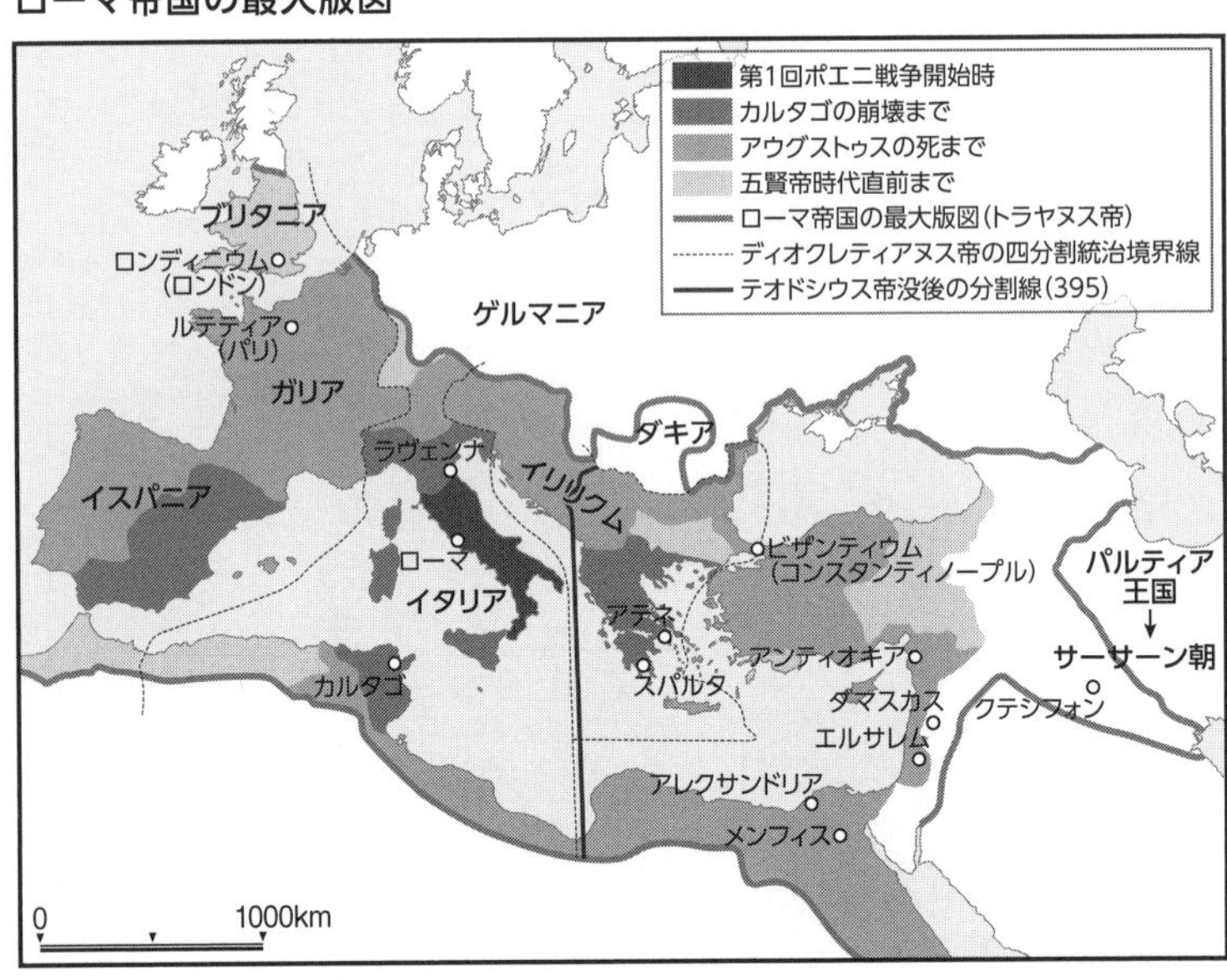

ローマ帝国のイタリア半島の中心地がラヴェンナになったので、ローマの衰退はさらに進みました。初代ローマ皇帝アウグストゥスの時代に一〇〇万人といわれたローマの人口は激減し、数万人程度になりました。

ローマ教会は数少ない信者とともに、細々とローマで布教活動を続けていました。そのローマを、諸部族が襲います。

四五二年にフン族の王、アッティラが攻め込もうとしたとき、これを教皇のレオ一世（在位四四〇―四六一）が説得して侵略を断念させたという物語は、パリの章で触れましたが、当時イタリアに流行していた疫病をアッティラが避けた、というのが真相のようです。というのはレオ一世の在任時代にヴァンダル族が攻めて来て、このときはローマの略奪が行われているからです（四五五）。さらにローマは五四六年に東ゴート族にも略奪されています。

ローマは、歴史上、五回の大きな略奪を受けています。ひとつはBC三九〇年のガリア人の侵略、そして四一〇年の西ゴート族、四五五年のヴァンダル族、五四六年の東ゴート族、最後がハプスブルク家カール五世配下のドイツ人傭兵による「ローマ劫掠（ごうりゃく）」といわれた大略奪です（一五二七）。五回のうち三回が五、六世紀に集中しています。ローマはつらい時代を迎えていました。そういう時代にフン族を説得したという伝説が残るレオ一世は、実質的には初代のローマ教皇であったといわれる人物です。ローマ教会では彼を大教皇と呼んでいます。換言すれば、レオ一世の頃からローマ教皇は、ローマ市長のような役割を務め始めた、と言えるのではないでしょうか。

グレゴリウス１世

ローマ教皇。絵画や音楽をもって西ヨーロッパへの布教に努め、大教皇と呼ばれた。グレゴリオ聖歌の原型をつくる。

ここで教皇という名称について述べておきます。古代のキリスト教には、五つの権威ある教会がありました。コンスタンティノープル、アンティオキア、エルサレム、アレクサンドリア、そしてローマです。ローマを除く四教会がコンスタンティノープルへ遷都したローマ帝国側にあります。五つの中で、いちばん権威ある地位にあったのは、皇帝のお膝元にあるコンスタンティノープル教会です。これらの教会の統領は総主教と呼ばれるのが通例ですが、アレクサンドリア教会とローマ教会では、慣習的に教皇（ラテン語ではPapa）と呼んでいました。

レオ一世の次に、ローマ教会の歴史で大教皇の称号を受けた人物は、グレゴリウス一世です（在位五九〇―六〇四）。昔も今も教会には布教を職業とする司祭たちがいます。彼らは生産を伴う仕事には就いていません。彼らの生活を支えるためにも、信者を増やしお布施を集める必要があります。しかし当時、ローマ帝国の東方の先進地域は、コンスタンティノープル教会が信者を握っていました。グレゴリウス一世には、フランク族を始めとする、未開の民族が支配する西ヨーロッパにしか布教の地は残されていませんでした。

グレゴリウス一世は文字の読めない西ヨーロッパの人々に、イエスの伝記を紙芝居にしたり、歌にしたりして布教しました。今日のグレゴリオ聖歌の原型は、彼が考えたものです。

しかしこのようなローマ教会の努力を、ローマ皇帝もコンスタンティノープル教会も冷たく監視していました。活発に東方に布教しようとしたり、ペテロの志を継ぐ者として強い意見を言ったりすると、コンスタンティノープルから査察団のような人々がやってきて、そういう教皇をコンスタンティノープルへ捕縛して拉致（らち）したりしました。グレゴリウス一世は、そのような災難はまぬがれましたが。

ローマ教会のために謀略を駆使した教皇ステファヌス三世

七五一年、ラヴェンナのローマ帝国総督府は、北イタリアを支配していたランゴバルド族によって占領されました。コンスタンティノープルを攻撃してくるイスラム軍に手を焼いていたローマ帝国は、早々にイタリアの根拠地を捨てて東方へ撤退しました。

同じく七五一年に西ヨーロッパのフランク王国では、創設者のメロヴィング朝が衰退し、王家の宮宰（秘書官長のような立場）である豪族ピピン三世によって廃絶され、新しくカロリング朝が樹立されました。ところが西ヨーロッパの豪族たちは、メロヴィング朝の権力を簒奪したカロリング朝の権威を、なかなか認めようとはしませんでした。

そして七五二年、ローマ教会ではステファヌス三世が教皇になりました（在位七五二―七五七）。彼はカロリング朝がフランク王国の中で、実力はあっても権威不足であるという情報を得ていました。そしてこのことと、ランゴバルド族がローマ帝国のラヴェンナ総督府を占領した事件を、うまく結び付けて策を講じたのです。彼はピピン三世に提案しました。

「私がローマ教皇としてカロリング朝を認めてあげるから、ラヴェンナのランゴバルド族を追い払ってくれないか」

ピピン三世は、ローマ教皇の宗教的権威がカロリング朝の正統性を保証してくれるという、この申し入れを受けました。ステファヌス三世は、すぐにパリの聖地サン・ドニに向かい、その聖堂で、ピピン三世と彼の子どもシャルルマーニュ（後のカール大帝）を聖別し、彼らの権威を神の名で高めてやりました。

そして聖別を受けたピピン三世父子は、大軍を率いてラヴェンナに進軍し、ランゴバルド族を駆逐しました。

1 ステファヌス三世は領土を持つ教皇になった

ランゴバルド族を追い出したピピン三世は奪い取った領土を、ステファヌス三世に寄進しました。ローマの東側からラヴェンナに至る、帯状の地域です。

このときからローマ教皇は教会の統領でありながら、世俗の領主ともなりました。そして二つの顔を持つ存在となったために、ローマ教皇庁は一八六一年のイタリア王国成立に至るまで、ずっとイタリア統一運動に反対する存在となっていきます。小国が分立していれば、宗教的権威を持つ分だけ教皇が優位に立てます。教皇庁の領地はイタリアではなく、ローマ教会のものだから、その権益と権威を守るのだ、という主張を持つようになったのです。

2 「コンスタンティヌスの寄進状」という奇妙な手紙

ステファヌス三世の死後、ローマ教皇レオ三世は、ピピン三世を後継したシャルルマーニュ（カール大帝）にローマ皇帝を戴冠しました（八〇〇）。これを伝え聞いた東のローマ皇帝は激怒しました。「ローマ皇帝は俺以外にいない！」というわけです。

ところがレオ三世は動じませんでした。彼は正統性を主張できる有力な文書を持っていたからです。

それはコンスタンティヌス帝がコンスタンティノープルへ遷都するとき、当時のローマ教会に託した手紙でした。「私は西方世界をすべてローマ司教に委ねて、私と同等の権力を与える。そして自分はコンスタンティノープルへ隠棲する」

ステファヌス三世は、この「コンスタンティヌスの寄進状」と呼ばれた文書を拠り所として、ピピン三世と掛け合い、領土の寄進もためらうことなく受けたのです。またピピンたちも、この文書を知り、ローマ教皇を信頼したのでしょう。そしてレオ三世も堂々とシャルルマーニュを戴冠したのでした。

ところが十五世紀のルネサンスの波の中で、このコンスタンティヌスの手紙が偽書であることが、人文学者ロレンツォ・ヴァッラによって克明に実証されました。この偽書が制作された時期は、ステファヌス三世の時代だったのです。今日では、最も精巧につくられた偽書の典型として名を残しています。偽書の作成には、当然のことながらステファヌス三世も承知していたのでしょう。

ローマ教皇を超える存在となった皇帝

ローマ皇帝戴冠という権威を授与することと引き換えに、教皇領をフランク王国の武力で守ってもらう。このローマ教皇が発案したバーター取引は、残念ながらうまくいきませんでした。

教皇の理想は戴冠した皇帝たちが教皇の言うことをよく聞き、東ローマ帝国や蛮族に十分対抗できるほど腕っぷしが強いことでした。しかしフランク王国の君主たちは、最初のうちこそあこがれのローマ皇帝の冠を喜びましたが、それが世襲になってくると、さほどうれしくもなくなります。戴冠されただけで、ローマ教皇になんだかんだと干渉されるのが、うっとうしくなっていくのでした。だんだん教皇を軽んじ、その権威を無視するようになり、気に入らない教皇は勝手に首を切るようになっていきます。

八三八年のことです。ローマの外港として現代でも機能している港町チヴィタヴェッキアがイスラム教徒に占拠され、そこを拠点として彼らが間断なくローマに攻めてきたことがあります。ローマ教皇たちはアウレリアヌスの城壁のおかげで、なんとか侵略を防ぎつつ、何度もフランク王国の首都であるドイツ北東部のアーヘンに援軍を督促しましたが、一向に援軍はやってきません。そんな状態が百年近く続きました。

こうした事件もあって、ついにローマ帝国皇帝の戴冠はしばらく途絶えました。十世紀に入ってヨーロッパをマジャール族の侵入から救ったザクセン朝の英雄オットー一世がドイツ王となり、ローマ皇帝を戴冠しました（九六二）。

しかしオットー一世も甘くはなく、彼はローマ教会の組織を彼らの支配網に役立てようと考えていたのでした。皇帝はイエスの代理であるが、教皇はペテロの代理に過ぎないというわけです。

結局、ローマ教皇にとって、ローマ帝国の皇帝もフランク王やザクセン朝の君主も、決して思い通りには行かず、ローマ教会の苦労は続きました。なお、一〇五四年にローマ教皇とコンスタンティノープル総主教が相互に破門し合い、東西の教会は最終的に分裂しました（大シスマ）。

教皇の権力強化のため叙任権闘争を展開

歴代のドイツ王の横暴に対して、ローマ教会はさまざまな抵抗策を考え出しました。

そのひとつに、「ローマ教皇になれるのは枢機卿(すうききょう)に選ばれた人のみである」というルールがあります（一〇五九規定）。枢機卿というのは、ローマ教会の最高位の聖職者の名称です。この規定をルール化したことで、皇帝の気紛れで教皇の首がすげ替えられることは減少しました。

もうひとつが叙任権闘争です。その契機となったのは三身分思想でした。

十世紀頃から地球は中世温暖期と呼ばれる時代に入り、暖かくなって農業生産力が高まってきました。すると貧富の差も増大してきます。その社会現象を説明するために、ローマ教会の正統神学である三位一体信仰をなぞって三身分思想という考え方が生まれてきます。「祈る人、戦う人、耕す人」という区分です。これはもともと農民に対する搾取を正当化するための理屈でした。「耕す人よ、敵が攻めてきたら戦う人が守る、不幸に対しては祈る人が神に祈る。だから迷わず働きなさい」というわけです。この考えが行き渡ると、次のような素朴な疑問が出てきます。

「戦う人の総大将が君主なのはよくわかる。しかし三身分というなら、祈る人のリーダー（司教など）を決める権利は教皇が持つべきではないか」

いわれてみれば理に適っています。それまでは各地の司教は、イエスの代理である皇帝が任命していたのです。この疑問が多くの支持を集め、叙任権闘争に発展していきました。時が経過するとともに、「祈る人、戦う人、耕す人」の思想はわかりやすくて理屈がつきやすいので、じわじわと広まっていったのです。三身分思想の浸透とともにローマ教会の権力も強まっていきました。やがて教皇は十字軍を東方に送るまでになります。

なお叙任権闘争が、司教の叙任権を教皇が握ることを認める形で妥結したのは一一二二年のことでした。

ローマから教皇がいなくなった事件

じわじわと勢力を拡大していくローマ教会に、ヨーロッパ中からお布施が集まってきます。昔から宗教は無税でした。支配者たちは、教会からお金を収奪して神様に祟られるのが恐かったのです。

しかし君主の中には、それが我慢できない人も出てきます。フランスのフィリップ四世はイングランドなどとの戦争で、軍資金が不足していました。そこで目をつけたのが、フランス国内から大量にローマ教会に集まっていくお布施です。彼はそれに課税しようとします。しかしローマ教皇は拒否します。そこでフィリップ四世は、ローマへの送金を禁止しました。現代ふうに言えば、国外への資本流出、キャピタルフライトを止めたわけです。

ところが時のローマ教皇ボニファティウス八世は、知恵ある男でした。フランスからお金を送れないなら、フランスの信者をローマに集めればよいと考えたのです。そこで聖年という制度を考えました。これはユダヤ教の制度に倣ったものです。ある特別の年に聖地にお参りすれば、一〇〇回お参りしたのと同じご利益があるという類の行事です。そして一三〇〇年がその年であると布告したのです。このアイデアは大当たりしました。サン・ピエトロ大聖堂に大勢の人が訪れて賽銭を納めただけではなく、みんなローマで食事をしたり、宿泊したりしたのです。ローマは大賑わい、大繁盛です。

フィリップ四世は激怒しました。キャピタルフライトを止めても、賽銭持参でローマに行かれたら阻止する方法はありません。彼は怒ったあげく、使節を派遣してローマ近郊で避暑中のボニファティウス八世を軟禁し、死に致らしめました（一三〇三）。そして、さらに極端な行動に出ました。

そもそも教皇がローマにいるのがいかん、というわけでローマ教皇庁そのものを、フランス南東部ローヌ河畔のアヴィニョンに移転させてしまったのです（一三〇九）。それから七十年近く、ローマ教皇はアヴィニョン暮しとなりました。ローマはまた寂しくなってしまいました。しかしローマ教皇領の領主でもあるローマ教皇をアヴィニョンに置くことは、所詮は無理

サン・ピエトロ大聖堂

ヴァチカン市国南東端にあるローマ教会の総本山。サン・ピエトロは「聖ペトロ」の意で、聖ペテロが殉教した地に建てられた。世界最大級の教会堂建築である。

な話なので教皇はローマに戻ることができました。こうして一三七七年に「アヴィニョン捕囚」と呼ばれる時代は終わるのですが、新たな問題が生まれました。教皇庁がアヴィニョンに存在していた七十年の間、教皇庁で働いていた人々が大勢いたためです。彼らは教皇庁がローマに戻るといっても、生活の基盤を形成してきたアヴィニョンをそう簡単には離れられません。ついに独自の教皇を押し立て第二の教皇庁をアヴィニョンにつくってしまいました。

ローマ教皇庁が、ローマとアヴィニョンに分裂してしまったのです。これをシスマといいます。シスマもようやく解決して、やっと教皇はローマにただひとりという平常に戻ったのは一四一七年のことでした。

ローマ復興に努力した二人の教皇

アヴィニョン捕囚、教皇が二人の時代を経てローマ教皇はローマにひとり、という正常な時代に戻りましたが、この期間にローマ教皇の本拠地ヴァチカンの教皇庁も大本山のサン・ピエトロ大聖堂も、そしてローマの市街地もずいぶんとさびれました。しかし、ボニファティウス八世のアイデアである聖年が大成功したため、ローマ教皇庁の財政は豊かになりました。しかも最初は五十年に一度であった聖年は、二十五年に一度になったのです。当時の平均寿命はおよそ三十年だったので、誰でも一生に一度はローマ詣(もう)でができるようにするための配慮です。本音はもちろん、聖年の収入が莫大であったからですが。

聖年はローマ教皇庁にとっての起死回生策となり、その財政も改善され、傭兵を雇用する余裕も生まれてきたのです。豊かになり始めたこの頃に、長い間の教皇不在で荒れたローマの復興を手がけた二人の教皇がいました。時は十五世紀、イタリア・ルネサンスがフィレンツェで開花し始めた頃です。

まずニコラウス五世が登場します（在位一四四七—一四五五）。彼は倒壊の危険があったサ

システィーナ礼拝堂

ローマ教皇シクストゥス４世によりヴァチカン宮殿に建設された礼拝堂。旧約聖書の創世記をテーマにした天井画と、祭壇奥の壁面画「最後の審判」は、後のユリウス２世の時代に完成したもので、いずれもミケランジェロの作品。

ン・ピエトロ大聖堂を修復しました。またヴァチカン宮殿の内部を美しく飾るために、画家のフラ・アンジェリコをフィレンツェから招きました。

次いでシクストゥス四世（在位一四七一－一四八四）が、ヴァチカン宮殿にシスティーナ礼拝堂を建設しました。今はミケランジェロの壁画で有名ですが、それは後のユリウス二世時代のことで、誕生当時のシスティーナ礼拝堂は真っ白な教会でした。シクストゥス四世はローマ市内の橋や市街地の補修も行っています。しかし彼は異教徒に対しては苛酷であり、スペインの王権で保証された異端尋問所の開設を認めたのも彼でした。また、メディチ家とも争っています。

三人のローマ教皇がルネサンスを盛り上げた

一四九二年にフィレンツェでメディチ家のロレンツォが亡くなると、ルネサンスの中心がローマに移ります。

ロレンツォはメディチ家の富によって、フィレンツェにルネサンスを開花させたといわれていますが、当時のメディチ銀行に往時の勢いはなく、彼は多額のフィレンツェ市のお金を、芸術振興や祝祭の費用に流用していました。

彼の死後、フィレンツェの指導者になったのはサヴォナローラというドミニコ修道会の修道士でした。彼はロレンツォ時代を贅沢と堕落の日々であったと非難し、市民たちに神の下僕となって神に祈る日々を要求しました。そればかりではなく、ルネサンスが生み出した美しい絵画や彫刻を破壊し、燃やし始めました。

このサヴォナローラの行き過ぎた神権政治に、フィレンツェ市民が悲鳴をあげ始めたとき、サヴォナローラを失脚させ刑死に処した教皇が、アレクサンデル六世でした（在位一四九二―一五〇三）。このような経緯の後、イタリア・ルネサンスの中心はローマに移ってきました。

そこへ、ローマのルネサンス時代を最盛期に導いた個性の強い三人の教皇が、続いて登場します。

最初が前述のアレクサンデル六世です。イタリアにボルジア王国をつくろうとしたチェーザレ・ボルジアは、彼の子どもです。アレクサンデル六世は女性が大好きな人だったので、愛の神ウェヌス（ヴィーナス）のニックネームが残されています。

続いてユリウス二世が登場します（在位一五〇三―一五一三）。彼は政治や戦争が大好きでしたので、マルス（軍神）のニックネームがつきました。彼は強いことで定評のあったスイス傭兵を導入しました。今でもヴァチカン宮殿はスイス人の衛兵が守っています。また、サン・ピエトロ大聖堂の改築に着手し、システィーナ礼拝堂の天井画をミケランジェロに描かせました。ミケランジェロはこの後、酷使といってよいほど教皇庁から仕事を依頼されるようになります。

三番目にレオ十世が登場します（在位一五一三―一五二一）。戦争ばかりを考えていたユリウス二世に、宗教組織であるローマ教皇庁も閉口してしまったのか、文化を大切にしたメディチ家から後継者を選びました。ロレンツォの次男で、枢機卿をしていたジョヴァンニがレオ十世となります。彼は文芸や美術を愛し、祝祭を盛大に催したので、ミネルヴァ（知恵・美術工芸の神）のニックネームがつきました。彼の時代にミケランジェロやラファエロが大活躍し、ローマのルネサンスが最盛期を迎えました。

しかしレオ十世は、湯水（ゆみず）のようにお金を使ったので、ユリウス二世から引き継いだサン・ピエトロ大聖堂の改築も遅れ気味となり、日々の資金繰りにも困っていました。彼はこの苦境をしのぐために、ドイツで贖宥状を売り出しました。平たく言ってしまえば、この書状を購入した人は罪が軽減されるという便利なものです。これに対し、強烈な批判を行ったのがマルティン・ルターです（一五一七）。神以外に贖宥はできないと。そして宗教改革が始まりました。

贖宥状は評価できないにしても、レオ十世の時代に、ローマ・ルネサンスが大きな爛熟のピークに達したことは確かでした。彼を始めとする歴代教皇時代につくられた世界的な芸術品の数々は、ヴァチカン宮殿内のヴァチカン博物館、サン・ピエトロ大聖堂やシスティーナ礼拝堂で鑑賞できます。

ドイツ山岳農民の傭兵たちによるローマ略奪

レオ十世が死去した一五二一年頃のヨーロッパでは、フランス王フランソワ一世とハプスブルク家のカール五世が勢力を争って、多くの戦いを引き起こしていました。一五二三年、ローマ教皇にメディチ家のクレメンス七世が就きます。彼はフランス王フランソワ一世と結びました。これをとがめて、カール五世配下の軍勢がローマに侵入します（一五二七）。その主力はドイツ山岳農民の傭兵（ランツクネヒト）でした。

この傭兵たちの多くは、マルティン・ルターの宗教改革の影響を受けたプロテスタントたちでしたから、ローマと言えば聖書の教えを守らない堕落した教皇を中心に、風紀も乱れ、贅沢な生活をしていると想像していたのでしょう。田舎で素朴な生活をしてきた彼らには、ルネサンスの華やぎが残るローマが、まさに魔窟そのものに見えたのか、その略奪と暴力は徹底的なものでした。「ローマ劫掠」として、後世まで汚点を残しています。

「ローマ劫掠」によって、ローマの財政も悪化し、市街地は破壊されました。この状態を再建した教皇がシクストゥス五世でした（在位一五八五―一五九〇）。

彼はまず教皇庁の財政を立て直して資金を蓄積すると、ローマの復興に投資しました。サン・ピエトロ大聖堂のドームを完成させたほか、ヴァチカンの数多くの建築物を修復しました。またサン・ピエトロ大聖堂の前に、エジプトのオベリスクを建てたり、ローマ水道を復旧させるなど、実に多くの復興事業を手掛けています。シクストゥス五世は在位わずか五年で死去します。彼の業績は、やはり五年でローマの再統一を果たして死去した「世界の復興者」と呼ばれたアウレリアヌス帝に匹敵するものでした。

スペイン階段やトレヴィの泉が完成する

シクストゥス五世のローマ復興から三十年ほど後、ウルバヌス八世が教皇になります（在位一六二三―一六四四）。彼はルターの宗教改革がローマ教会の堕落を批判したことに対し、ローマ教会が礼拝堂を飾るのを止め、法衣も質素にするなど、いろいろと自粛し始めたことに強く反対しました。

彼はローマ教会の教会堂は美しく荘厳（しょうごん）され、信者が天国を連想できる場所でなければならない、と主張しました。プロテスタントの「聖書に返れ」などという抗議に、迷ってはいけないと。そしてローマを反宗教改革のショーウィンドウにしようと決意しました。

そのためにウルバヌス八世は、天才と評価された建築家ベルニーニを起用し、ローマの美化を積極的に進めました。サン・ピエトロ大聖堂の広場を囲む豪華な列柱の制作、バルベリーニ広場のトリトーネの噴水など、今も残る多くの建造物をつくりました。さらにウルバヌス八世は、フランスから歴史画と宗教画の巨匠ニコラ・プッサンと風景画の巨匠クロード・ロランを招き、多くの絵画でローマを飾りました。

こうしてウルバヌス八世の本来の意図はともかくとして、ローマはキリスト教信者にも旅人にも魅力的な、バロックの都として姿を整えるようになりました。なお彼は、宗教裁判を開き、ガリレオ・ガリレイの地動説を撤回させた（一六三三）教皇でもありました。

ウルバヌス八世の時代からおよそ百年後、スペイン階段が誕生しています（一七二五）。ローマのスペイン大使館があったところの近くの広場にある階段です。『ローマの休日』では王女アンがここでアイスクリームを食べました。でも今は飲食は禁じられています。

一七六二年になるとトレヴィの泉が完成します。トレヴィ広場に面したポーリ宮殿の壁面にあるポセイドン（水神）の像と一体化してつくられた、ローマ最大の泉と噴水です。ローマ帝国時代に地方から引いてきたローマ水道の末端部分を泉と噴水にしたものですが、水道の最後を泉とするのは当時の通例でした。

スペイン階段やトレヴィの泉と並ぶ人気観光スポットである「真実の口」は、七世紀に建てられたテヴェレ川にほど近いサンタ・マリア・イン・コスメディン教会の壁面に飾られています。金属の円盤に刻まれた海神の半開きの口が、「真実の口」と呼ばれるようになりました。

ウルバヌス八世時代に始まったバロック建築や現代のローマを飾る名所は、十七世紀前半から十八世紀後半の間に、ほぼ出揃いました。やがてフランス革命が起こり、その後ナポレオンが登場し、自由・平等・友愛の思想を旗印として、ヨーロッパ中を席巻します。

ナポレオンの戴冠のためにパリへ出張した教皇ピウス七世

ナポレオンがローマを占拠し、教皇領を支配下に置いていた時期がありました。このときナポレオンは、フランス革命以来断絶していたフランスとローマ教会の関係を修復させるためにコンコルダート（政教条約）を結びました（一八〇一）。時の教皇はピウス七世でした（在位一八〇〇―一八二三）。

この条約内容は、必ずしも教皇の意に添うものではありませんでしたが、もっと腹にすえかねる出来事がありました。ナポレオンが皇帝となったとき、ピウス七世は戴冠のためにパリのノートル・ダム大聖堂まで呼ばれたのです（一八〇四）。

昔は君主をローマに呼び、皇帝の冠を授けたのに、ローマは占領され自分はパリに呼びつけられる。なんとも屈辱的なことです。ナポレオンのお付絵師だった画家ダヴィドの「ナポレオンの戴冠式」の絵に、ぶすっと不機嫌な顔をしたピウス七世が描かれています。

ナポレオンは戦いに敗れ、セント・ヘレナで没しましたが（一八二一）、ナポレオンによって種を蒔かれた自由・平等・友愛の思想はヨーロッパ各地で根づき、十九世紀半ばになると、多くの独立運動が展開されます。イタリアもその例外ではありませんでした。

地中海のサルディーニャ島と北イタリア西部のトリノを支配下においていたサルディーニャ王国の、ヴィットーリオ・エマヌエーレ二世と宰相カヴールが独立運動の中心になりました。この二人は十九世紀後半のヨーロッパに起きた戦乱に乗じて、巧みにイタリア半島の領土をハプスブルク家などから奪還し、ついにヴィットーリオ・エマヌエーレ二世がイタリア王国を建国し、初代イタリア王となりました（一八六一）。首都はトリノに置きました。さらに一八七〇年、サルディーニャのイタリア軍はローマを占領下に置き、教皇領を併合しました。

そしてローマはイタリア王国の首都となりました（一八七一）。

　ここにすべてのローマ教皇領が消滅し、イタリア統一が完成したのです。ローマ教会に残されたのは、ヴァチカンの教会と宮殿だけになりました。時のローマ教皇はピウス九世でした（在位一八四六―一八七八）。この教皇は就任当初は時代の近代化にも理解を示し、それまでの教皇たちが認めなかった鉄道の開設を認めています。現在のローマの玄関となる中央駅テルミニ駅です（完成、一八六二）。しかしピウス九世の近代化への理解は、あくまでもローマ教皇支配下のローマが存在することが前提でした。イタリア統一運動の主体がサルディーニャ王国になると、ピウス九世は俄然、頑迷な反動主義者となります。

　彼はイタリア王国が建国されると、シラブス（「近代主義者の誤謬表」）を発表しました（一八六四）。ナポレオン時代以後の合理主義も自由・平等・友愛の精神も、すべてが誤りであり、正しいのは神がおつくりになったものだけであると一覧表にして発表したのです。さらに彼は、イタリア王国が教皇領を併合するとイタリア政府との国交を断絶し、みずからを「ヴァチカンの囚人」と呼び、宮殿に閉じこもりました。そしてそのまま死を迎えました。その任期は全教皇中最長でした。

二十一世紀も、ローマは世界の休日？

ピウス九世の閉じこもりの後、続いて即位した教皇たちも、イタリア王国との国交断絶を続けました。その期間は実に六十年近くに及びました。イタリアの首都の真ん中のヴァチカンに、イタリア政府に背を向けたローマ教皇が閉じこもっていたのです。

このローマ教会の問題を解決したのは、一九二二年にイタリア王国の首相となったムッソリーニでした。彼は時の教皇ピウス十一世とラテラノ条約を結び、イタリア政府と教皇庁の絶交状態に終止符を打ちました（一九二九）。

その協定の内容は、ローマ教皇庁は教皇領をすべて手離す代わりに、ヴァチカン宮殿と四つの教会がある区域をヴァチカン市国として独立を認め、その元首を教皇とする内容でした。また小さいながらも国家なので、この領内に鉄道を敷いてそれなりの体裁も整えています。この条約の目玉となる部分は、教皇庁が失ってしまった教皇領の代償として少なからぬ賠償金が、ムッソリーニから教皇に支払われたことです。この金額はかなりの多額だったので、現在のヴァチカン銀行の資金源になっているという、少し生臭い話も残されています。

なおムッソリーニはファシズム体制の独裁者となり、一時は絶大な権力を行使しましたが、ヒトラーと結んで無謀な戦争に加担し、第二次世界大戦中の一九四五年、ゲリラ勢力により銃殺されました。

ローマ郊外にエウル（ＥＵＲ）という新都心があります。この都市はムッソリーニが、ベルリンオリンピックを開催したヒトラーを真似て、万国博覧会をやろうと考えてつくり始めた新都市の名残りです。ＥＵＲはエウローパ、すなわちヨーロッパを意味します。彼は一九三五年にエウルをつくり始めましたが、第二次世界大戦が始まり、この夢は終わりを告げました。

イタリアはムッソリーニを失脚させた後、レジスタンス運動によってドイツ軍を撃退し、祖国を解放しました。そして一九四六年、国民投票によって君主制が廃止され、共和国となりました。

二〇〇〇年の聖年に、第二六四代教皇ヨハネ・パウロ二世は、長いローマ教会の歴史の流れの中で、彼らがユダヤ人やイスラム教徒に対して取ってきた行動について、反省するメッセージを発表し、ローマ教会の理念や行為が必ずしも無謬（むびゅう）ではなかったことを告白しました。

ローマ市はヴァチカン市国を内部に抱えた形で、世界中の人々にすてきな休日を提供し続けています。この永遠の都が、もういちど世界の中心となる日が来るのでしょうか。

ローマの関連年表

西暦(年)	出来事
BC9〜8世紀	ユーラシア大陸から移動した人々がローマに定住し始める(ラテン民族)。伝説として双子の兄弟、ロムルスとレムスがローマ市を建国
BC752	ローマ人とサビニ族によるサビニ戦争が起こる
BC509	ルクレーティア事件がきっかけでローマの王政が終わり、共和政へ移行する
BC390	共和政ローマ、アッリアの戦いでガリア人に敗れる。ガリア人によるローマ略奪
BC264	対カルタゴとのポエニ戦争が始まる(〜146)。3次にわたる戦いで勝利
BC133	グラックス兄弟の改革(〜BC121)。元老院と有力貴族の反発で倒される
BC107	平民出身の軍人政治家マリウスの軍制改革。貴族側のスッラと激しい権力闘争が続く
BC60	第1回三頭政治(カエサル、ポンペイウス、クラッスス)が始まる
BC49	カエサルがガリアから帰り、ローマを制圧。BC46、独裁官に就任
BC43	第2回三頭政治(オクタウィアヌス、アントニウス、レピドゥス)が始まる
BC27	オクタウィアヌス、「アウグストゥス」の称号を得て初代ローマ帝国皇帝となる
AD64	ローマの大火。皇帝ネロ、ローマの区画整備を始める
80	コロッセオが完成(ティトゥスの時代)
96	五賢帝の時代(〜180)
270	アウレリアヌスが皇帝となり(〜275)、分裂した帝国を再統一
330	コンスタンティヌス、ビザンティオンに遷都。名をコンスタンティノープルとする
395	ラヴェンナに総督府を置く。西方の首都となり、ローマの衰退が進む
410	諸部族のローマ略奪が始まる(410西ゴート族、455ヴァンダル族、546東ゴート族)
590	グレゴリウス1世がローマ教皇となる(〜604)。西ヨーロッパへの布教に努める
756	フランク王国(カロリング朝)のピピン3世、ローマ教皇ステファヌス3世にランゴバルド族から奪い取った領土を寄進(ピピンの寄進)
800	教皇レオ3世、シャルルマーニュ(カール大帝)にローマ皇帝を戴冠
1300	教皇ボニファティウス8世が初の「聖年」制定。ローマ詣でが盛んになる
1309	ローマ教皇庁をフランスのアヴィニョンに移転(アヴィニョン捕囚、〜1377)
1447	ニコラウス5世、教皇になる(〜1455)。サン・ピエトロ大聖堂を修復
1513	レオ10世、教皇になる(〜1521)。ミケランジェロやラファエロが活躍
1527	ローマ劫掠。ハプスブルク家のカール5世、フランスと結んだ教皇クレメンス7世と対立。カール5世配下の傭兵軍がローマに侵入。市街地を破壊
1585	シクストゥス5世、教皇になる(〜1590)。ローマ復興に努める
1623	ウルバヌス8世、教皇になる(〜1644)。建築家ベルニーニをはじめ宗教画家や風景画家を起用して、ローマの美化を進める
1762	トレヴィの泉がローマ最大の泉・噴水として完成
1861	ヴィットーリオ・エマヌエーレ2世がイタリア王国を建国(首都トリノ)、初代王に
1870	イタリア王国、教皇領を併合しイタリア統一完成。1871、ローマが首都となる
1929	ラテラノ条約でイタリア政府と教皇庁が和解。ヴァチカン市国が独立国に
1946	国民投票により、君主制が廃止され、共和国になる

●ローマの世界遺産(建造物)
フォロ・ロマーノ/コロッセオ/コンスタンティヌスの凱旋門/サン・ジョヴァンニ・イン・ラテラノ大聖堂/サンタ・マリア・マッジョーレ大聖堂/サン・パオロ・フオーリ・レ・ムーラ大聖堂/カラカラ浴場

出口さんの旅する心を想う

小野田隆雄

たとえばパリの北駅から、たまたま停車している列車に乗ってしまう。パリを離れ、車窓から見える町並の中で、気に入った駅で下車する。そして改札口を出て街区を眺め、近所に小高い丘や高い教会の塔を探す。一路、そこまで足を進め、丘の上や塔の窓から町を俯瞰する。すると、その町の息遣いが伝わってくるように思える。そして歩いてみたいような区域も見えてくる。そういう気まぐれな旅行が、ほんとうは好きだと、出口さんから聞いたことがある。

ただ、気まぐれな旅もすてきなのだが、イベリア半島のある古都に祭りの日に行ってしまい、とうとう宿が取れず、ホテルのロビーに宿泊させてもらったこともあるそうだ。

本書は、それぞれの都市について、出口さんがひとりの人物について語るように、その生い立ちから今日までを悲喜こもごも混えて話してくださったことを、書き写したものである。けれど含蓄に富んだ話の内容をどこまで再現し得たのか、はなはだ心もとない。

世界中の一二〇〇都市以上を訪れてきた出口さんが、その中から選んだ一〇都市の話をうかがいながら、私の脳裏に浮んできた想いがあった。それぞれの都市を訪れた日々に、出口さんは、その都市からどんな心象風景を描いたのだろうか、どんな想いを抱いてその都市を去ったのだろうか、ということである。そのことはたぶん、都市の歴史や私たちの教養となることとは、すこし離れていることかもしれないが。しかし、そのことを読者の方にも伝えたいと思った。言い換えれば、ひとつの都市を訪れたことが、私たちの人生に残してくれるもの、もっと単純に言ってしまえば、心の泉になるような思い出である。そのことをどこまで伝えられたか、不安である。やはり出口さんの言葉。

「若い頃に、シチリアのパレルモの街をひとり、昼さがりに歩いたことがありました。街はちょうどシエスタの頃合で、店々のドアは閉じられ、白く続く石畳の道には人影もありませんでした。ただ白い石造りの家並だけが映画のセットのごとく続き、見あげると雲ひとつない青空から南イタリアのまぶしい日射しだけ降り注いでくるのです。まるで白昼夢みたいな風景の中を歩きながら、たまらなく人恋しさを感じたことを憶えています」

一寸先は闇、という言葉がふさわしいような激動の時代を世界は迎えている。それでも世界の都市で人々は、過去の歴史の過酷な日々を生き抜き、この時代も生き続けている。

一枚の絵を見るため、革命の遺産に触れるため、動機はなんであってもかまわない。いま私たちに求められることは、自分の穴の中から世界を眺めることではなく、この小さな国を離れてみることかもしれない。

「人はアホな動物です」と出口さんはいつもつぶやく。けれど人は過ちを繰り返しつつ、けなげに生き抜いてきた。「ですから人はいとおしい動物です」とも出口さんはつぶやく。

【参考文献】

『世界の都市の物語』各巻（文春文庫）
ジョン・ジュリアス・ノーウィッチ『ビジュアル版　世界の歴史都市』（柊風舎）
オルハン・パムク『イスタンブール』（藤原書店）
長場紘『イスタンブル』（慶應義塾大学出版会）
クシュワント・シン『首都デリー』（勉誠出版）
荒松雄『多重都市デリー』（中公新書）
八木久美子『慈悲深き神の食卓』（東京外国語大学出版会）
川口琢司『ティムール帝国』（講談社選書メチエ）
倉沢進、李国慶『北京』（中公新書）
春名徹『北京』（岩波新書）
多田麻美、張全『老北京の胡同』（晶文社）
亀井俊介『ニューヨーク』（岩波新書）
O・ヘンリー『ニューヨーク小説集』（ちくま文庫）
上岡伸雄『ニューヨークを読む』（中公新書）
ジョージ・オーウェル『パリ・ロンドン放浪記』（岩波文庫）
長谷川たかこ『ワカメちゃんがパリに住み続ける理由』（ベストセラーズ）
ロジェ・グルニエ『パリはわが町』（みすず書房）
堀越孝一『パリの住人の日記Ⅰ・Ⅱ』（八坂書房）
アントニー・ビーヴァー『ベルリン陥落1945』（白水社）
エリック・ラーソン『第三帝国の愛人』（岩波書店）
I・モンタネッリ『ローマの歴史』（中公文庫）
河島英昭『ローマ散策』（岩波新書）
ジル・シャイエ『永遠の都ローマ物語』（西村書店）
出口治明『世界史の10人』（文藝春秋）、『「全世界史」講義Ⅰ・Ⅱ』（新潮社）、『仕事に効く教養としての「世界史」Ⅰ・Ⅱ』（祥伝社）

〈著者略歴〉

出口治明（でぐち　はるあき）

ライフネット生命保険株式会社代表取締役会長。1948年、三重県生まれ。京都大学法学部を卒業後、1972年、日本生命保険相互会社入社。企画部や財務企画部にて経営企画を担当し、保険業法の改正等金融制度改革に従事。ロンドン現地法人社長、国際業務部長などを経て2006年に退職。東京大学総長室アドバイザー、早稲田大学大学院講師、慶應義塾大学講師などを務め、2006年に生命保険準備会社を設立し、代表取締役社長に就任。2008年の生命保険業免許取得に伴い、ライフネット生命保険株式会社を開業。2013年より現職。

旅と読書をこよなく愛し、人間が成長するために必要なものとして、「人・本・旅」を説く。訪れた世界の都市は1200以上、読んだ本は1万冊を超える。歴史への造詣が深く、京都大学の「国際人のグローバル・リテラシー」特別講義では歴史の講座を受け持った。

著書に『生命保険入門　新版』（岩波書店）、『生命保険とのつき合い方』（岩波新書）、『直球勝負の会社』（ダイヤモンド社）、『働く君に伝えたい「お金」の教養』（ポプラ社）、『「働き方」の教科書』『「全世界史」講義Ⅰ、Ⅱ』（以上、新潮社）、『仕事に効く教養としての「世界史」Ⅰ、Ⅱ』（祥伝社）、『世界史の10人』（文藝春秋）などがある。

グローバル時代の必須教養　「都市」の世界史

2017年3月31日　第1版第1刷発行

著　者　出口治明
発行者　清水卓智
発行所　株式会社ＰＨＰエディターズ・グループ
〒135-0061　江東区豊洲5-6-52
☎03-6204-2931
http://www.peg.co.jp/
発売元　株式会社ＰＨＰ研究所
東京本部　〒135-8137　江東区豊洲5-6-52
普及一部　☎03-3520-9630
京都本部　〒601-8411　京都市南区西九条北ノ内町11
PHP INTERFACE　http://www.php.co.jp/
印刷所
製本所　図書印刷株式会社

ISBN978-4-569-83562-4